国家文化产业资金支持媒体融合重大项目

职业教育教学改革融合创新型教材 · 会计类

Qiye Caiwu
Baobiao Fenxi

企业财务报表分析 第四版

徐珏 张旋 主编 | 郑兴 潘彦 喻辉 副主编

东北财经大学出版社 大连
Dongbei University of Finance & Economics Press

图书在版编目（CIP）数据

企业财务报表分析 / 徐珏，张旋主编．—4版．—大连：东北财经大学出版社，2023.8
（职业教育教学改革融合创新型教材 · 会计类）
ISBN 978-7-5654-4918-5

Ⅰ.企…　Ⅱ.①徐… ②张…　Ⅲ.企业管理-会计报表-会计分析-职业教育-教材　Ⅳ.F275.2

中国国家版本馆CIP数据核字（2023）第145461号

东北财经大学出版社出版
（大连市黑石礁尖山街217号　邮政编码　116025）
网　址：http：//www.dufep.cn
读者信箱：dufep@dufe.edu.cn
大连天骄彩色印刷有限公司印刷　东北财经大学出版社发行

幅面尺寸：185mm×260mm　字数：285千字　印张：13.25　插页：1
2023年8月第4版　2023年8月第1次印刷

责任编辑：张旭凤　责任校对：曲以欢
封面设计：原　皓　版式设计：原　皓

定价：36.00元

教学支持　售后服务　联系电话：（0411）84710309

如有印装质量问题，请联系营销部：（0411）84710711

富媒体智能型教材出版说明

“财经高等职业教育富媒体智能型教材开发系统工程”入选国家新闻出版广电总局新闻出版改革发展项目库，并获得文化产业专项资金支持，是“国家文化产业资金支持媒体融合重大项目”。项目以“融通”“融合”“共建”“共享”为特色，是东北财经大学出版社积极落实国家推动传统媒体与新媒体融合发展的重要举措之一。

“财济书院”智能教学互动平台是该工程项目建设成果之一。该平台通过系统、合理的架构设计，将教学资源与教学应用集成于一体，具有教学内容多元呈现、课堂教学实时交互、测试考评个性设置、用户学情高效分析等核心功能，是高校开展信息化教学的有力支撑和应用保障。

富媒体智能型教材是该工程项目建设成果之二。该类教材是我社供给侧结构性改革探索性策划的创新型产品，是一种新形态立体化教材。富媒体智能型教材秉持严谨的教学设计思想和先进的教材设计理念，为财经职业教育教与学、课程与教材的融通奠定了基础，较好地避免了传统教学模式和单一纸质教材容易出现的“两张皮”现象，有助于教学质量的提高和教学效果的提升。

从教材资源的呈现形式来说，富媒体智能型教材实现了传统纸质教材与数字技术的融合，通过二维码建立链接，将VR、微课、视频、动画、音频、图文和试题库等富媒体资源丰富呈现给用户；从教材内容的选取整合来说，其实现了职业教育与产业发展的融合，不仅注重专业教学内容与职业能力培养的有效对接，而且很好地解决了部分专业课程学与训、训与评的难题；从教材的教学使用过程来说，其实现了线下自主与线上互动的融合，学生可以在有网络支持的任何地方自主完成预习、巩固、复习等，教师可以在教学中灵活使用随堂点名、作业布置及批改、自测及组卷考试、成绩统计分析等平台辅助教学工具。

富媒体智能型教材设计新颖，使用便捷。使用富媒体智能型教材的师生下载“财济书院”App或者进入“财济书院”（www.idufep.com）平台完成注册，就可以开启个性化教与学之旅。

“重塑教学空间，回归教学本源！”“财济书院”平台不仅仅是出版社提供教学资源和服务的平台，更是出版社为作者和广大院校创设的一个自主选择和自主探究的教与学的空间，作者和广大院校师生既是这个空间的使用者和消费者，也是这个空间的创造者和建设者，在这里，出版社、作者、院校共建资源，共享回报，共创未来。

最后，感谢各位作者为支持项目建设所付出的辛劳和智慧，也欢迎广大院校在教学中积极使用富媒体智能型教材和“财济书院”平台，东北财经大学出版社愿意也必将陪伴广大职业教育工作者走向更加光明而美好的职教发展新阶段。

东北财经大学出版社

第四版前言

本教材于2012年10月正式推出第一版，迄今已近11年，经过两次版本更新，先后印刷11次，有幸得到了广大读者的认可和喜爱。但随着社会变革、经济发展和科技进步，市场竞争加剧，资本市场功能显现出复杂性，以移动互联网为代表的现代信息技术的广泛应用等，深刻地影响着企业的经济活动，与此相伴的企业财务报表分析内容也日益复杂多样，财务报表分析的实务发展更是日新月异。

教材是学校教育教学、推进立德树人的关键要素，是国家意志和社会主义核心价值观的集中体现，是解决“培养什么人、怎样培养人、为谁培养人”这一根本问题的重要载体。习近平总书记在党的二十大报告中强调：“全党要把青年工作作为战略性工作来抓，用党的科学理论武装青年，用党的初心使命感召青年，做青年朋友的知心人、青年工作的热心人、青年群众的引路人。”推进党的二十大精神进教材，事关为党育人、为国育才的使命任务，事关广大学生的成长成才，事关全面建设社会主义现代化国家的大局。

在此背景下，我们在前三版的基础上对本书进行了修订。本次修订重点从以下两个方面着手：第一，更新案例，内容更加生动、鲜活。本教材各项目的引导性案例，大多来自刊载于专业媒体的上市公司近几年信息披露，内容精练且有针对性，反映了企业信息披露方面的热点问题，有助于激发学生的时代使命感和专业学习兴趣。第二，增加思政元素，落地教材使命。为了落实立德树人根本任务，将价值塑造、知识传授和能力培养三者融为一体，此次修订在每个项目的“学习目标”中增加了素养目标，与专业人才培养目标相对应，注重挖掘专业教学案例中蕴含的思政元素，力争将社会主义核心价值观融入知识传授和能力培养之中。

与此同时，本版教材仍是根据最新发布的企业会计准则的具体准则和企业会计准则解释的精神，以及编写团队在教学使用过程中的心得和经验进行完善，保证了教材框架和内容的时效性和适用性。

本教材框架结构清晰、内容通俗易懂，既可以作为职业教育财务会计类相关课程的适用教材，也可以作为企业财务人员和经营管理人员的岗前培训、职后进修用书。

本教材由武汉软件工程职业学院徐珏负责总体修订，参与者有张旋、郑兴、潘彦、喻辉。感谢东北财经大学出版社张旭凤主任及其团队的大力支持。

由于编者水平和时间有限，书中难免存在疏漏与不足之处，敬请广大读者批评指正，以待未来完善。

编　者

2023年6月

第一版前言

高职高专办学模式和教学模式的改革不断深入，取得了一些可喜的成绩，但是与高职高专教育人才培养的目标还有一定距离，其中教材的改革一直是重中之重。本教材以教育部2006年11月颁布的教高〔2006〕16号文件《关于全面提高高等职业教育教学质量的若干意见》为参照，根据2007年开始实施的企业会计准则和正在修订的《企业会计准则第30号——财务报表列报》，遵循“学中做，做中学”的教学模式改革指导思想而编写。

本教材以企业财务报表为分析基础，运用一系列专门的分析方法，结合实际案例，较为系统地阐述了企业财务报表分析的基本知识、基本技能和分析步骤，以及主要财务指标的计算和综合运用。本教材分为三部分：第一部分是项目一，主要介绍了企业财务报表分析的基本知识，包括起源、含义、目的、内容以及分析方法。第二部分是项目二至项目四，主要是运用企业财务报表分析的一系列专门方法，对企业财务报告中的三大报表（资产负债表、利润表、现金流量表）进行了逐一分析，借此让学习者大体了解企业的财务状况、经营成果和现金流量情况等。第三部分是项目五至项目六，通过对企业主要财务指标的计算和分析，重在让学习者了解企业偿债能力、获利能力、营运能力和发展能力等内容，同时我们在运用财务指标进行综合分析的基础上，撰写了简单的企业财务报表分析报告供参考。

本教材的特点如下：

1.理论知识的针对性。本教材在编写时充分考虑了高职高专教育的人才培养目标，简化了理论知识的阐述，紧紧围绕着中小企业财务报表分析任务的完成需要选取理论知识，删减了部分冗余知识，因此对正在修订的新《企业会计准则第30号——财务报表列报》中主要修订内容暂未做说明，使其内容更具有针对性。

2.教材内容的新颖性。本教材采用项目驱动模式，将企业财务报表分析的过程分项目进行介绍，除了项目一之外，其他项目均含有任务实施的具体步骤，学习完六个项目后，学习者能够根据企业财务报表作出一份简单的分析报告。在教材附录中，我们附上了一张任务评价参考表，可以根据学习者的任务完成情况，参照该评价标准给予相应评分。

3.教学案例的实用性。本教材项目以M企业的仿真财务报表为主要素材，对M企业的财务状况、经营成果、现金流量等有步骤地进行了分析，使得学习者在学习了基本理论知识的基础上，能够进行实际的分析应用。

4.教材结构的合理性。本教材共分为六个项目，每个项目首先指明了本项目的知识目标、技能目标和能力目标，然后以实际案例为项目导引，按任务描述、相关知识、任务实施、知识测试、能力测试等板块层层推进。学习者在学习过程中能体会到“学中做，做中学”的学习体验带来的益处，加深对财务报表分析思路和步骤的理解，提高自身的实际动手分析能力。

因此，本教材不仅可以作为高职高专经济管理类相关课程的适用教材，也可以作为企业财务人员、经营管理人员、证券从业人员的岗前培训、职后进修用书。

本教材是精品课程建设的重要成果之一，由徐珏、赵艳秉担任主编，张旋、潘彦、任婷担任副主编。在编写过程中，我们得到了东北财经大学出版社、武汉软件工程职业学院有关领导的支持、指导和帮助，并参阅了许多专家、学者所编写的教材和发表的论著，在此一并表示由衷的感谢！

由于编者水平有限，书中难免存在错误与疏漏之处，敬请广大读者批评指正。

编　者

2012年5月

目录

项目一

认知财务报表分析

财务报表分析是经济决策的基础，传统意义上的财务报表分析是以企业的财务会计报表、会计核算资料以及其他相关经济信息为依据，对企业财务活动过程及其结果进行的分析和评价。在市场经济和资本市场不断发展和日益完善的进程中，财务报表分析的地位和作用发生了巨大的变化，已经成为企业和投资者进行经济及财务决策的重要工具。

本章阐述了财务报表分析产生与发展的进程；财务报表分析的含义、目的和意义；财务报表分析的体系和内容；财务报表分析的原则、依据及基本步骤；财务报表分析的基础程序和基本方法等内容，为后面章节的学习和研究奠定基础。

知识目标

■ 了解财务报表分析产生与发展的历程；

■ 熟悉财务报表分析的含义、目的、意义以及财务报表分析的体系和内容；

■ 掌握财务报表分析的原则、程序和基本方法。

能力目标

■ 熟练掌握各财务报表分析的基本方法，为后面各项目的学习和研究奠定基础。

素养目标

■ 了解各种财经法律法规，遵守财务职业道德和职业规范，培养诚实守信、客观公正、德技并修的职业素养。

案例导引

绿地转型迷局：多元业务“广种薄收”净负债率再度走高

要规模还是要效益？两次冲击 4 000 亿元目标未果后，绿地控股集团有限公司（600606.SH，以下简称“绿地”）毅然选择前者。上周，绿地斥资 164 亿元拿到武汉 7 幅核心地块，补充粮仓的意愿极为强烈。但从最新业绩看，重回高光时刻仍需时日。

8 月 24 日晚间，绿地发布 2020 年半年报，集团期内实现营收 2 098 亿元，同比增长 4.17%，营收增速较上年同期明显放缓；实现归属于母公司所有者净利润 80.2 亿元，同比减少 10.77%，变动趋势持续下降。

今年，绿地并未对外公布全年业绩目标，而在此之前，该集团已连续两年未踏入

4 000 亿元销售门槛。2017—2019 年，绿地合同销售金额分别为 3 065 亿元、3 875 亿元、3 880 亿元，去年销售额增速已降至 0.10%。

盈利质量同样处于低位，年报数据显示，过去两年，绿地营业毛利率分别为 15.46%、15.35%，营业净利率分别仅为 4.90%、4.60%；截至报告期末，绿地营业毛利率再降至 14.89%，营业净利率也仅为 5.51%。报告期内，绿地存货周转率约为 0.27%，同比下降约 7%，本期新增存货跌价准备 1.73 亿元。周转慢、去化慢问题依旧存在，导致绿地易产生坏账和资产减值损失，对公司盈利水平有一定影响。

尽管绿地有意加快扩张，但财务状况未见改善，甚至对未来发展形成拖累。期内，集团经营性现金流净额为 41 亿元，同比下滑 49.26%，三年来持续下行；经营性现金流与净利润的比值小于 1，呈连续下滑趋势。同时，上半年绿地净负债率再次走高，提升至 180.3%；现金短债比为 0.72，较去年同期下降 5%。截至期末，绿地短期借款为 317.29 亿元，一年内到期的非流动负债为 879.48 亿元，期末现金及现金等价物仅为 751.83 亿元。

值得注意的是，近期监管部门称已形成重点房企资金监测和融资管理规则，按市场传言的“三道红线”原则，绿地处于红色警报档位。贝壳研究院认为，在较大的财务压力下，去杠杆、降负债仍是绿地面临的重大考验。

资料来源：孙梦凡，陆瑶. 绿地转型迷局：多元业务“广种薄收”净负债率再度走高［EB/OL］.（2020-08-26）［2020-12-01］. https：//finance.sina.com.cn/roll/2020-08-26/doc-iivhuipp0680326.shtml . 有删减.

从引例可以看出，财务报表分析可以对企业的偿债能力、盈利能力作出评价与分析，通过财务报表分析，企业管理层和投资者可以深刻地认识和评价企业的财务状况，为其决策提供依据。

思考问题：企业什么时候需要作财务报表分析？为什么需要作财务报表分析？

分析提示：企业 CFO（Chief Financial Officer，首席财务官）做完企业预算，测算了资金需要量，进行了一系列的股权和债务筹资，组成了一个最优资本结构以后，企业管理者选择了一些优质项目进行广泛的内外部投资，买了最先进的机器设备开始组织生产，对营运资金进行管理，严控产品成本，从而追求相关者利益最大化的企业财务管理目标。年末形成企业财务报表，向企业股东和企业利益相关者汇报一年的工作。那么，怎样通过财务报表枯燥的数据了解一家企业的经营状况、资产利用情况、偿还债务能力呢？这个时候，就需要对财务报表进行二次加工，综合运用比率分析法、比较分析法、趋势分析法、图表分析法等方法，剖析企业经营数据的含义及对企业经营的导向，即进行财务报表分析。本项目将会重点讲述财务报表分析的内容和基本方法。

任务1　了解财务报表分析的起源及基本内涵

相关知识

一、财务报表分析的起源

一般认为，财务报表分析产生于19世纪末20世纪初。最早的财务报表分析主要是为银行提供信用分析。当时，借贷资本在企业资本中的比重不断增加，银行家需要对贷款人进行信用调查和分析，借以判断客户的偿债能力。

资本市场形成后发展出盈利分析，财务报表分析由主要为贷款银行服务扩展到为投资人服务。随着社会筹资范围的扩大，非银行的贷款人和股权投资人增加，公众进入资本市场和债务市场，投资人要求的信息更为广泛。财务报表分析开始对企业的获利能力、筹资结构、利润分配进行分析，发展出比较完善的外部分析体系。

公司组织发展起来以后，财务报表分析由外部分析扩大到内部分析，以改善内部管理服务。经济人员为改善获利能力和偿债能力，以取得投资人和债权人的支持，开发了内部分析。内部分析不仅可以使用公开报表的数据，而且可以利用内部的数据（如预算、成本数据等）进行分析，找出管理行为和报表数据的关系，通过管理来改善未来的财务报表。

二、财务报表分析的含义、目的及意义

（一）财务报表分析的含义

财务报表分析是指以财务报表和其他资料为依据和起点，采用专门的方法，系统分析与评价企业的过去和现在的经营成果、财务状况及其变动情况，目的是了解过去、评价现在、预测未来，帮助利益关系集团改善决策。财务报表分析的最基本功能，是将大量的报表数据转换成对特定决策有用的信息，减少决策的不确定性。

财务报表分析是个过程。所谓“分析”，是把研究对象（一种现象、概念）分成较简单的组成部分，找出这些部分的本质属性和彼此之间的关系，以达到认识对象本质的目的。财务报表分析是把整个财务报表的数据分成不同部分和指标，并找出有关指标的关系，以达到认识企业偿债能力、获利能力和抵抗风险能力的目的。认识过程是分析和综合的统一。综合，是把分析对象的各个部分、各种属性联合成一个统一的整体。财务报表分析也非常重视综合，在分析的基础上从总体把握企业的经营能力。

财务报表分析是一个认识过程，通常只能发现问题而不能提供解决问题的方法；只能作出评价，不能改善企业的状况。例如，某企业资产收益率低，通过分析知道其原因是资产周转率低，进一步分析知道资产周转率低的原因是存货过高，再进一步分析知道

存货过高的原因主要是产成品积压。那如何处理积压产品呢？财务报表分析无法回答该问题。财务报表分析是检查的手段，同医疗上的检测设备和程序一样，能检查出一个人的身体状况，但不能治病。财务报表分析能检查出企业偿债、获利和抵抗风险的能力，分析越深入越容易对症治疗，但诊断（分析）不能代替治疗。财务报表分析不能提供最终的解决问题的方法。它能指明需要详细调查和研究的项目。这些调查研究会涉及经济、行业、本企业的其他补充信息。

（二）财务报表分析的目的

财务报表分析是企业财务管理的一个重要组成部分，它能够帮助企业管理当局作出正确的投资决策、制订合理的资金筹措方案和资金营运规划，为企业有效控制成本和制定合理的营销战略提供依据。同时，也能帮助企业内外部信息使用者预测未来的盈余、股利和现金流量的风险，对上市公司目前的股票价值作出评价。因此，财务报表分析既是投资者和潜在投资者进行投资决策的主要工具，更是现代企业必不可少的重要管理手段。企业财务报表分析的目的主要包括以下五个方面：

（1）评价企业整体的财务状况。

财务报表分析是根据企业会计报表、统计资料和相关经济信息等综合资料，对企业整体财务状况进行全面、细致、综合的分析，并根据分析结果作出客观评价。通过财务报表分析可以掌握企业资金的流动状态是否良好、资金成本和资金结构是否合理、现金流量状况是否正常、偿债能力是否充分等，并且以此来评价企业财务风险和经营风险的大小以及企业抗风险的能力，为企业投资者和经营管理者提供有用的决策信息。

（2）评价企业的偿债能力和获利能力。

偿债能力和获利能力是企业财务评价的两大基本指标。在偿债能力既定的情况下，企业应追求最大的获利能力，实现货币效益的最大化，这是企业生产经营的最终目标。一个企业是否具有良好的长期获利能力，是其综合素质的基本体现。企业也只有具备较强的获利能力，才可能保持良好的偿债能力。财务报表分析应从不同角度对企业偿债能力和获利能力进行深入分析和全面评价，并据以预测和防范经营风险和财务风险。

（3）评价企业资产管理水平。

资产是企业进行生产经营活动的经济资源，其运营效率的高低直接反映经营者的资产管理水平，直接影响企业的获利能力和偿债能力，也表现出企业综合管理水平的高低。财务报表分析主要是对企业的资产配置、利用程度和周转状况等作出全面分析和评价，并且可以据此预测本企业的资产管理能力对企业长远发展的影响程度。

（4）评价企业成本费用水平。

企业利润水平的高低，一方面受销售水平的影响，另一方面受成本费用水平的影响，凡是经营状况良好的企业，一般都有较强的成本费用控制能力。财务报表分析就是要对企业一定时期的成本费用耗用情况作出全面分析和评价，并对成本费用耗费的组成结构进行分析，以此来说明成本费用增减变动的实际原因。

（5）评价企业未来发展能力。

企业的发展能力不仅关系到企业自身的命运，而且关系到企业的投资者、债权人及经营管理者的切身利益。财务报表分析应根据企业的获利能力和偿债能力、资产管理质量和成本费用控制水平及其他资料，对企业中长期发展水平作出合理预测和客观评价，这不仅能够为企业利益相关者提供决策信息，而且也能够避免因决策失误给企业造成的损失。

（三）财务报表分析的意义

财务报表分析的目的是其内在的本质要求，而财务报表分析的意义则是其目的的外在表现，是不同财务信息使用者赋予的。就财务报表使用的主体而言，可以划分为投资者、债权人、经营管理者、政府监管部门、员工、社会中介机构、供应商和竞争对手等。由于不同信息使用者所关注的财务报表分析结论是不同的，因此，财务报表分析对于他们的意义也就不同。

（1）从投资者角度看财务报表分析的意义。

投资者是向企业提供权益资金而获取非固定收益并承担风险的人，一般来说，他们最关注的是企业投资回报率水平和风险程度。一是从税后净利润中分配的股利；二是从企业集中增值中获得的资本利得。他们希望了解企业的短期获利能力和长期发展潜力，主要关注企业的偿债能力、获利能力、资产管理效率、现金流量状况和每股收益等。财务报表分析结论中有大量揭示企业财务目标是否实现的信息，为投资者作出继续投资、追加投资、转移投资或抽回投资的决策提供了重要帮助。

（2）从债权人角度看财务报表分析的意义。

债权人是提供资金给企业并得到企业在未来一定期限内按时还本付息承诺的人。此外，还有一种向企业提供商品或劳务，得到企业承诺在未来收取货款或劳务费的“自然负债”的债权人。无论是哪一种债权人，他们关心的是企业的偿债能力、资本结构、长短期负债比例以及投入资本的安全性。一般来说，短期债权人更多地注重企业的流动比率、速动比率、即付比率等；而长期债权人则会更多地考虑企业的经营方针、发展方向、项目性质、未来现金流量的及时性及稳定性、潜在的财务风险等。财务分析的全面性要求从不同侧面，对长、短期债权人的信息需求都给予充分帮助。

（3）从经营管理者角度看财务报表分析的意义。

经营管理者是被投资者聘用，对企业全部资产和所有生产经营活动进行管理的企业高管层。他们为了提高企业内部经营管理水平、制定发展规划、作出正确决策，经常利用财务信息和内部信息进行财务分析。由于他们掌握着大量的内部信息，对财务分析结果作出的反应最为迅速和直接，因而，经营者对财务信息的要求也更加具体、详细、深入。因为他们的薪酬、声望与企业价值密切相关，比其他利益相关者更加关心企业的经营业绩、财务安全、成长前景等，所以，对财务报表分析的质量要求也就更高。

（4）从政府监管角度看财务报表分析的意义。

对企业有监管职能的主要包括市场监管、税务、财政、审计等政府部门，它们进行财务分析是为了通过定期了解企业的财务信息，来判断企业是否依法经营、依法纳税、遵守市场秩序以及企业的融资行为是否合理等，以便从各个角度规范企业的行为，履行自己的监管职责。同时，在市场经济环境下，国家为了维护市场竞争的正常秩序，也必然会利用财务报表分析资料来监督和检查企业在整个经营过程中是否严格遵守国家制定的各项经济政策、法规和有关制度等。

（5）从企业内部员工角度看财务报表分析的意义。

企业员工不但关心企业目前的经营状况和获利能力，而且关心企业未来的发展前景，他们也需要通过财务报表分析结果来获取信息。此外，企业员工要通过财务分析了解自己将会获得怎样的成果，企业和本部门的指标是否完成，了解工资、奖金和福利变动的原因，以及企业的稳定性和职业的保障程度等。

（6）从社会中介机构角度看财务报表分析的意义。

与企业相关的重要中介机构主要有会计师事务所、律师事务所、资产评估事务所以及各类投资咨询公司、税务咨询公司、资信评估公司等，这些机构站在第三方的立场上，对企业发行股票和债券、股份制改革、企业联营及兼并、清算等各项经济业务，提供独立、客观、公正的服务。它们的这些服务需要全面了解和掌握企业的财务状况，所获得的信息主要来自财务分析的结论。

（7）从供应商的角度看财务报表分析的意义。

供应商主要是指为企业提供产品、原材料、辅助材料的企业或个人。他们要通过财务分析提供的信息，了解和掌握企业的财务状况、资金实力和付款能力，掌握企业长期信用状况等。通过对企业财务状况信息的分析，有针对性地制定出信用政策，决定是否放宽信用政策、是否延长其付款期、是否长期合作等。

（8）从竞争对手的角度看财务报表分析的意义。

在市场经济中，竞争对手无时无刻不在与企业争夺原材料、供应商、客户、市场份额等，他们会千方百计地获取企业的财务信息和商业秘密借以判断企业的经营战略、投资方向、优劣势乃至于当前困扰企业的瓶颈问题。因此，竞争对手对企业的所有财务信息、财务状况的方方面面均感兴趣。

任务2　了解财务报表分析的程序、原则

相关知识

一、财务报表分析的基本程序

财务报表分析是企业财务管理的重要环节，是财务预测、财务决策、财务计划、财

务控制的基础和保障。财务报表分析的质量决定了财务预测的准确性、财务决策的正确性和财务控制的有效性。因此，在进行财务报表分析时，必须遵循一定的科学程序与原则，确保财务分析结论的质量。财务报表分析的基本流程如图1-2-1所示。

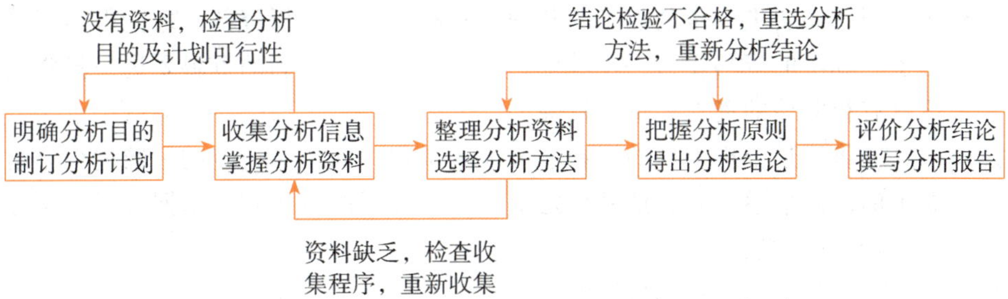

图1-2-1　财务报表分析流程图

（一）明确分析目的，制订分析计划

财务报表分析的目的既是财务报表分析的起点，也是财务报表分析最终要达到的目标。在进行财务报表分析之前，应该明确财务报表分析的目标，要保证目标清楚、明晰、相对单一，不能试图通过一次简单的分析就达到所有的目的和完成所有的决策。如果财务报表分析的目的具有层次性，则应该从基层目的入手，层层递进以达到最终目的。

明确财务报表分析的目的也是制订财务分析计划的前提，财务分析计划要根据分析目的的要求，确定具体的分析内容、分析范围、分析形势和分析重点，合理分工，适当安排，从而确保财务分析有计划、按步骤地开展。

（二）收集分析信息，掌握分析资料

任何分析都要在充分占有分析资料的基础上进行，财务报表分析也不例外。当确定了财务报表分析的目的并制订了相应的计划后，就要根据分析的目的、范围、内容的要求收集相关的财务分析资料。

财务分析资料的收集要注意系统性、全面性、及时性、客观性。系统的分析资料对把握企业的过去、现在和未来的发展趋势极为重要。同时，系统的分析还能够避免不确定性和突发事件对企业财务状况的影响，得到更加准确的分析结论。由于财务信息具有广泛的影响因素，因此，在收集资料时一定要注意这些因素间的相互关系，全面的资料分析有助于综合分析变动指标的影响力，避免得出有失偏颇的分析结论。财务会计信息的及时性是财务分析预测价值和决策价值的基础，任何过时的信息都会使财务信息的使用价值大打折扣，所以，要关注相关财务信息的动态变化，及时掌握信息并作出快速反应，掌握市场变化的基础。财务报表分析是通过科学的分析方法对客观真实的分析材料进行处理之后得到的有价值的信息。因此，基础分析资料的客观性对财务报表分析有重大影响，任何在主观臆断基础上进行的分析都是无法证明的，也是无用的。

（三）整理分析资料，选择分析方法

财务资料整理既是对搜集到的资料去伪存真、去粗取精的过程，也是选择适当的财务分析方法的基础。有关的财务信息资料可能很多，但是要确保其是真实可信的以及能够对分析起作用就需要进一步的加工和整理。只有正确地分析资料，才能得出正确的分析结论。对于不真实的资料要进一步验证、核实；对于不正确的资料要进一步修正、调整；对于不具有相关性的资料要进行剔除。

此外，还要将经过分析确认的资料进行加工整理，如按照一定的标准进行分组、归类，进行简单的统计描述，并在此基础之上，根据分析的目的和所掌握资料的实际情况选择合适的定量分析方法。

（四）把握分析原则，得出分析结论

在对财务分析资料进行整理并选定分析方法之后，即可开展财务分析过程，财务分析过程应将定量分析方法和定性分析方法相结合，并以定量分析方法为主。

当然，在财务分析过程中，不能为了得到需要的结论而分析。要坚持客观性原则、可比性原则、充分性原则、科学性原则和可理解性原则，从实际出发，全面考虑，充分分析，避免华而不实的数学推导和繁杂的计算过程，以科学的态度去进行分析工作，从而得到真实准确的分析结论。

指标的计算、相互关系的分解、差异分析等定量分析的方法是财务报表分析的基础。但是，定性分析的方法也并非全无实际价值。因此，应坚持定量分析方法和定性分析方法的结合，透过现象、指标的数字看到事物的本质，看到指标数字背后的深层含义，从而得到真实准确的分析结论。

（五）评价分析结论，撰写分析报告

通过以上步骤，即可得到初步的财务分析结论，这时，还不足以支持财务报表分析报告的撰写。财务分析人员还需要对已经得到的分析结论进行基本的检验和验证。如将历史资料带回结论之中，看是否符合实际情况。

当对财务分析结论进行验证并得到可靠的结论之后，即可开始撰写财务报表分析报告。财务报表分析报告应包括分析的目的、计划，重点资料的搜集、来源，资料的整理及分析方法的选择，分析结论的定性分析和一般检验或评价，最终结论等内容。

二、财务报表分析的原则

（一）客观性原则

客观性原则包括两个方面：一是评价依据的客观性，即评价所依据的各项资料必须内容真实、数字准确，能如实反映企业的财务状况与经营成果；二是评价结论的客观性，即评价结论能从公允的角度客观地说明企业的财务状况及其在不同期间的变化趋势。根据这一原则，对企业财务进行评价时应结合注册会计师的审计结论，对各项报表数据及附注资料的可靠性进行分析判断，辨别真伪、去伪存真，对评价结论则应坚持实

事求是，不可主观臆断、掺杂任何人为因素和个人偏好。

（二）可比性原则

可比性原则包括两个方面：一是行业可比性，即评价结果应能在同行业不同的企业之间进行比较。这种可比性要求在对企业财务进行评价时，应尽可能采用行业通用的评价指标和评价方法。对于行业财务制度或有关法规规定的指标和计算方法，评价人员应共同遵守；对于财务制度未作规定的，应遵循行业惯例；没有行业惯例的，应在评价报告（或备忘录）中注明评价方法。二是期间可比性，评价结果应能就同一企业的不同期间进行比较。这种可比性要求对企业财务进行评价时，应保持评价指标与评价方法在不同期间的稳定性与一致性，对于因财务会计政策变更所产生的差异，应在评价中进行必要的调整，不能调整的，应在评价报告（或备忘录）中予以说明。

（三）充分性原则

充分性原则包括以下三个方面：一是资料搜集的充分性，即搜集的资料要能够满足真实、客观地评价企业财务及经营状况的需要。既要搜集现状资料，又要搜集历史资料；既要搜集企业核算资料，又要搜集宏观环境资料；既要搜集被评价企业的资料，又要搜集同行业其他企业的相关资料。二是评价指标选择与运用的充分性，即评价指标的选择和运用应充分体现评价目的的要求。对于以特定决策为目的的财务分析与评价，应选择和运用与该评价目的相关的所有指标，对于面向非特定信息用户的财务分析与评价（即服务各决策主体所进行的评价），则应运用能够反映其财务状况及财务绩效的所有指标。三是比较标准的充分性，即在进行企业财务的比较评价时，应确保比较标准的全面性和完整性。既要运用预算标准来评价企业一定期间财务目标的实现程度，又要运用行业标准和历史标准，解释企业财务状况与财务绩效的行业差异和动态趋势。

（四）科学性原则

科学性原则主要指评价方法的科学性，其基本内容是：以辩证唯物论为依据，采用相联系的分析方法。首先，在充分挖掘企业财务各方面、各项指标内在关联性的基础上，对各项指标做相互联系的因果分析，以便能更深入、更综合地解释企业财务的内在状况和规律；其次，坚持定量评价与定性分析相结合，避免只讲定量计算而不讲定性分析，或只讲定性分析而忽略定量计算的现象。一般而言，在评价时应对各项指标先进行定量计算，在确定数量差异的基础上，再结合有关因素进行定性分析。

（五）可理解性原则

可理解性原则主要指各决策服务主体出具的评价报告应能为广大决策主体所理解。实现这一原则有赖于：第一，评价指标选择的常规性，即评价时应尽可能选用广大决策主体所熟悉的常规指标，避免指标设置上的“标新立异”。对于必须使用的非常规指标，则应在评估报告中对该指标的意义、计算方法等予以说明，以免各决策主体误解。第二，报告陈述的通俗性，即评估报告的陈述语言尽可能大众化，避免过多地使用信息使用者生疏的专业术语。对于必须使用的专业术语，也应在评估报告中就该术语的内涵与外延作出合理解释。

任务3　了解财务报表分析的信息基础

相关知识

财务报表分析的信息基础不仅包括企业管理当局对外提供的资产负债表、利润表、现金流量表以及有关附表、附注等财务报表，还包括企业内部管理部门在企业经营管理过程中编制的各类内部报表，如主要产品单位成本表、企业的各类预算或计划等。有时，为了正确评估财务报表信息的充分性、合理性，在查阅内外部报表的同时，还要收集如政策信息、行业信息、市场信息等非财务报表信息。

一、企业对外财务报表

（一）资产负债表

（1）资产负债表概述。

资产负债表是反映企业在某一特定日期财务状况的报表。它是根据会计总分类账的期末余额编制的，所以提供的数据是时点数据，反映的是某一报表编制日企业的财务状况，是一种静态报表。它是反映企业一定日期全部资产、负债、所有者权益状况的会计报表。它以“资产=负债+所有者权益”的会计恒等式为依据，资产项目按照资产流动性的大小为顺序依次排列，流动性强的在先，流动性弱的在后；负债项目按照偿还期限由短到长排列，偿还期短的在前，偿还期长的在后；所有者权益项目按照永久性程度的高低排列，永久性程度高的在先，永久性程度低的在后。通过对该表的分析可以评价企业的偿债能力、资金营运能力、资本结构、财务弹性；与利润表分析相结合，可以评价企业的经营业绩。

但需要指出的是，资产负债表所提供的信息具有一定的局限性。一方面，反映在资产负债表上的账面价值均是历史成本，而历史成本是一种沉没成本，是一种与决策无关的成本，这与财务分析的目的（即为决策者提供信息支持）有所出入；另一方面，资产负债表是以货币计量为基础的，而许多重要指标却不能以货币加以反映，同时，资产负债表主要提供的是实物资产的价值信息，它并不能很好地反映无形资产价值的大小，这就使得资产负债表提供的信息比较片面。

（2）资产负债表格式。

资产负债表格式主要有账户式和报告式两种，表1-3-1所列的资产负债表格式为账户式。

表 1-3-1

资产负债表（账户式）

会企01表

编制单位： 年 月 日 单位：元

资产	期末余额	年初余额	负债和所有者权益（或股东权益）	期末余额	年初余额
流动资产：			流动负债：		
货币资金			短期借款		
交易性金融资产			交易性金融负债		
衍生金融资产			衍生金融负债		
应收票据及应收账款			应付票据及应付账款		
预付款项			预收款项		
其他应收款			合同负债		
存货			应付职工薪酬		
合同资产			应交税费		
持有待售资产			其他应付款		
一年内到期的非流动资产			持有待售负债		
其他流动资产			一年内到期的非流动负债		
流动资产合计			其他流动负债		
非流动资产：			流动负债合计		
债权投资			非流动负债：		
其他债权投资			长期借款		
长期应收款			应付债券		
长期股权投资			其中：优先股		
其他权益工具投资			永续债		
其他非流动金融资产			长期应付款		
投资性房地产			预计负债		
固定资产			递延收益		
在建工程			递延所得税负债		
生产性生物资产			其他非流动负债		

续表

资产	期末余额	年初余额	负债和所有者权益（或股东权益）	期末余额	年初余额
油气资产			非流动负债合计		
无形资产			负债合计		
开发支出			所有者权益（或股东权益）：		
商誉			实收资本（或股本）		
长期待摊费用			其他权益工具		
递延所得税资产			其中：优先股		
其他非流动资产			永续债		
非流动资产合计			资本公积		
			减：库存股		
			其他综合收益		
			盈余公积		
			未分配利润		
			所有者权益（或股东权益）合计		
资产总计			负债和所有者权益（或股东权益）总计		

注：此表格式来源：财政部2018年6月15日发布的《关于修订印发2018年度一般企业财务报表格式的通知》（财会〔2018〕15号）。

（二）利润表

（1）利润表概述。

利润表是反映企业一定时期经营成果的报表。它是以“利润=收入-费用”这一会计等式为依据编制的会计报表，所提供的数据是时期数据，反映的是企业在该期间发生的收入、成本和费用的情况，表明这一期间企业所获得的经营成果，是一种动态报表。通过对利润表的分析可以了解企业一定时期的收入实现情况，成本和费用耗用的情况，利润形成的渠道，造成亏损的原因。与资产负债表分析相结合，可以评价企业的获利能力、偿债能力、经营者的业绩，为信息使用者了解企业的经营情况提供比较全面的信息。

需要指出的是，利润表所提供的信息也有一定的局限性。那就是，利润是权责发生制下的产物，是收入与费用配比的结果，很高的利润有时不能说明任何问题。例如，企业为了提高当年盈利的账面数字，可能会少提折旧和资产减值准备，这样，利润的增加只是不同会计处理方法下的产物，而并非企业实际获利能力提高的结果。另一方面，企业盈利是以承担一定风险为前提的，利润表并不能反映出赚取利润背后所承担的风险，这就使得不同企业以及同一企业发展的不同阶段在经营成果上的可比性较差。

（2）利润表格式。

利润表的格式可分为单步式和多步式，表1-3-2所列的利润表为多步式。

表1-3-2　利润表（多步式）

会企02表

编制单位：　　　　年　月　　　　单位：元

项　目	行次	本期金额	上期金额
一、营业收入			
减：营业成本			
税金及附加			
销售费用			
管理费用			
研发费用			
财务费用			
其中：利息费用			
利息收入			
资产减值损失			
信用减值损失			
加：其他收益			
投资收益（损失以“-”号填列）			
其中：对联营企业和合营企业的投资收益			
净敞口套期收益（损失以“-”号填列）			
公允价值变动收益（损失以“-”号填列）			
资产处置收益（损失以“-”号填列）			
二、营业利润（亏损以“-”号填列）			
加：营业外收入			
减：营业外支出			
三、利润总额（亏损总额以“-”号填列）			
减：所得税费用			
四、净利润（净亏损以“-”号填列）			
（一）持续经营净利润（净亏损以“-”号填列）			

续表

项 目	行次	本期金额	上期金额
（二）终止经营净利润（净亏损以“-”号填列）			
五、其他综合收益的税后净额			
（一）不能重分类进损益的其他综合收益			
1.重新计量设定受益计划变动额			
2.权益法下不能转损益的其他综合收益			
3.其他权益工具投资公允价值变动			
4.企业自身信用风险公允价值变动			
⋮			
（二）将重分类进损益的其他综合收益			
1.权益法下可转损益的其他综合收益			
2.其他债权投资公允价值变动			
3.金融资产重分类计入其他综合收益的金额			
4.其他债权投资信用减值准备			
5.现金流量套期储备			
6.外币财务报表折算差额			
⋮			
六、综合收益总额			
七、每股收益			
（一）基本每股收益			
（二）稀释每股收益			

注：此表格式来源：财政部2018年6月15日发布的《关于修订印发2018年度一般企业财务报表格式的通知》（财会〔2018〕15号）。

（三）现金流量表

（1）现金流量表概述。

现金流量表是反映企业一定会计期间内现金和现金等价物流入和流出信息的财务报表。它反映企业某一会计期间的现金变动情况，是对资产负债表和利润表的动态补充，如实反映企业现金流转状况，防止企业对外提供的资产负债表和利润表被粉饰而失去本来面目。

利用现金流量表所提供的信息，我们可作如下分析：首先，分析该企业的支付能力。支付能力是指企业以现金清偿到期债务的能力，它不仅是偿债能力的重要内容，而且是短期偿债能力的内涵所在，企业债权投资者的到期债务能否及时收回，企业股权投资者的应收股利能否如数兑现，均取决于企业的现金支付能力。其次，分析该企业筹资决策和投资决策的合理性。通过投资活动现金流入与流出的比较，可以分析企业投资决策的合理性和有效性；通过筹资活动现金流入与流出的比较，可以分析筹资活动的合理性和有效性；通过投资活动现金流入与筹资活动现金流出的比较，可以分析投资决策的正确性以及筹资的财务杠杆效应。最后，分析该企业的收益质量。企业营业收益质量的高低主要取决于时间价值、机会成本和风险三个因素，一般而言，时间价值越大，机会成本及风险越小，其收益质量越高，反之则质量低。而上述三个方面均可以通过营业收益的现金流入时间来衡量，现金流入时间越是接近营业收益的形成时间，则营业收益的时间价值越大，机会成本及风险越小，收益质量越高，否则相反。

（2）现金流量表格式。

现金流量表包括主表和补充资料。现金流量表主表按照现金流量的分类列示，按照经营活动产生的现金流量、投资活动产生的现金流量、筹资活动产生的现金流量、汇率变动对现金及现金等价物的影响、现金及现金等价物净增加额和期末现金及现金等价物余额的顺序排列。现金流量表补充资料则是将净利润调整为经营活动产生的现金流量净额的过程。表1-3-3中列示的是现金流量表主表的基本格式。

表1-3-3　　现金流量表

会企03表

编制单位：　　　　年　　月　　　　单位：元

项　目	本期金额	上期金额
一、经营活动产生的现金流量		
销售商品、提供劳务收到的现金		
收到的税费返还		
收到其他与经营活动有关的现金		
经营活动现金流入小计		
购买商品、接受劳务支付的现金		
支付给职工以及为职工支付的现金		
支付的各项税费		
支付其他与经营活动有关的现金		
经营活动现金流出小计		
经营活动产生的现金流量净额		

续表

项　目	本期金额	上期金额
二、投资活动产生的现金流量		
收回投资收到的现金		
取得投资收益收到的现金		
处置固定资产、无形资产和其他长期资产收回的现金净额		
处置子公司及其他营业单位收到的现金净额		
收到其他与投资活动有关的现金		
投资活动现金流入小计		
购建固定资产、无形资产和其他长期资产支付的现金		
投资支付的现金		
取得子公司及其他营业单位支付的现金净额		
支付其他与投资活动有关的现金		
投资活动现金流出小计		
投资活动产生的现金流量净额		
三、筹资活动产生的现金流量		
吸收投资收到的现金		
取得借款收到的现金		
收到其他与筹资活动有关的现金		
筹资活动现金流入小计		
偿还债务支付的现金		
分配股利、利润或偿付利息支付的现金		
支付其他与筹资活动有关的现金		
筹资活动现金流出小计		
筹资活动产生的现金流量净额		
四、汇率变动对现金及现金等价物的影响		
五、现金及现金等价物净增加额		
加：期初现金及现金等价物余额		
六、期末现金及现金等价物余额		

（四）所有者权益变动表

所有者权益变动表反映企业的股东权益在年度内的变化情况，便于会计信息使用者深入分析企业股东权益的增减变化情况，并进而对企业的资本保值增值情况作出正确判断，从而提供对决策有用的信息。所有者权益变动表各项目应根据“实收资本”（股本）、“资本公积”、“盈余公积”、“未分配利润”等科目的发生额分析填列。

（五）财务报表附注

根据现行会计准则，会计报表附注应当按照一定的结构进行系统合理的排列，有顺序地披露信息。会计报表附注主要包括企业的基本情况、财务报表的编制基础、遵循会计准则的声明、重要会计政策和会计估计变更以及差错更正的说明、重要报表项目的说明和重要事项揭示等内容。通过对报表附注的阅读和分析，可以了解企业会计报表信息生成的依据，掌握无法在报表上列示的定性信息和定量信息，使得会计报表提供的数据更加完整，为财务分析奠定了良好的基础。财务报表附注主要包括三种：

（1）资产负债表附注。

资产负债表附注是为了帮助分析主体理解资产负债表有关项目所作的进一步解释。通常解释三种情况。

① 表内有关项目的附注，如对短期投资中的证券标明市价。

② 表外有关项目的附注，如对抵押资产的说明。

③ 有关会计政策变化的说明，如存货计价政策变化等。

表 1-3-4 和表 1-3-5 以存货项目为例，说明资产负债表附注项目。

表 1-3-4　　存货分类

编制单位：　　　　年　　月　　日　　　　单位：元

项目	年末金额			年初金额		
	账面余额	跌价准备	账面价值	账面余额	跌价准备	账面价值
原材料						
在产品						
库存商品						
周转材料						
低值易耗品						

表 1-3-5　　存货跌价准备

编制单位：　　　　年　　月　　日　　　　单位：元

项目	年初金额	本年增加	本年减少		年末余额
			转回	其他转出	
原材料					
库存商品					
周转材料					
合计					

（2）利润表附注。

利润表附注是对利润表中重要项目及相关问题进行的说明。通常说明以下问题：

① 有关收入与费用的会计政策变化，如收入确认、存货计价、成本核算方法改变等。

② 利润表中具体项目的补充说明，如营业外收支项目的说明、投资收益项目的说明等。

③ 利润表外有关项目的说明，如对其他业务收入与支出的说明等。

④ 未经批准的利润分配方案等。

表 1-3-6、表 1-3-7 和表 1-3-8 以主营业务收入为例，说明利润表附注项目。

表 1-3-6　主营业务收入——按行业分类

编制单位：　　　　年　月　日　　　　单位：元

行业名称	本年收入	上年收入
A		
B		
C		
⋮		
合计		

表 1-3-7　主营业务收入——按产品分类

编制单位：　　　　年　月　日　　　　单位：元

产品名称	本年收入	上年收入
A		
B		
C		
⋮		
合计		

表 1-3-8　主营业务收入——前五名客户营业收入情况

编制单位：　　　　年　月　日　　　　单位：元

客户名称	本年收入	上年收入
A		
B		
C		
⋮		
合计		

（3）现金流量表附注。

现金流量表附注主要说明以下内容：

① 不涉及现金收支的投资和筹资活动。

② 现金及现金等价物净增加的情况。

表1-3-9以“收到的其他与经营活动有关的现金项目表”为例，说明现金流量表附注的项目。

表1-3-9　收到的其他与经营活动有关的现金项目表

编制单位：　　　年　　月　　日　　　单位：元

项目	本年收入	上年收入
利息收入		
补贴收入及其他营业外收入		
收集团三类人员费用		
往来款		
⋮		
合　计		

二、企业对内财务报表

成本费用报告表（亦称企业内部管理报表），是反映企业生产费用和产品成本的构成及其升降变动程度的报表，是企业内部管理部门在企业经营管理过程中编制的主要内部报表。作为内部报表，各成本费用报表应根据企业实际情况而定，自行设置其格式和内容。分析主体通过对成本费用报表的分析，把握企业成本变动趋势，寻找降低成本的途径。反映企业成本费用的报表主要有：产品生产成本表、主要产品单位成本表、制造费用明细表、期间费用明细表等。

（一）产品生产成本表

产品生产成本表是反映企业在报告期内生产的全部商品产品（包括可比产品和不可比产品）的总成本的报表。

根据产品生产成本表（见表1-3-10）所提供的资料，可以考核全部商品产品和主要商品产品成本计划的执行结果，分析各种可比产品成本降低任务的完成情况。

（二）主要产品单位成本表

主要产品单位成本表（见表1-3-11）是反映企业一定时期内生产的各种主要产品单位成本构成情况的报表，是产品生产成本（按产品品种反映）中某些主要产品成本的进一步说明。其内容结构分为按成本项目反映的单位成本和主要经济技术指标部分：

表 1-3-10　　产品生产成本表

编制单位：　　　　　　　　年　　月　　日　　　　　　　　金额单位：元

产品名称	规格	计量单位	实际产量		单位成本				本月总成本			本年累计总成本		
			本月	本年累计	上年实际平均	本年计划	本月实际	本年累计实际平均	按上年实际平均单位成本计算	按本年计划单位成本计算	本月实际	按上年实际平均单位成本计算	按本年计划单位成本计算	本年实际
			(1)	(2)	(3)	(4)	(5)	(6)	(7)	(8)	(9)	(10) = (2) × (3)	(11) = (2) × (4)	(12)
可比产品合计		-												
其中：A产品		台												
B产品		台												
C产品		台												
不可比产品合计		-												
其中：D产品		台												
E产品		台												
其他														
全部商品产品制造成本		-												

（1）单位成本部分分别反映历史先进水平、上年实际平均、本年计划、本月实际、本年累计实际平均的单位成本。

（2）技术经济指标部分分别列示企业规定的原料、主要材料、燃料和动力等的消耗数量。

表 1-3-11　　主要产品单位成本表

编制单位：　　　　　　　　年　　月　　日　　　　　　　　金额单位：元

<table>
<tr><td colspan="3">产品名称</td><td></td><td colspan="2">本月计划产量</td><td></td></tr>
<tr><td colspan="3">规格</td><td></td><td colspan="2">本月实际产量</td><td></td></tr>
<tr><td colspan="3">计量单位（台）</td><td></td><td colspan="2">本年累计计划产量</td><td></td></tr>
<tr><td colspan="3">销售单价</td><td></td><td colspan="2">本年累计实际产量</td><td></td></tr>
<tr><td rowspan="2">成本项目</td><td rowspan="2">行次</td><td>历史先进水平
202×年</td><td>上年实际
平均</td><td>本年计划</td><td>本月实际</td><td>本年累计
实际平均</td></tr>
<tr><td>1</td><td>2</td><td>3</td><td>4</td><td>5</td></tr>
<tr><td>直接材料</td><td>1</td><td></td><td></td><td></td><td></td><td></td></tr>
<tr><td>直接人工</td><td>2</td><td></td><td></td><td></td><td></td><td></td></tr>
<tr><td>制造费用</td><td>3</td><td></td><td></td><td></td><td></td><td></td></tr>
<tr><td>合计</td><td>4</td><td></td><td></td><td></td><td></td><td></td></tr>
<tr><td>主要技术
经济指标</td><td>5</td><td>用量</td><td>用量</td><td>用量</td><td>用量</td><td>用量</td></tr>
<tr><td>普通钢材</td><td>6</td><td></td><td></td><td></td><td></td><td></td></tr>
<tr><td>工时</td><td>7</td><td></td><td></td><td></td><td></td><td></td></tr>
</table>

（三）制造费用明细表

制造费用明细表（见表1-3-12）是反映企业一定时期内各生产单位为组织和管理生产所花费的各项费用及其构成的报表。其内容按制造费用的费用项目分别列示本年计划数、上年同期实际数、本月实际数和本年累计实际数。

表1-3-12　　制造费用明细表

编制单位：　　年　月　日　　单位：元

项目	行次	本年计划数	上年同期实际数	本月实际数	本年累计实际数
职工薪酬	1				
折旧费	2				
租赁费	3				
修理费	4				
机物料消耗	5				
低值易耗品	6				
取暖费	7				
水电费	8				
办公费	9				
差旅费	10				
保险费	11				
设计制图费	12				
检验试验费	13				
劳动保护费	14				
其他	15				
合计					

（四）期间费用明细表

期间费用是企业在生产经营过程中发生的，不能直接或间接归属于某一个特定对象而直接计入当期损益的费用。期间费用明细表包括销售费用明细表、管理费用明细表和财务费用明细表。

（1）销售费用明细表。

销售费用明细表（见表1-3-13）是反映企业一定时期内，销售产品、自制半成品和提供劳务过程中所发生的各项费用及其构成的内部报表。

表 1-3-13　　销售费用明细表

编制单位：　　年　月　日　　单位：元

项目	行次	本年计划数	上年实际数	本年实际数
职工薪酬	1			
差旅费	2			
办公费	3			
保险费	4			
修理费	5			
机物料消耗	6			
运杂费	7			
包装费	8			
折旧	9			
其他	10			
合计				

（2）管理费用明细表。

管理费用明细表（见表 1-3-14）是反映企业一定时期内，行政管理部门为管理和组织生产经营活动所发生的各项费用及其构成的内部报表。

表 1-3-14　　管理费用明细表

编制单位：　　年　月　日　　单位：元

项目	行次	本年计划数	上年实际数	本年实际数
职工薪酬	1			
折旧费	2			
办公费	3			
修理费	4			
差旅费	5			
机物料消耗	6			
劳动保险费	7			
待业保险费	8			
低值易耗品摊销	9			
其他	10			
合计				

（3）财务费用明细表。

财务费用明细表（见表 1-3-15）是反映企业一定时期内，为筹集生产经营需要的资金所发生的费用及其构成情况的内部报表。

表 1-3-15　　财务费用明细表

编制单位：　　　　　　　　年　　月　　日　　　　　　　　单位：元

项目	行次	本年计划数	上年实际数	本年实际数
利息支出	1			
金融机构手续费	2			
汇兑损失	3			
其他	4			
合计				

三、财务报表分析的其他信息

分析主体除了从企业对外提供的财务报告和内部使用者的成本费用报表中获取信息外，还要从多种渠道搜集其他信息。

（一）审计报告

审计报告是企业根据独立审计准则的要求，委托注册会计师对企业对外编报的财务报告的合法性、公允性和一贯性作出的独立鉴证报告。它可以增强财务报告的可信性，是财务分析主体判断公司会计信息真实程度的重要依据。

（二）政策信息

影响财务分析质量的宏观经济政策主要有：产业政策、金融政策、税收政策、价格政策、信贷政策、分配政策、会计政策等。分析主体可以从企业所在的行业性质、组织形式等角度分析和评价企业财务管理对这些政策的敏感程度，全面揭示和评价经济政策变化及法律制度的调整对企业财务状况、经营成果和现金流量的影响。

（三）市场信息

及时有效的市场信息，是市场经济中的企业合理地组织财务活动、科学地处理财务关系的必要条件，相关的市场信息主要包括资本市场、劳动力市场、技术市场、商品市场等市场的信息。因此，在进行财务分析时，必须关注资本市场资金供求量的变化，及早发现引起财务风险变化的动因及其变化趋势；关注商品供求与价格变化对企业产品成本与销售收入的影响；关注劳动力供求与价格对企业人工费用的影响；关注技术市场供求及价格对企业无形资产规模、结构的影响。

（四）行业信息

行业信息主要指企业所处行业中具有可比性企业的产品、成本、技术、设备、规模、效益、经营策略、管理水平等方面的信息。因此，在进行财务分析时，着重关注行业平均水平、先进水平以及行业发展前景的信息，客观评价企业当前的经营现状，合理预测和把握企业财务状况、经营成果与现金流量的发展趋势，为企业决策提供可靠的信息依据。

任务4 掌握财务报表分析的方法

相关知识

要实现企业财务分析的目标，分析人员必须掌握各种分析方法，并能在财务分析工作中进行正确的选择和有效的运用。所谓财务报表分析的基本方法是指在发挥财务分析的评价、预测、发展和协调功能时经常使用的具有普遍适用性的方法，常用的基本方法有比较分析法（对比分析法）、比率分析法、趋势分析法、因素分析法等。其中最基本的方法是比较分析法和比率分析法，其他方法都是以这两种方法为基础的。

一、比较分析法

（一）比较分析法的概念

比较分析法是通过对相同的财务指标在不同期间、不同主体之间进行对比分析，以确定其差异或变动趋势的分析方法。

比较分析法是财务分析中最为基本的方法之一。任何事物，都需要通过比较才能揭示其发展变化的数量、速度、差异。通过计算它们之间的差异，不仅能够帮助财务分析人员寻找差距，而且能够在确定改进或变革的策略上指出方向。

依据财务分析的目的不同，需要计算的比较分析指标也不尽相同。同时，财务指标的比较不仅可以在绝对指标间进行，也可以在相对指标之间进行。

其基本公式为：

差异额=比较指标数量-被比较指标数量

差异率=差异额÷被比较指标数量×100%

比较指标一般是指实际指标、本期（分析期或报告期）指标、本企业指标；被比较指标则是计划（预算、标准、定额）指标、上期（基期）指标（或历史最好水平）、同行业中先进企业指标（或行业平均指标）。

（二）比较分析法的形式

根据分析的目的和要求的不同，比较分析法有以下三种具体形式：

（1）实际指标与计划（预算、标准、定额）指标的比较。

通过实际指标与计划（预算、标准、定额）指标的对比分析，可以得到企业发展过程中有关财务计划、发展规划执行情况的相关信息。并且，通过对这些情况的分析，掌握企业实际生产经营过程中完成或未完成计划的原因，不仅可以分析、寻找企业的不足和弱点，而且可以确定今后努力的方向，对企业改进财务工作意义重大。同时，还能够对计划的制订进行分析，为判断今后经营计划的制订是否合理提供依据。

常用的计划指标包括本期计划指标与预算指标，这些指标还可以进一步细分为销售计划指标、成本计划指标、利润计划指标等。

例如，某企业2022年计划销售收入84亿元，实际完成98亿元，实际较计划超额完成14亿元（98-84），超额完成率为16.67%（14÷84×100%）。假使达成这一效果的实际情况为当年产品售价的提升，而非产品销售数量的增加，则企业管理当局要合理判断这种销售价格的提升在未来能否持续。若无法持续，则需要考虑未来在提价之外可采取何种有效的方式提升销售收入，确保计划的完成。

（2）实际指标与历史指标的比较。

通过实际指标与历史指标的对比分析，可以得到企业发展过程中不同历史时期有关财务状况、经营成果的变动情况和变动趋势。进一步讲，通过对这些变动情况的了解，掌握企业产生这种变化的原因，对那些好的和企业需要的变化进一步保持和发扬，消除和遏制那些不好的和对企业来说不需要的变化。

例如，某企业主营业务收入2018年为12亿元，2021年为40.28亿元，2022年为42.27亿元，则2021年主营业务收入较2018年增长28.28亿元（40.28-12），3年间增长了2.36倍（28.28÷12）。但2022年主营业务收入较2021年却仅增长了1.99亿元（42.27-40.28），显示了该企业在经历了两倍多的高速增长后，增长开始乏力，如若产品提价受阻，或是产能受限，则需要调整产品结构或是培育另外的业务增长点来提升企业的收入。

（3）实际指标与行业指标的比较。

通过实际指标与行业指标的对比分析，可以得到企业在同行中的地位及其变动情况和变动趋势等信息。同时，通过对这些变动情况的分析，可以掌握企业与同行业水平相比较而言，差距如何、优势如何，对企业弥补不足、消除差距、保持优势、提高竞争力等方面极有帮助。特别是在重点强调核心竞争力培育的现代市场中，可以协助企业寻找自身的竞争优势并加以保持。

常用的行业指标包括行业平均指标、行业先进指标等。

例如，某企业的销售费用率为42.53%，该行业的平均销售费用率为15%，处于该行业中的另一家先进企业N的销售费用率为21.20%，则我们分析可以得知，该企业的销售费用率非常高，不仅比N企业高21.33%（42.53%-21.20%），更比行业平均水平高27.53%（42.53%-15%），这一现象表明该企业的销售费用率有很大的调整空间。至于用何种手段进行调整，则要视具体的情况而定。如果该企业处于市场的拓展期，需要培育市场，树立企业的形象，高额的销售费用率则属于企业经营发展战略的正常体现。但如果不是企业战略的需要，而是经营管理混乱所致，则需要大力加强内部管理，合理控制费用，通过降低费用增大企业盈利。

（4）实际指标与国际指标的比较。

通过实际指标与国际指标的对比分析，可以得到企业发展过程中与国外先进水平的差距和发展趋势，为企业超越世界先进水平指明方向，增强企业的自信心。

常用的国际指标包括国际平均指标、国际先进指标等。

例如，某企业在婴幼儿奶粉行业中一直位居行业前五强，且为国产奶粉中的最优品牌。2022年该企业的主营业务收入为42.27亿元人民币，而同期，惠氏奶粉的主营业务收入约为22亿美元。可以看出，尽管同处奶粉行业的第一梯队，但显而易见的是，该企业与惠氏在销售收入上还存在着明显的差距。

（三）比较指标的类型

按照比较财务指标的具体形式，可以划分为两种不同类型。

（1）绝对财务指标的比较。

利用两个或两个以上的总量或部分的绝对值指标进行比较，以发现这些绝对值指标之间的数量差异。如本年产品成本为5 000万元，上年产品成本为4 500万元。两年产品成本之差为500万元，反映了企业成本净增加为500万元。那么就要进一步分析成本增加的具体原因，是原材料价格上升，还是人工费用上升，抑或是其他原因所致，从而得到成本增加是否合理以及下年度成本控制的方向和目标等。

（2）相对财务指标的比较。

利用两个或两个以上的相对值指标进行比较，以发现这些相对值指标之间的数量差异。如本年权益资本收益率为25%，而上年为28%，两年权益资本收益率差额为-3%，即权益资本收益率下降了3%。那么，就要进一步分析权益资本收益率下降的原因。按照杜邦分析系统，如果企业的资本结构保持不变，即权益乘数未发生变化，那么，就一定是总资产收益率的下降导致了权益资本收益率的降低，在此基础上，就可以进一步层层分析，直至找到引起这种变化的可控原因并加以消除。

（四）比较分析法应注意的问题

在利用比较分析法进行财务分析时，必须注意的一个问题就是财务指标之间的可比性。所谓可比性是指所对比的同类指标之间在指标内容、计算方法、计价标准、时间长度等方面完全一致。如果对原本就不可比的指标进行分析比较，必然会得出错误的结论。此外，分析的核心问题在于解释原因，分析得越具体、越深入，则原因越清晰。

（五）比较分析法的应用

根据A企业2018年至2022年利润表的相关信息（见表1-4-1），运用比较分析法，对该企业财务状况进行初步分析，让企业的利益相关者对企业的销售和利润变动情况及其发展趋势有所了解。

具体分析步骤如下：

第一步：计算绝对数额的变动。

绝对数额的变动，见表1-4-2。

以2022年较2021年各项目的变动情况为例：

主营业务收入变动额=47.27-40.28=6.99（亿元）

主营业务利润变动额=29.74-24.74=5（亿元）

表 1-4-1　**A企业利润表**　单位：亿元

项目	2022年	2021年	2020年	2019年	2018年
主营业务收入	47.27	40.28	32.45	19.38	12.00
主营业务利润	29.74	24.74	19.31	10.08	6.46
利润总额	5.89	5.48	4.61	1.27	0.33
净利润	4.37	4.22	3.28	0.99	0.28

表 1-4-2　**绝对数额变动表**　单位：亿元

项目	2022年较2021年增减绝对额	2021年较2020年增减绝对额	2020年较2019年增减绝对额	2019年较2018年增减绝对额
主营业务收入	6.99	7.83	13.07	7.38
主营业务利润	5	5.43	9.23	3.62
利润总额	0.41	0.87	3.34	0.94
净利润	0.15	0.94	2.29	0.71

利润总额变动额=5.89-5.48=0.41（亿元）

净利润变动额=4.37-4.22=0.15（亿元）

从表 1-4-2 中可以看出，2019年至2022年，A企业主营业务收入分别增加7.38亿元、13.07亿元、7.83亿元、6.99亿元；主营业务利润分别增加3.62亿元、9.23亿元、5.43亿元、5亿元；利润总额分别增加0.94亿元、3.34亿元、0.87亿元、0.41亿元；净利润分别增加0.71亿元、2.29亿元、0.94亿元、0.15亿元。

第二步：计算相对数额的变动。

相对数额的变动，见表 1-4-3。

表 1-4-3　**相对数额变动表**

项目	2022年较2021年增减率	2021年较2020年增减率	2020年较2019年增减率	2019年较2018年增减率
主营业务收入	17.35%	24.13%	67.44%	61.50%
主营业务利润	20.21%	28.12%	91.57%	56.03%
利润总额	7.48%	18.87%	262.99%	284.85%
净利润	3.55%	28.66%	231.31%	253.57%

以2022年较2021年各项目的变动情况为例：

主营业务收入变动率=6.99÷40.28×100%=17.35%

主营业务利润变动率=5÷24.74×100%=20.21%

利润总额变动率=0.41÷5.48×100%=7.48%

净利润变动率=0.15÷4.22×100%=3.55%

从表1-4-3看出，2019年至2022年，A企业主营业务收入增长率分别为61.50%、67.44%、24.13%、17.35%；主营业务利润增长率分别为56.03%、91.57%、28.12%、20.21%；利润总额增长率分别为284.85%、262.99%、18.87%、7.48%；净利润增长率分别为253.57%、231.31%、28.66%、3.55%。

第三步：综合分析及结论。

从企业增长趋势的角度观察上述数字，可以看出，企业增长的高峰在2019年至2021年，无论从绝对增长额还是从相对增长率来看，2020年，主营业务收入及利润都达到了最高峰。在2021年主营业务收入及主营业务利润较2018年分别增长236%、283%的情况下，高速增长的势头在2022年开始放缓，2022年主营业务收入、主营业务利润、利润总额、净利润仅较2021年分别增长6.99亿元、5亿元、0.41亿元、0.15亿元，增长率分别为17.35%、20.21%、7.48%、3.55%。作为报表使用者，则要进一步根据国家政策、行业周期等信息，分析企业这种增长乏力是属于偶发行为，还是一种长期态势，以结合数据分析得出定性结论，进而调整经营管理方式或投资决策。

若从企业增长质量观察上述数字，仅以2022年为例，2022年主营业务收入、主营业务利润、利润总额、净利润较2021年分别增长6.99亿元、5亿元、0.41亿元、0.15亿元，增长率分别为17.35%、20.21%、7.48%、3.55%。换句话讲，近7亿元、达17.35%的主营业务收入增长，只换来0.41亿元、7.48%的利润总额增长。这个时候，我们就要反观造成这种低质量增长的种种因素，如会影响利润总额大小的营业外收支情况、三项费用（销售费用、管理费用、财务费用）的大小等。在明确原因后，根据实际情况，采取相应的应对措施。

二、比率分析法

（一）比率分析法的概念

比率分析法是指将财务报告中两个或两个以上相互关联的指标加以比较，计算财务比率，据以解析和评价财务状况和经营成果的方法。

比率分析法是财务分析中使用最为广泛的方法之一。财务比率不仅仅是相关联项目之间的简单比较，或绝对数额的差异比较（这种比较往往是相同项目的不同期间、主体的比较），而且是通过它们之间的关联关系，在不同的项目、不同的指标间进行的比较。通过比较说明指标间的变动关系，以此为依据，提示和评价它们所反映的财务现象。

（二）比率分析法的形式

财务比率的构造和计算方法不同，其经济意义和对财务分析的作用也不尽相同。在财务分析中，常用的比率有如下两种：

（1）相关比率。

相关比率分析是典型的财务比率分析。相关比率分析就是将两个性质不同但又相互联系的财务指标进行比较，求出比率，并据此对财务状况和经营成果进行分析。

在财务分析中，常用的相关比率包括流动比率、速动比率、销售利润率、资产周转率、净资产收益率等，概括起来可以分为：反映企业偿债能力的比率，包括反映短期偿债能力和长期偿债能力的比率（其中反映短期偿债能力的比率一般称为流动性比率，反映长期偿债能力的比率一般称为负债性比率）；反映企业获利能力的比率，即反映企业投入产出效率的比率，用来衡量企业经济效益的好坏等。

例如，某企业2022年销售收入为47.2亿元，经营性现金流量净额为4.2亿元，投资活动产生的现金流量净额为-1.84亿元。通过计算我们可得出该企业的自由现金流为2.36亿元（4.2-1.84），自由现金流占销售收入的比重为5%（2.36÷47.2×100%）。依据衡量的标准，我们知道，如果一家公司或企业的自由现金流占销售收入的比重达到5%左右或更多，则意味着该企业的业务具有某种竞争优势，其销售能给公司带来源源不断的现金。因此，根据上述标准，我们可以初步得出如下结论：尽管公司的销售增长在2022年有所放缓，但其现金流还保持着健康的状况。我们需要做的是，进一步观察该自由现金流增长是否协调一致，以便客观地对企业业务的性质作出判断。

（2）结构比率。

结构比率又称构成比率，其是用以计算某项财务指标的构成部分分别占总体的比重，反映部门（个体）与主体的关系，以探讨各个部分在结构上的变化规律的一种方法，借以分析其构成内容的变化以及对财务指标的影响程度。其计算公式为：

结构比率=某项目财务指标的部分数值÷某项目财务指标的总体数值×100%

财务分析常用的比率包括某产品的销售量占整个市场需求量比重形成的产品市场占有率，某类产品销售额占企业总销售额比重形成的企业销售构成比率，流动资产、固定资产、无形资产占总资产比重形成的企业资产构成比率，长期负债、流动负债占企业全部负债形成的企业债务构成比率，财务费用、销售费用、管理费用分别占费用的比重形成的费用构成比率等。将这些比率的实际数据与计划或预算数据、上期或历史数据、同行业最优或平均数据进行对比，能够充分揭示企业财务业绩构成的发展变化情况。利用结构比率，可以考察总体中某部分所占比重是否合理，从而达到科学评价企业财务状况和经营成果构成及发展情况的目的。在通常情况下结构比率分析是通过编制百分比资产负债表和百分比利润表来完成的。

例如，某公司2021年、2022年应收账款、主营业务收入的变动见表1-4-4。

表1-4-4　某公司2021年、2022年应收账款、主营业务收入变动表　单位：亿元

项目	2022年	2021年	增长额	增长率
主营业务收入	47.27	40.28	6.99	17.35%
应收账款	3.15	2.96	0.19	6.42%

通过计算可以看出，该公司2021年和2022年应收账款占销售收入的比重分别为7.35%（2.96÷40.28×100%）和6.66%（3.15÷47.27×100%），即应收账款占销售收入的比重基本维持在7%左右，表现出一种平稳的态势。若进一步分析，可以看出，2022年该企业在主营业务收入增长17.35%的情况下，应收账款只维持了6.42%的增长，应收账款的增长比率小于收入的增长比率，表明企业的应收账款可控，风险较小，企业在扩大销售收入的同时并未采取激进的放宽信用的销售政策。

（三）比率分析法应注意的问题

需要注意的是，比率分析法中运用的财务比率并不是固定不变的。从比率分析法出现至今，财务比率分析不断地变化和发展，并且越来越丰富。选取的项目计算出的相对数据有一定的经济意义并能够实现分析主体的分析目的，这个相对数就是一个有价值的财务比率。但同时应注意，并不是任意两个项目相除得到的相对数都具有经济意义。例如，将企业的短期投资与主营业务成本相除，就不具有明显的经济意义，因而也就没有这样一个财务比率。因此，对财务比率，不仅要会计算，更重要的是能够解释，即通过计算出的比例反映一定的情况，说明一定的问题。

（四）比率分析法的应用

根据某企业2021年、2022年利润表的相关信息（见表1-4-5），结合其他数据，运用比率分析方法，对该企业的获利能力进行初步分析。

表1-4-5　某企业2021年、2022年利润表相关信息　单位：亿元

项目	2022年	2021年
一、营业收入	47.27	40.28
二、营业总成本	41.79	34.65
其中：营业成本	16.99	15.11
税金及附加	0.53	0.43
销售费用	20.77	16.18
管理费用	3.48	2.64
财务费用	0.015	0.29
三、营业利润	5.48	5.63
加：营业外收入	0.71	0.62
减：营业外支出	0.26	0.24
四、利润总额	5.93	6.01
减：所得税费用	1.53	1.26
五、净利润	4.40	4.75

具体分析步骤如下：

第一步：计算结构比率。

结构比率，见表1-4-6。

表1-4-6　某企业2021年、2022年利润表结构比率表

项目	2022年结构比率	2021年结构比率
一、营业收入	100%	100%
二、营业总成本	88.41%	86.02%
其中：营业成本	35.94%	37.51%
税金及附加	1.12%	1.07%
销售费用	43.94%	40.17%
管理费用	7.36%	6.55%
财务费用	0.03%	0.72%
三、营业利润	11.59%	13.98%
加：营业外收入	1.50%	1.54%
减：营业外支出	0.55%	0.60%
四、利润总额	12.54%	14.92%
减：所得税费用	3.24%	3.13%
五、净利润	9.31%	11.79%

从上述结构比率表中可以看出，尽管2022年企业营业收入较2021年增长了17.35%，但销售净利率却由2021年的11.79%（4.75÷40.28×100%），下降至2022年的9.31%（4.40÷47.27×100%），下降2.48%。如果说净利润较易受非经常性损益项目、所得税税率大小等因素的影响而无法反映企业真实的盈利水平，则营业利润相对较能反映企业真实的盈利水平。但显而易见的是，该企业的营业利润占比也由2021年的13.98%下降至2022年的11.59%，下降2.39%。进一步分析，造成这种现状的原因并不是企业毛利率的下降，事实上，企业的毛利率由2021年的62.49%上升至64.06%，上升1.57%，而是企业三项费用占比的急剧上升，尤其是销售费用占比的急剧上升，导致毛利被蚕食。通过计算可知，三项费用的占比由2021年的47.44%，上升至2022年的51.33%，上升比例为3.89%。换句话讲，在2022年，企业花费了占营业收入的一半之多的三项费用来维持销售收入的实现。这种非常规的状况，需要引起报表使用者的高度重视。必要的

方法，一是查看行业平均水平或是行业领先者水平加以分析，二是配合财务报表附注里的说明或董事会报告加以分析，得出公正、合理的结论。

2021年毛利率=（40.28−15.11）÷40.28×100%=62.49%

2022年毛利率=（47.27−16.99）÷47.27×100%=64.06%

2021年三项费用结构比率=（16.18+2.64+0.29）÷40.28×100%=47.44%

2022年三项费用结构比率=（20.77+3.48+0.015）÷47.27×100%=51.33%

第二步：计算相关比率。

这里需要说明的是，财务相关比率非常多，这里我们仅计算部分与评价企业获利能力相关的财务比率据以说明。

已知某企业2022年总资产及净资产期初、期末余额（见表1-4-7）。

表1-4-7　某企业2022年总资产及净资产期初、期末余额表　单位：亿元

项目	期初余额	期末余额
总资产	26.60	42.89
净资产	10.45	31.85

则通过计算可知，某企业2022年加权平均总资产收益率及净资产收益率分别为：

加权平均总资产=（26.6+42.89）÷2=34.75（亿元）

总资产收益率=4.4÷34.75×100%=12.66%

加权平均净资产=（10.45+31.85）÷2=21.15（亿元）

净资产收益率=4.4÷21.15×100%=20.80%

根据一般衡量标准，若一家企业的毛利率大于40%，而同时其净资产收益率大于15%，总资产收益率大于7%，则表明该企业很可能具有某种竞争优势，能将企业的资产源源不断地转化成利润。所以，依据上述计算指标，显示出某企业无论是总资产收益率还是净资产收益率都保持着良好的记录。但需要说明的是，若需要更为完善的分析，必须对企业多个年度的净资产收益率及总资产收益率加以分析和考察（最好是5~10年），以观察其盈利效率的稳定性及连续性。

第三步：综合分析及结论。

运用比率分析法对某企业进行分析可知，尽管某企业2022年的销售净利润较2021年降低2.48%，但显示其核心竞争力的毛利率、总资产收益率、净资产收益率却还处于较好的水平。吞食盈利的重要原因是企业三项费用的急剧上升，尤其是销售费用。这就要重点分析引起销售费用急剧增长的原因，是基于战略的需要，还是行业面临恶性竞争，或是经营管理中存在巨大的漏洞，抑或是企业有隐瞒利润的行为。但无论是哪一种情况，可以肯定的是，企业的销售费用存在巨大的下调空间，若企业的销售平稳增长，而销售费用率适当下调，或回归行业平均水平，则企业盈利存在超预期的可能。

三、趋势分析法

（一）趋势分析法的概念

随着财务分析方法的发展，统计学知识被逐渐加以应用，其中时间序列分析的应用就形成了财务分析中的趋势分析方法。趋势分析法是应用动态比率数据对企业某些同类经济现象各个时期的变化情况加以对比分析，发现其发展规律和发展趋势的分析方法。企业财务信息受多方面因素的影响，如果只从某一时期或某一时点上进行观察，则很难看清它的发展规律和发展趋势，因此，只有把若干时期和时点上的数据按时间顺序整理为数列，对该数列进行观察，并计算出它的增长速度、平均发展与增长速度等，才能准确探索它的发展潜力和趋势。

（二）趋势分析法的形式

在趋势分析中，常见的形式有以下三种：

（1）绝对数额分析。

绝对数额分析是指将相关项目连续几期的绝对数额进行对比。这种分析可以看出相关项目的变动方向是呈上升的趋势、下降的趋势、不断波动的趋势，还是保持相对稳定。

例如，某企业2022年1季度至2023年1季度的季度主营业务收入分别为11.83亿元、11.99亿元、10.16亿元、13.28亿元、12.89亿元，则环比绝对增加额分别为：0.16亿元（11.99-11.83）、-1.83亿元（10.16-11.99）、3.12亿元（13.28-10.16）、-0.39亿元（12.89-13.28），显示该企业的营业收入存在着一定的波动性。

（2）环比变动百分比分析。

环比变动百分比分析是指计算相关项目相邻两期的变动百分比，及分析期某项目的数值相对于前期该项目数值的变动百分比。这种分析不仅可以看出相关项目变化的方向，还可以看出其变动的幅度。环比变动百分比的计算公式如下：

环比变动百分比=（分析期某项目的数值-前期某项目数值）÷前期某项目数值

在环比变动百分比分析中需要注意，如果前期的项目数值为零或负数，则无法计算出有意义的变动百分比。

例如，某企业2022年4季度与2023年1季度的主营业务利润分别为8.43亿元与8.04亿元，则2023年1季度较2022年4季度的主营业务利润环比变动百分比为：（8.04-8.43）÷8.43×100%=-4.63%。

（3）定基分析。

定基分析就是选定一个固定的期间作为基期，计算各分析期的相关项目与基期相比的百分比。这种分析不仅能看出相邻两期的变动方向和幅度，还可以看出一个较长期间内的总体变动趋势，便于进行较长期间的趋势分析。定基百分比的计算公式如下：

定基百分比=分析期某项目数值÷基期某项目数值×100%

定基分析中，基期的选择非常重要，因为基期是所有期间的参照标准。选择基期时，不能选择项目数值为零或负数的期间，否则无法计算出有意义的变动百分比。最好选择一个企业状况比较正常的时期作为基期，否则得出的定基变动百分比就不具有典型意义。另外，通常以时间序列中较早的年份作为基期，这样便于分析整个时间序列中各项目的发展态势。

例如，某企业于2022年4月在深交所挂牌上市，表1-4-8列示了该企业上市前三年资产、净利润及净现金流等方面的会计信息。

表1-4-8　某企业2019年、2020年、2021年资产、净利润及净现金流等变动表

单位：亿元

项目	2019年	2020年	2021年
资产	12.45	13.97	20.27
股东权益	2.62	3.13	7.76
主营业务收入	12.00	19.38	32.45
净利润	0.28	0.99	3.28
净现金流	2.98	-1.46	0.4

若以2019年为基期，则依据表1-4-8可计算出各会计信息的定基变动率，见表1-4-9。

表1-4-9　某企业2019年、2020年、2021年资产、净利润及净现金流等定基变动表

金额单位：亿元

项目	2019年		2020年		2021年	
	绝对额	变动率	绝对额	变动率	绝对额	变动率
资产	12.45	100%	13.97	112.21%	20.27	162.81%
股东权益	2.62	100%	3.13	119.47%	7.76	296.18%
主营业务收入	12.00	100%	19.38	161.50%	32.45	270.42%
净利润	0.28	100%	0.99	353.57%	3.28	1 171.43%
净现金流	2.98	100%	-1.46	-48.99%	0.40	13.42%

从上表中可以看出，三年间，企业在资产、股东权益、主营业务收入和净利润等方面都有良好的增长记录。以2021年为例，2021年企业资产、股东权益、主营业务收入、净利润的变动率分别为2019年的162.81%、296.18%、270.42%、1 171.43%。可以看出，较资产、权益和收入增长更为明显的是企业的净利润。但遗憾的是，企业的净现金流却

未随着企业收入和净利润的增长呈现出同比例的增长，甚至在2020年还出现负数，尽管2020年企业或许受到全球金融危机的冲击，但不管怎样，净现金流同企业收入和净利润间的巨大缺口还是表明企业的收入或利润品质是有瑕疵的。毕竟，只有能带来真金白银的收入才是真正的收入，而与之相反的收入，却很可能是一种放宽信用后人为造成的收入，需要在以后持续地加以关注。

（三）趋势分析法应注意的问题

在趋势分析中，应注意以下几点。

（1）用于进行对比的各期指标，在计算口径上必须一致。

（2）分析前应剔除偶然性因素的影响，以使分析的数据能表现出正常的经营情况。

（3）分析时应注意一些重大事项和环境对各期财务数据的影响。

（4）分析的项目要根据分析目的来决定，并不需要面面俱到。

（5）分析时需要突出经营管理上的重大特殊问题，如成本的增加减少等，研究其产生的原因，以便采取对策，趋利避害。

四、因素分析法

（一）因素分析法的定义

因素分析法是根据财务分析指标及其影响因素之间的关系，按照一定的程序和方法确定各影响因素对分析指标差异影响程度的方法，此法亦来源于统计学的因素分析。其最为基本的形式就是连环替代法，这是以前的经济活动分析中最为重要的方法之一。

（二）因素分析法的形式

（1）连环替代法。

应用连环替代法，可以将财务指标各组成部分（影响）因素的实际数，依照一定的次序，逐一连环地替代其标准数，以此来衡量各组成因素对财务指标的影响程度。

① 连环替代法的基本形式。

连环替代法的基本形式如下：

设企业某财务分析指标A有a、b两个影响因素，A_0为标准指标，a_0、b_0为标准因素，A_1为实际指标，a_1、b_1为实际因素。

那么，财务分析指标A实际与标准之差异为$A_1-A_0=\Delta A$，ΔA的影响因素如下：

标准指标计算：$A_0= a_0\times b_0$

实际指标计算：$A_1= a_1\times b_1$

替代指标计算：

替代a因素：$A_2= a_1\times b_0$，A_2-A_0即为a因素的影响。

替代b因素：$A_1= a_1\times b_1$，A_1-A_2即为b因素的影响。

当然，实际中亦可以差额来代替，即：

a因素的影响：$(a_1-a_0)\times b_0=\Delta A_1$

b因素的影响：$a_1\times(b_1-b_0)=\Delta A_2$

a、b两个因素的共同影响：$\Delta A=\Delta A_1+\Delta A_2$

②连环替代法应注意的问题。

在应用连环替代法时，应注意以下四个方面的问题：

第一，确定财务分析指标的影响因素时，要注意必须使用具有直接因果关系的相关因素。同时，应明确这些影响因素对财务指标的影响方式和计算公式，否则，无法进行替代。

第二，要根据影响因素间的依存关系合理确定替代顺序，确定替代顺序的一般原则是先数量指标后质量指标、先基本指标后从属指标、先内部指标后外部指标。

如：直接材料成本=原材料消耗量×原材料单价

又如：原材料消耗量=产品产量×单位产品原材料消耗量

所以：直接材料成本=产品产量×单位产品原材料消耗量×原材料单价

则替代顺序为：产品产量→单位产品原材料消耗量→原材料单价。

第三，替代顺序确定后，不能随意变动，否则会影响财务分析与评价的准确性。分析时，各替代因素要依次顺序进行，后续因素的替代，必须在前面各影响因素替代之后方能进行。

第四，若影响因素之间的关系为比率关系，则要注意对分母的替代，只能进行总量替代，不能用差额法进行替代，即：

标准指标计算：

$A_0= a_0/b_0$

实际指标计算：$A_1=a_1/b_1$

替代指标计算：

a因素的影响：$(a_1-a_0)/b_0=\Delta A_1$

b因素的影响：$a_1\times(1/b_1-1/b_0)=\Delta A_2$

a、b两个因素的共同影响：$\Delta A=\Delta A_1+\Delta A_2$

（2）因素定基替代法。

因素定基替代法是因素分析法的另一种形式，它与连环替代法最大的不同在于，计算每一因素变动的影响时，比较的基础是标准值而不是前一次计算的结果。正因为如此，使得各因素变动对综合指标的影响之和并不等于财务指标分析值与标准值的总差异，二者之间存在着差额，这就需要对该差额进行再次分配。由于分配比例的确具有较大的人为主观性，同时，再次计算工作量将会大大增加，因此，现实中很少使用这一方法。

（三）因素分析法的应用

运用因素分析法，分析总资产周转率、权益乘数、销售净利率的变动对某企业2022年净资产收益率的影响程度。

假设某企业2021年、2022年净资产收益率、销售净利率、总资产周转率、权益乘数见表1-4-10。

表1-4-10 某企业2021年、2022年净资产收益率、销售净利率、总资产周转率、权益乘数表

项目	2021年	2022年
净资产收益率	2.38%	3.81%
销售净利率	1.82%	2.11%
总资产周转率（次）	0.88	1.22
权益乘数	1.485	1.481

2022年净资产收益率比2021年净资产收益率高出1.43%，我们可以利用因素分析法来分解各指标，并分析变动的原因及其影响。根据杜邦等式：

净资产收益率=销售净利率×总资产周转率×权益乘数

则：2021年度净资产收益率=1.82%×0.88×1.485=2.38% ①

第一次替代：2.11%×0.88×1.485=2.76% ②

第二次替代：2.11%×1.22×1.485=3.82% ③

第三次替代：2.11%×1.22×1.481=3.81% ④

式②－式①=2.76%－2.38%=0.38%，则销售净利率提高使得净资产收益率提高0.38%。

式③－式②=3.82%－2.76%=1.06%，总资产周转率提高使得净资产收益率提高1.06%。

式④－式③=3.81%－3.82%=－0.01%，权益乘数下降使得净资产收益率减少0.01%。

通过以上分析，我们可以分别看出每项分解指标对于净资产收益率变动的影响程度，三项指标共同作用，使得2022年净资产收益率较2021年增加了1.43%。

五、图示分析法

（一）图示分析法的定义

图示分析法就是利用各种分析图表，将各种财务分析指标进行比较分析的一种方法。

图示分析法的最大特点就是直观、清楚，同时，还可以将多个因素反映在一张图表之上，便于分析决策和财务控制程序的进行。

各类控制图是现代企业管理和财务管理过程中极为有效的控制手段。

（二）图示分析法的形式

图示分析法根据使用的目的和范围不同，可以有多种具体的形式，如总量式、比较式、趋势图、控制图等。

图1-4-1和图1-4-2分别为趋势图和直方图。

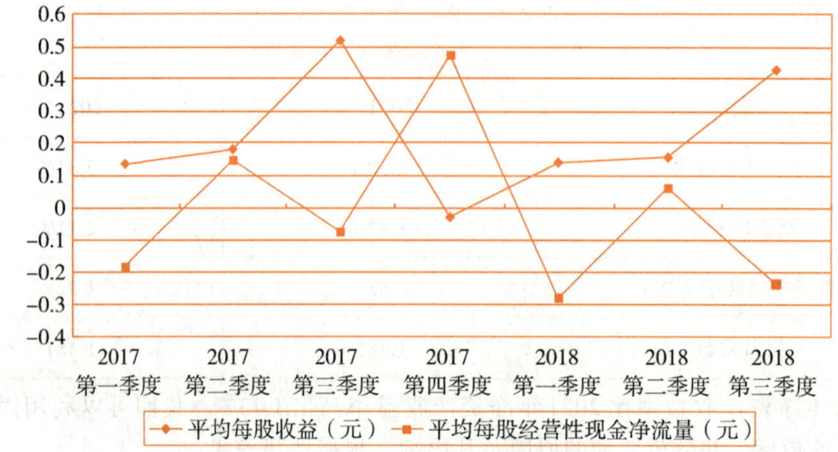

图1-4-1　2017年第一季度至2018年第三季度我国创业板公司平均每股收益、平均每股经营性现金净流量趋势图

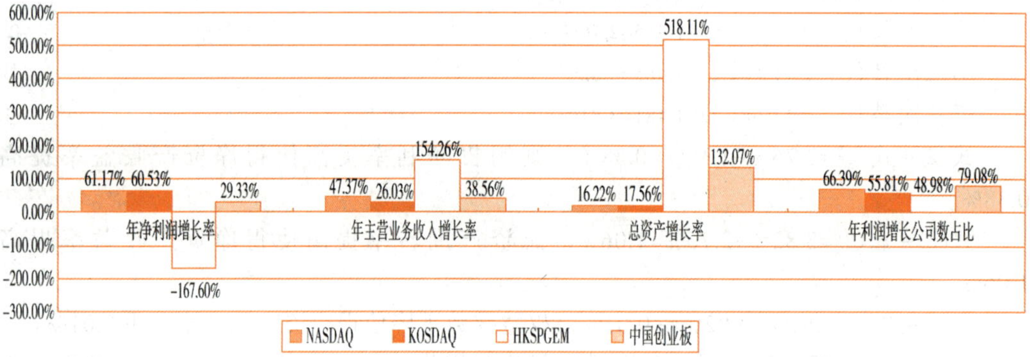

图1-4-2　20××年各国创业板增长率统计

六、综合分析法

综合分析法即通过某些综合分析模型所建立的指标间的联系对财务指标的变化及其影响因素进行分析的方法。

综合分析法往往以某一个关键分析指标为核心，根据指标间的递进关系，层层展开，不仅能够分析财务指标变动的数量，而且能够对财务指标变动的最基本原因进行深入分析。

综合分析法的重要性不仅仅在于对核心指标的结果进行分析，更为重要的是在分析过程中对不同影响因素之间关系和相互影响程度与次序的剖析。

综合分析法的开发较为困难，目前常用的有杜邦财务分析体系、沃尔评分法等。

杜邦财务分析法是由美国杜邦财务公司经理人员所创造的一种综合分析方法，该分析方法是以净资产收益率为起点，按照从综合到具体的逻辑关系层层分解，直到财务报表原始构成要素或项目。沃尔评分法是由财务状况综合评价的先驱者亚历山大·沃尔于

20世纪初基于信用评价所需而创立的一种综合评分法。他在《信用晴雨表研究》和《财务报表比率分析》中提出了信用能力指数的概念，并把若干个财务比率用线性关系结合起来，据以评价企业信用水平。他选择了七个财务比率，并分别给定了各比率的分值权重，在此基础上确定各比率的标准值，在评分时，将实际值与标准值进行比较，计算出每项比率的实际得分，然后加总各比率得分，计算总得分。

需要说明的是，在这里，我们对综合分析法仅进行简单的介绍，在后续内容中，有专门的章节对杜邦分析法、沃尔评分法进行详细的介绍。

知识测试

一、单项选择题

自主测 1-1

1.比较分析法，是指通过（　　）财务指标在不同时期或不同情况下数量上的比较，来提示指标间差异或趋势的一种方法。

A.不同　　B.相同

C.两个或两个以上相关联　　D.两个或两个以上无关联

2.比率分析法是指将财务报告中（　　）的指标加以比较，计算比率，据以解析和评价企业财务状况和经营成果的方法。

A.相关　　B.无关

C.相同　　D.不同

3.资产负债表上的账面价值均是（　　），而这种成本是一种沉没成本，是一种与决策无关的成本，这与财务分析的目的有所出入。

A.直接成本　　B.间接成本

C.历史成本　　D.相关成本

4.利润是权责发生制下的产物，是（　　）的结果，很高的利润有时候不能说明任何问题。

A.谨慎划分收益性支出　　B.收入与费用配比

C.会计核算方法前后一贯　　D.合理评估收益风险

5.在企业的现金流量表中，现金流入时间越是接近营业收益的形成时间，则营业收益的时间价值（　　），机会成本及风险越小，收益质量越高，否则相反。

A.越大　　B.越小　　C.无关　　D.不确定

二、多项选择题

自主测 1-2

1.企业财务报表分析的目的有（　　）。

A.评价企业整体财务状况　　B.评价企业偿债能力和获利能力

C.评价企业资产管理水平　　D.评价企业成本费用水平

E.评价企业现金流状况

2.财务报表分析的原则有（　　）。

A.客观性原则　　B.可比性原则　　C.充分性原则
D.科学性原则　　E.配比性原则

3.财务报表分析的信息基础包括（　）。

A.财务报表　　B.财务报表附注　　C.市场信息
D.行业信息　　E.审计报告

4.运用比较分析法时，应注意多角度的比较，重点从（　）方面进行。

A.与计划比较　　B.与行业平均水平比较
C.与先进企业比较　　D.与历史指标比较

5.在趋势分析法中，应注意（　）。

A.指标选择口径上的一致　　B.剔除偶然因素的影响
C.突出重大问题或特殊问题　　D.面面俱到

三、判断题

自主测 1-3

1.对财务比率，不仅要会计算，更重要的是能够解释，即通过计算出的比率反映一定的情况，说明一定的问题。（　）

2.趋势分析法是运用静态比率数据对企业某些同类经济现象各个时期的变化情况加以对比分析，以发现其发展规律和发展趋势的分析方法。（　）

3.无论财务指标间是否具有可比性，都可以运用比较分析的方法。（　）

4.不管用哪种财务分析方法，都要尽可能地剔除偶然因素对财务指标的影响。（　）

5.综合分析的原则是要求财务报表的使用者在进行财务分析时要尽可能地做到面面俱到，以便能客观、公正地反映企业的财务状况。（　）

6.定量分析是定性分析的基础，定性分析只是工具和手段，在分析方法上，要尽可能地将两者结合起来。（　）

7.在财务分析指标的选择上，应尽可能使用高深、复杂的指标，只有这样，财务分析结果才可能更准确和更有效。（　）

8.在环比变动百分比分析中需要注意，如果前期的项目数值为零或负数，则无法计算出有意义的变动百分比。（　）

9.定基分析中，基期的选择非常重要，因为基期是所有期间的参照标准。最好选择一个企业状况比较正常的时期作为基期，否则得出的定基变动百分比就不具有典型意义。（　）

10.综合分析法的重要性仅在于对核心指标的结果进行分析。（　）

能力测试

资料：ABC企业利润表见表A-1。

表 A-1　　ABC企业利润表

编制单位：　　2022年度　　单位：亿元

项目	2022年度	2021年度
一、营业收入	47.27	40.28
二、营业总成本	41.83	34.76
其中：营业成本	16.99	15.11
税金及附加	0.53	0.43
销售费用	20.77	16.18
管理费用	3.48	2.64
财务费用	0.06	0.40
三、营业利润	5.44	5.52
加：营业外收入	0.71	0.62
减：营业外支出	0.26	0.24
四、利润总额	5.89	5.90
减：所得税费用	1.53	1.26
五、净利润	4.36	4.64

要求：

（1）请计算该企业营业收入、营业利润、利润总额、净利润的绝对变动额及相对变动率。

（2）运用结构分析法分析该企业利润表的变动情况。

（3）运用计算结果对该企业进行评价。

项目二

资产负债表分析

资产负债表分析，是指基于资产负债表而进行的财务分析。资产负债表反映了企业在特定时点的财务状况，是企业经营管理活动结果的集中体现。通过分析企业的资产负债表，能够揭示企业偿还短期债务的能力，企业经营稳健与否或经营风险的大小以及企业经营管理总体水平的高低等。

本项目应该在了解资产负债表基本内容，理解资产负债表分析目的，掌握资产负债表分析方法的基础上，完成对M企业资产负债表的分析。将此项目分解为三个任务，分别是结构分析、趋势分析和主要项目质量分析，便于对M企业的财务状况有一个整体、深入的认识。

其中，结构分析是将资产负债表各项目与总资产或总权益比较，计算出各项目占总体的比重，分析说明企业资产结构和权益结构及其增减变动合理程度和变动的具体原因，评价企业资产结构与资本结构的适应程度。趋势分析是通过趋势分析法，将资产负债表的实际数与选定的标准进行比较，在此基础上对企业资产、负债和所有者权益的发展趋势进行评价。主要项目质量分析是在对资产负债表进行一般性数据分析的基础上对影响企业资产、负债和所有者权益的主要项目内涵质量进行深入分析。

知识目标

■ 了解资产负债表的构成及其分析的目的；

■ 掌握资产负债表的结构分析法和趋势分析法；

■ 掌握资产负债表主要项目的分析内容与重点。

能力目标

■ 运用资产负债表结构分析法对企业资产结构和权益结构进行分析；

■ 运用资产负债表趋势分析法对企业资产、负债和所有者权益的发展趋势进行分析；

■ 运用不同方法对资产负债表不同项目分别进行详细分析。

素养目标

■ 深入了解企业的经营状况，客观理解资产负债表中反映出来的企业经营活动中的现实问题，塑造财务从业者的使命感和社会责任感，树立民族自信心。

案例导引

辛辛苦苦开工厂，在面临亏损、保壳等压力的时候，出售房产成为ST股票的首选。另外，变卖固定资产和股权也屡见不鲜。

江苏三房巷实业股份有限公司（股票代码：600370）位于江苏省江阴市周庄镇三房巷村，成立于1994年，于2003年上市。公司以印染整理为主业，是国内印染行业的重要企业；同时，公司还涉足PBT树脂和电、蒸汽业务，电、蒸汽收入来自合资的江阴新源热电有限公司。

2018年12月3日，三房巷与柳爱华签订了设备销售合同，将公司拥有的纺织生产设备中的45台织布机（其中，360喷气织布机20台，340喷气织布机25台）出售给柳爱华，上述45台织布机账面原值1 840.19万元，账面净值427.07万元。而本次标的交易金额参考中和资产评估有限公司的评估结果，交易双方协商确定，交易金额为446万元。

资料来源：佚名. 价值1 840万的45台织布机被三房巷“贱卖”，意在提高资产使用效率[EB/OL].（2018-12-04）. https：//www.163.com/dy/article/E271ODLR0518TFG3.html.有删改.

请分析：价值1 840万元的45台织布机为何被三房巷“贱卖”？

分析提示：2017年年末，三房巷染色、整理布业务的毛利率不到1%，换言之，三房巷的这块业务是亏损的。2018年以来，环保治理政策使得很多中小印染企业关停，三房巷这种体量大的印染企业获得了更多的产销量存活了下来；然而，越南等东南亚国家的纺织业快速崛起，市场竞争激烈，三房巷的毛利率下滑；再加上坯布、染料等成本的上涨，三房巷纺织印染业务的盈利能力堪忧。PBT工程塑料业务、热点业务也因成本上涨等因素，并没有使得企业的盈利情况明显好转。卖织布机得到的446万元，金额并不大，但三房巷卖2亿元的棉纱也赚不了200万元。因此，“贱卖”织布机换来446万元是企业自救的措施。预计“贱卖”45台织布机只是三房巷调整企业产业结构的开端，随着后续一系列动作，该公司的资产结构将发生巨大变化。

任务1　资产负债表的基本知识

相关知识

一、资产负债表的内容

资产负债表是企业财务报告中的第一主要报表，它是以“资产=负债+所有者权益”为平衡关系，反映企业在某一特定日期（年末、季末、月末）资产及其分布形态、资本金的来源及其构成，以及它们之间相互关系的会计报表，可以从总体上揭示出企业的财务状况。

在会计实务中，资产负债表是按照一定的分类标准和一定的顺序，把企业特定日期的资产、负债和所有者权益各项目加以适当排列，根据日常会计核算形成的大量数据进行整理后编制而成的。它分别列示资产及其总计与负债和所有者权益及其总计项目，并且这两者的金额应当相等，表明企业在某一特定日期所持有的不同形态资产的价值存量，对不同债权人承担的偿债责任和投资人净资产的价值归属。

二、资产负债表的结构

资产负债表的结构一般是指资产负债表的组成内容及各项目在表内的排列顺序。

资产负债表的组成内容，包括表头、表体和补充资料等。其中：

表头部分提供了报表名称、编制单位、报表编号、编报日期和货币计量单位等。

表体部分是资产负债表的核心所在，它列示了资产、负债及所有者权益等内容。编制资产负债表的基本原理是"资产=负债+所有者权益"这一会计恒等式，根据会计恒等式编制资产负债表时，按照资产、负债和所有者权益的排列形式不同，资产负债表表体主要有账户式和报告式两种。

（一）账户式

账户式资产负债表是左右结构，左方列示资产各项目，右方列示负债和所有者权益各项目，其中，负债项目列示在报表右方的上半部分，所有者权益项目列示在报表右下部分，左方资产总额与右方负债和所有者权益之和相平衡。从形式上看，这种排列方式与会计上常用的丁字形账户相似，故称其为"账户式资产负债表"。我国企业会计准则中规定，企业的资产负债表采用账户式。账户式资产负债表的格式见表2-1-1。

表2-1-1　资产负债表（简要账户式）

编制单位：　　　　年　月　日　　　　单位：

资产	期末余额	年初余额	负债和所有者权益	期末余额	年初余额
流动资产			流动负债		
非流动资产			非流动负债		
			所有者权益		
资产总计			负债和所有者权益总计		

从表2-1-1可以看出，资产负债表左方列示资产类各项目，它是按照流动性程度的高低即变现速度快慢的顺序排列的，先流动性资产，后非流动性资产。资产负债表右方列示负债和所有者权益各项目，它是按照先负债后所有者权益的顺序排列的，其中，负债按照偿还时间由短到长依次排列，先流动负债，后非流动负债，而所有者权益则是按形成来源分类后，按其留在企业的永久程度排列，即先实收资产（或股本），后其他权益工具、资本公积、其他综合收益、盈余公积，最后是未分配利润。资产负债表的左右两边存在着对应关系：左边反映企业在某一个特定日期持有的不同形态的资产价值；右边反映企业对不同的债权人所应承担的偿付责任和属于投资人的净资产价值。

（二）报告式

报告式资产负债表是上下结构，上半部列示资产，下半部列示负债和所有者权益。在报告式下，所有的资产项目按一定的排列顺序列示在报表的上面，负债及所有者权益或股东权益列示在下面。从形式上看，报告式资产负债表是依据书面报告的常规，采用上下呼应的形式，故称其为“报告式资产负债表”。我国上市公司年度财务报告常用此格式，表2-1-2为M企业2022年资产负债表。

表2-1-2 资产负债表（报告式）

编制单位：M企业 2022年12月31日 单位：万元

项目	期末余额	年初余额
流动资产：		
货币资金	264 501	241 482
交易性金融资产	12	2
应收票据	153 533	139 141
应收账款	41 457	48 202
预付款项	3 132	10 254
应收利息	696	233
应收股利		
其他应收款	1 584	2 219
存货	77 183	88 689
一年内到期的非流动资产		
其他流动资产		
流动资产合计	542 098	530 222
非流动资产：		
可供出售金融资产		
持有至到期投资	20 475	
长期应收款		
长期股权投资	289 010	232 220
投资性房地产		

续表

项目	期末余额	年初余额
固定资产	115 386	120 015
在建工程	24 030	5 459
固定资产清理		
生产性生物资产		
无形资产	15 000	14 961
开发支出	6 808	1 988
商誉		
长期待摊费用		
递延所得税资产	3 515	3 337
其他非流动资产		
非流动资产合计	474 224	377 980
资产总计	1 016 322	908 202
流动负债：		
短期借款	1 677	
应付票据	278 233	237 626
应付账款	172 718	161 246
预收款项	6 076	7 651
应付职工薪酬	9 862	4 715
应交税费	-1 514	-6 647
应付利息		
应付股利		
其他应付款	14 857	14 971
一年内到期的非流动负债		
其他流动负债		
流动负债合计	481 909	419 562

续表

项目	期末余额	年初余额
非流动负债：		
长期借款		
应付债券		
长期应付款		
专项应付款		
预计负债		
递延所得税负债		
其他非流动负债	8 532	3 766
非流动负债合计	8 532	3 766
负债合计	490 441	423 328
所有者权益（或股东权益）：		
实收资本（股本）	200 000	200 000
资本公积	63 176	63 016
减：库存股		
专项储备		
盈余公积	67 655	62 371
一般风险准备		
未分配利润	195 050	159 487
所有者权益（或股东权益）合计	525 881	484 874
负债和所有者权益（或股东权益）总计	1 016 322	908 202

资料来源　根据上海证券交易所网站相关资料整理。

补充资料则列示或反映了一些在基本内容中未能提供的重要信息或未能充分说明的信息。这部分资料或在资产负债表表体下部列示，或在报表附注中列示。

（三）报表格式的变化

为解决执行企业会计准则的企业在财务报告编制中的实际问题，规范企业财务报表列报，提高会计信息质量，财政部2018年6月15日发布了《关于修订印发2018年度一般企业财务报表格式的通知》（财会〔2018〕15号），文件中明确指出：针对2018年1

月1日起分阶段实施的《企业会计准则第22号——金融工具确认和计量》（财会〔2017〕7号）、《企业会计准则第23号——金融资产转移》（财会〔2017〕8号）、《企业会计准则第24号——套期会计》（财会〔2017〕9号）、《企业会计准则第37号——金融工具列报》（财会〔2017〕14号）（以上四项简称新金融准则）和《企业会计准则第14号——收入》（财会〔2017〕22号，简称新收入准则），以及企业会计准则实施中的有关情况，财政部对一般企业资产负债表格式进行了修订。具体修订内容和新报表格式可以查阅附录5中的链接。

由于财政部此次报表格式的修订发布于2018年年中，多数企业会在2019年才开始使用新的报表格式，而对企业资产负债表的分析有时需要考虑连续年度的指标变化，因此本项目中任务实施部分的案例采用的仍然是修订之前的报表格式。

三、资产负债表的分析目的

资产负债表的分析目的，就在于了解企业会计对企业财务状况的反映程度以及所提供会计信息的质量，具体如下：

（一）通过对资产负债表的分析，可以了解企业拥有或控制的能用货币表现的经济资源及其具体的分布情况

由于不同形态的资产对企业的经营活动具有不同的影响，因而对企业资产结构的分析可以从一个侧面对企业的资产质量作出一定的判断。一般来说，企业控制和运作的经济资源越多，其形成和产生新的经济利益和社会财富的能力也就越强，然而，同样的资源总量，配置结构不同，所产生的经济利益或经济效益也就不同。因此，财务报告的使用者根据它可以了解企业控制的经济资源总量，分析企业资源配置结构是否合理有效和评估企业未来的发展。

（二）通过对资产负债表的分析，可以了解企业债务规模、债务结构及所有者权益的构成情况

企业的资金来自两个方面：一部分是投资人自己投入的，形成了企业的所有者权益；另一部分是向债权人借入的，形成了企业的负债，它们各占一定的比重，这就是通常所说的资本结构。一般而言，企业的所有者权益相对于负债来说规模越大，企业清偿长期债务的能力越强，企业进一步举借债务的潜力也就越大。

（三）通过对资产负债表的分析，可以了解企业财务实力、短期偿债能力和支付能力

负债既然要用资产或劳务偿还，资产与负债之间就应当有一个合理的比例关系。把流动资产、速动资产和现金资产与流动负债联系起来分析，可以评价企业的短期偿债能力。资产负债表提供了这方面的资料：它的左方，各类资产按变现能力由强到弱依次排列，右方的权益则按偿还期限由短到长依次排列。财务报表使用者利用流动资产与流动负债相比计算出的实际比率，并将其与合理比率进行对比，用以判断企业偿还短期债务的能力。这种能力对于企业的短期债权人尤为重要。

（四）通过对企业不同时期资产负债表的比较分析，可以了解企业未来财务状况的发展趋势

报告使用者不但需要掌握企业现时的财务状况，也需要预测企业未来发展的趋势，为决策提供依据。可以肯定地说，企业某一特定日期的资产负债表对信息使用者的作用极其有限。只有通过对企业不同时点资产负债表的比较，才可以对企业财务状况的发展趋势作出判断。同样，通过对不同企业同一时点的资产负债表进行对比，还可以对不同企业的相对财务状况作出评价。

四、资产负债表分析的内容

资产负债表分析的主要内容包括以下几方面：

（一）资产负债表结构分析

资产负债表结构分析，也称为资产负债表垂直分析，是通过编制资产负债表的结构分析表来进行纵向比较分析，将资产负债表各项目与总资产或总权益比较，计算出各项目占总体的比重，并将各项目构成与历史数据、同行业水平进行比较，分析说明企业资产结构和权益结构及其增减变动的合理程度，分析其变动的具体原因，评价企业资产结构与资本结构的适应程度。

（二）资产负债表趋势分析

资产负债表趋势分析，也称为资产负债表水平分析，是通过对企业连续两期或多期资产负债表中的数据进行比较，计算其增减变动的数额和增减变动的百分比，从而了解企业资产、负债、所有者权益项目变动的方向、数额和幅度，据以判断企业财务状况的变化趋势。

（三）资产负债表主要项目质量分析

资产负债表主要项目质量分析，是在资产负债表结构、趋势分析的基础上，对企业资产、负债和所有者权益的主要项目质量状况进行深入分析。

任务2　资产负债表结构分析

任务描述

根据M企业2021年、2022年资产负债表的相关信息，运用资产负债表结构分析方法，对M企业财务状况进行初步分析，让企业利益相关者对企业的资产、负债及所有者权益的结构状况及变动有所了解。

相关知识

资产负债表结构分析是通过编制资产负债表的结构分析表来进行纵向比较分析，将资产负债表各项目与总资产或总权益进行比较，计算出各项目占总体比重，并将各项目

构成与历史数据、同行业水平进行比较，分析说明企业资产结构和权益结构及其增减变动的合理程度，分析其变动的具体原因，评价企业资产结构与资本结构的适应程度。

一、编制企业资产负债表结构分析表

编制企业资产负债表结构分析表是进行企业结构分析的第一步，是对企业资产负债表原始数据的进一步加工处理，以便满足结构分析的需要。

计算公式如下：

$$某项目的结构比重=\frac{某项目金额}{资产总额或权益总额}\times 100\%$$

某项目的结构变动情况=报告期（本期）结构比重-基期（上一期）结构比重

二、分析企业资产结构

资产结构是指企业流动资产与非流动资产各主要项目占资产总额的比重，表明投入企业资源的运用，是企业广义的投资活动的结果，包括资产总体结构、流动资产结构和非流动资产结构。这种分类分析为报表使用者提供了企业变现能力的信息、企业资产结构信息以及企业资产管理水平的信息。企业的资产要最大限度地发挥其功能，就必须有一个合理的配置。

（一）资产总体结构

资产负债表中，资产项目主要按照流动性进行分类和排列，总的来说可以分为流动资产与非流动资产，所以在进行总体分析时，主要就是从这两类资产的比例和结构及其变动趋势说明企业资金的使用情况。

如果企业流动资产所占比重较大，则说明企业的经营比较灵活、转型快，但稳定性差；如果企业非流动资产所占比重较大，则说明企业的底子较厚、抗风险能力强，但调头较难。

（二）流动资产结构

流动资产结构是指组成流动资产的各个项目占流动资产的比重。分析流动资产的结构，可以了解流动资产的分布情况、配置情况、资产的流动性及短期支付能力。

企业流动资产是否合理没有统一的绝对判断标准，仅仅通过前后两期的对比，只能说明流动资产结构的变动情况，而不能说明这种变动是否合理。例如，某企业货币资金比重上升，存货比重下降，只能说明企业的即时支付能力增强，但这种变化是使流动资产结构变得更加合理还是更加不合理，以上分析不能说明这一点。因此，企业应首先选择一个标准，可以是同行业的平均水平或财务计划中确定的目标，然后将流动资产结构的变动情况与选定的标准进行比较，以反映流动资产结构变动的合理性。

（三）非流动资产结构

非流动资产是指企业资产中变现时间在1年以上或超过1年的一个营业周期以上的那部分资产，主要包括可供出售金融资产、长期股权投资、固定资产、在建工程、无形资产等，其预期效用主要是满足企业正常的生产经营需要，保持企业适当的规模和竞争力，获取充分的盈利。其结构比重取决于企业的行业特点、生产和发展方向，一般来说，工业企业固定资产比重较大，金融企业长期股权投资比重较大。但其非流动资产结构是否合理，还要分析企业自身生产经营特点和发展方向，制定适宜的比重标准。否则，固定资产比重较大，会造成资金浪费；比重较小，又会影响到生产经营的发展。

三、分析企业资本结构

资本结构是指各种资本的构成及其比例关系，其实质是债务资本在资本结构中安排多大的比例，包括资本总体结构、负债结构、流动负债结构、非流动负债结构和所有者权益结构。

企业的资本结构状况是企业各利益相关者十分关注的问题，对资本结构的分析能够帮助报表使用者正确评价企业的价值水平，从而为其科学决策提供良好的基础。对股东而言，资本结构分析有助于判断自己可能获得的财务杠杆利益以及承担的财务风险，并做到对企业运营的安全和稳定心中有数；对债权人而言，资本结构分析有利于其判明债权的保障程度，并采取有效措施保护债权人权益；对经营者而言，资本结构分析有助于其对资本结构的合理性作出判断，并根据情况的变化，动态地优化资本结构，吸收更多的权益资本，保持企业良好的财务形象，降低资本成本。

（一）资本总体结构

资本总体结构反映的是企业资金的来源情况，企业的资金通常来源于两个方面：一是负债项目，包括流动负债和非流动负债，是企业过去的交易形成的，预期会导致经济利益流出企业的现时义务；二是所有者权益项目，所有者权益是长期偿债能力的安全保证，是一种剩余权益，是公司的净资产。因此，分析资本的总体结构可以了解企业可能面对的财务风险。

（二）负债结构

负债是指企业在某一特定日期承担的、过去的交易或者事项形成的、预期会导致经济利益流出企业的现时义务。根据债务偿还期限，负债可以分为流动负债和非流动负债，需要在1年或超过1年的一个营业周期内偿还的债务称为流动负债，其余则为非流动负债。

负债结构是因为企业采用不同负债筹资方式所形成的，是负债筹资的结果，因此，负债结构分析必须结合多个相关因素进行，如负债规模、负债成本、债务偿还期限、财务风险、经济环境等。

其中，债务偿还期限是负债结构分析要考虑的一个极其重要的因素，负债是必须要偿付的，而且要按期偿付，企业在举债时就应当根据债务的偿还期限来安排负债结构。

（三）流动负债结构

企业的流动负债一般包括短期借款、交易性金融负债、应付票据、应付账款、预收款项、应付职工薪酬、应交税费、应付利息、应付股利、其他应付款、一年内到期的非流动负债和其他流动负债等项目。

流动负债结构分析能够反映企业流动负债资金的主要来源，如果流动负债主要来源于商业信用，属于无成本负债，则企业负债成本较低，短期偿债压力较小。合理利用无成本负债，是企业降低负债成本的重要途径之一。但值得注意的是，应付票据和应付账款还应结合经营情况进行详细分析，商业信用的比重过高，会影响到企业的信誉与支付能力。

（四）非流动负债结构

非流动负债是指偿还期在1年以上或者超过1年的一个营业周期以上的负债。一般包括长期借款、应付债券、长期应付款、预计负债、其他非流动负债等项目，其特点是：可以保持企业原有的股权结构不变和股票价格稳定；不影响原有股东对企业的控制权；非流动负债支付的利息具有抵税功能；举借非流动负债可能带来股东收益的减少；举借非流动负债必须按规定到期偿还，可能会给企业带来较大的财务风险。

（五）所有者权益结构

所有者权益是指企业所有者（或股东）在企业资产中所享有的经济利益。从资金价值的角度而言，相当于企业全部资产偿还全部债务之后的余值。它又称为股东权益、自有资本、权益资金，是企业资金来源中最重要的组成部分，是其他资金来源的前提和基础。权益资金在企业生产经营期间不需返还，是可供企业长期使用的永久性资金，而且没有固定的利息负担。所以，权益资金越多，企业的财务风险越小，如果企业的资金全部是权益资金，则无财务风险可言。

所有者权益一般包括投入资本和留存收益两部分。投入资本是指企业所有者实际投入企业的资本，包括实收资本和资本公积；留存收益是指企业从净利润中留存下来或尚未以股利等形式分配给股东的那部分所有者权益，包括盈余公积和未分配利润两部分。

四、分析资产结构与资本结构的对称性

企业的资产结构受制于企业的行业性质，不同的资产性质，其资金融通的方式也有差异。因此，尽管总资产与总资本在总额上一定相等，但由不同投资方式产生的资产结构与不同筹资方式产生的资本结构却不完全相同。虽然资产结构与资本结构的适应形式多种多样，但归纳起来可以分为保守结构、适中结构和风险结构三种类型。

（一）保守结构

保守结构见表2-2-1。

表2-2-1　　保守结构

<table>
<tr><td rowspan="2">流动资产</td><td>流动负债</td></tr>
<tr><td rowspan="2">非流动负债
所有者权益</td></tr>
<tr><td>非流动资产</td></tr>
</table>

保守结构的主要特点是流动资产的一部分资金来源由流动负债来满足，而另一部分

资金则由非流动负债来满足。这就意味着：

（1）企业对流动负债的依赖性较低，减轻了短期偿债的压力，风险较低，作为长期融资方式的非流动负债在满足流动资产需要时，将不会遇到流动性压力或偿债压力，故是一种风险最小的结构。

（2）以长期融资来满足短期资产的资金需要，融资成本最高。

因此，企业采用这种结构风险最小，成本最高，是企业经常采用的结构，它适合于各种企业。

（二）适中结构

适中结构见表2-2-2。

表2-2-2　适中结构

流动资产	流动负债
非流动资产	非流动负债 所有者权益

适中结构的主要特点是用于流动资产的资金由流动负债提供，用于非流动资产的资金由非流动负债和权益性资金提供。这意味着：

（1）流动资产不会占用长期融资，从而使融资成本相对较低。

（2）流动负债也不会用来支持非流动资产，从而使财务风险或偿债风险较低。

因此，企业采用这种结构风险适中，成本也中等，但仍然存在支付不足的潜在风险：一是企业经营流转不顺畅，遇到周转阻滞；二是企业的收账时间和数量与偿债时间和数量不一致。例如：营业收入未能按期取得现金，应收账款没能足额收回等。

适中结构对于经营状况特别好而且前景也看好的企业，可以作为一种正常、持久的结构，但要注意保持良好的财务形象，以便及时获得临时借款应对临时偿债压力。

（三）风险结构

风险结构见表2-2-3。

表2-2-3　风险结构

流动资产	流动负债
非流动资产	非流动负债 所有者权益

风险结构的主要特点是流动负债的资金来源既提供给流动资产也提供给部分非流动资产。这就意味着：

（1）非流动资产的部分资金由流动负债提供，其余由长期融资提供，从而使融资成本最低。

（2）流动负债用来作为非流动资产的资金来源，由于两者在流动性上不对称，流动负债需要在近期偿还，流动性压力大；非流动资产需要经过较长时间实现其周转价值，变现能力差，从而加大财务风险或偿债风险。

因此，企业采用这种结构成本最低，但风险最大。一般只能由各企业在某一段较短的时间内使用，并要有准确的市场预测和良好的信用状况及环境。

通过对资产结构和资金结构的对称性分析，可以看出企业的资金来源与使用必须搭配合理，非流动资产需要长期资金来解决，而流动资产需要短期资金来解决。只有搭配合理，才能保证公司收益性与风险性的合理配置，否则必然导致公司收益性降低或者导致公司风险增大。

任务实施

根据M企业2021年、2022年资产负债表的相关信息，运用资产负债表结构分析方法，对M企业财务状况进行初步分析，具体分析步骤如下：

第一步：编制企业资产负债表结构分析表。

根据M企业2021年、2022年资产负债表（参见附录1），编制该企业资产负债表结构分析表，见表2-2-4。

表2-2-4　　M企业资产负债表结构分析表　　金额单位：万元

项目	2022.12.31	2021.12.31	2022年比重	2021年比重	比重变动情况
流动资产：					
货币资金	264 501	241 482	26.03%	26.59%	-0.56%
交易性金融资产	12	2	0	0	0
应收票据	153 533	139 141	15.11%	15.32%	-0.21%
应收账款	41 457	48 202	4.08%	5.31%	-1.23%
预付款项	3 132	10 254	0.31%	1.13%	-0.82%
应收利息	696	233	0.07%	0.03%	0.04%
其他应收款	1 584	2 219	0.16%	0.24%	-0.80%
存货	77 183	88 689	7.59%	9.77%	-2.18%
流动资产合计	542 098	530 222	53.34%	58.38%	-5.04%
非流动资产：					
持有至到期投资	20 475	0	2.01%	0	2.01%
长期股权投资	289 010	232 220	28.44%	25.57%	2.87%
固定资产	115 386	120 015	11.35%	13.21%	-1.86%
在建工程	24 030	5 459	2.36%	0.60%	1.76%

续表

项目	2022.12.31	2021.12.31	2022年比重	2021年比重	比重变动情况
无形资产	15 000	14 960	1.48%	1.65%	-0.17%
开发支出	6 808	1 988	0.67%	0.22%	0.45%
递延所得税资产	3 515	3 337	0.35%	0.37%	-0.02%
非流动资产合计	474 224	377 980	46.66%	41.62%	5.04%
资产总计	1 016 322	908 202	100.00%	100.00%	0
流动负债：					
短期借款	1 677	0	0.17%	0	0.17%
应付票据	278 233	237 626	27.38%	26.16%	1.22%
应付账款	172 718	161 246	16.99%	17.75%	-0.76%
预收款项	6 076	7 650	0.60%	0.84%	-0.24%
应付职工薪酬	9 862	4 715	0.97%	0.52%	0.45%
应交税费	-1 514	-6 647	-0.15%	-0.73%	0.58%
其他应付款	14 857	14 971	1.46%	1.65%	-0.19%
流动负债合计	481 909	419 562	47.42%	46.20%	1.22%
非流动负债：					
其他非流动负债	8 532	3 766	0.84%	0.41%	0.43%
非流动负债合计	8 532	3 766	0.84%	0.41%	0.43%
负债合计	490 441	423 328	48.26%	46.61%	1.65%
所有者权益：					
实收资本（股本）	200 000	200 000	19.68%	22.02%	-2.34%
资本公积	63 176	63 016	6.22%	6.94%	-0.72%
盈余公积	67 655	62 370	6.66%	6.87%	-0.21%
未分配利润	195 050	159 487	19.19%	17.56%	1.63%
所有者权益合计	525 881	484 874	51.74%	53.39%	-1.65%
负债和所有者权益总计	1 016 322	908 202	100.00%	100.00%	0

第二步：分析企业资产结构。

根据前述相关知识，此部分的具体分析将分为：资产总体结构、流动资产结构和非流动资产结构三个部分。

（1）资产总体结构。

根据表2-2-4，编制M企业资产总体结构分析表，见表2-2-5。

表2-2-5　M企业资产总体结构分析表　金额单位：万元

项目	2022.12.31	2021.12.31	2022年比重	2021年比重	比重变动情况
流动资产合计	542 098	530 222	53.34%	58.38%	-5.04%
非流动资产合计	474 224	377 980	46.66%	41.62%	5.04%
资产总计	1 016 322	908 202	100.00%	100.00%	0

从表2-2-5可以看出，该企业的资产结构中，流动资产所占比重较高，基本维持在55%左右。这种状况一方面可能与企业所处行业特点有关；另一方面也可能与满足高额短期债务的偿还需求有关。从结构变动情况看，2022年年末流动资产所占比重53.34%比2021年58.38%有所下降，而非流动资产从2021年年末的41.62%到2022年的46.66%，有所增长，这表明企业资产的流动性减弱，偿还能力、支付能力和应变能力有所下降。

但该企业的流动资产比重及非流动资产比重到底是否合适？这需要分析者搜集行业相关数据来进行一些深入的分析。因为不同行业生产经营情况不一样，差别比较大，如房地产行业的流动资产往往大于非流动资产，而化工业的情况却恰恰相反。即使是同一行业，由于经营特点与地区环境不同也会造成资产结构比较大的差异。

（2）流动资产结构。

根据表2-2-4，编制M企业流动资产结构分析表，见表2-2-6。

表2-2-6　M企业流动资产结构分析表　金额单位：万元

项目	2022.12.31	2021.12.31	2022年比重	2021年比重	比重变动情况
货币资金	264 501	241 482	48.79%	45.54%	3.25%
交易性金融资产	12	2	0	0	0
应收票据	153 533	139 141	28.32%	26.24%	2.08%
应收账款	41 457	48 202	7.65%	9.09%	-1.44%
预付款项	3 132	10 254	0.58%	1.93%	-1.35%
应收利息	696	233	0.13%	0.04%	0.09%
其他应收款	1 584	2 219	0.29%	0.42%	-0.13%
存货	77 183	88 689	14.24%	16.73%	-2.49%
流动资产合计	542 098	530 222	100.00%	100.00%	0

从表2-2-6可以看出，在流动资产中，货币资金、应收票据和存货三项比重合计高达90%以上，其中货币资金和应收票据两项占总流动资产的70%以上，这样高比重的速动资产表明了企业资产向现金转换的高效率，构成了资产流动性的重要基础。2021年和2022年企业流动资产内部结构变化较大，主要是货币资金、应收票据和存货比重变动较大，其他流动资产基本稳定。2022年货币资金和应收票据所占比重相比2021年分别上升了3.25%和2.08%，而存货所占比重下降了2.49%。货币资金所占比重上升可能是因近期偿还债务需求增加或不当的筹资行为；应收票据所占比重上升可能是由于企业业务发展迅速或者对新扩张的业务采用商业汇票结算以保证回款质量；而存货所占比重下降可能是由于企业对存货进行有效控制或者企业经营活动萎缩。

那么，该企业的流动资产变动是否合理？分析者还需要将流动资产结构的变动情况与同行业的平均水平或财务计划中确定的目标进行比较，以反映流动资产结构变动的合理性。

（3）非流动资产结构。

根据表2-2-4，编制M企业非流动资产结构分析表，见表2-2-7。

表2-2-7　M企业非流动资产结构分析表　金额单位：万元

项目	2022.12.31	2021.12.31	2022年比重	2021年比重	比重变动情况
持有至到期投资	20 475	0	4.32%	0	4.32%
长期股权投资	289 010	232 220	60.94%	61.44%	-0.50%
固定资产	115 386	120 015	24.33%	31.75%	-7.42%
在建工程	24 030	5 459	5.07%	1.44%	3.63%
无形资产	15 000	14 960	3.16%	3.96%	-0.80%
开发支出	6 808	1 988	1.44%	0.53%	0.91%
递延所得税资产	3 515	3 337	0.74%	0.88%	-0.14%
非流动资产合计	474 224	377 980	100.00%	100.00%	0

从表2-2-7可以看出，在非流动资产中，2022年长期股权投资所占比重较大，占到所有非流动资产的60%以上，其次是固定资产、在建工程，分别是24.33%和5.07%，这样的非流动资产结构决定于企业的行业特点、生产和发展方向。2021年和2022年企业非流动资产结构基本稳定，持有至到期投资、固定资产和在建工程略有变动。2022年持有至到期投资和在建工程所占比重比2021年略微上升4.32%和3.63%，这说明2022年该企业可能改变了盈利模式、相关投资增长等，并且扩大了固定资产新建、改扩建、大修理的规模，而固定资产比重下降7.42%，可能是由于企业整体经营规模萎缩。

第三步：分析企业权益结构。

根据前述相关知识，此部分的具体分析将分为：资本总体结构、负债结构、流动负债结构、非流动负债结构和所有者权益结构五个部分。

（1）资本总体结构。

根据表2-2-4，编制M企业资本总体结构分析表，见表2-2-8。

表2-2-8　M企业资本总体结构分析表　金额单位：万元

项目	2022.12.31	2021.12.31	2022年比重	2021年比重	比重变动情况
负债合计	490 441	423 328	48.26%	46.61%	1.65%
所有者权益合计	525 881	484 874	51.74%	53.39%	-1.65%
负债和所有者权益总计	1 016 322	908 202	100.00%	100.00%	0

从表2-2-8可以看出，企业2022年负债所占比重为48.26%，所有者权益所占比重为51.74%，资产负债率较低，财务风险相对不大，这种资本结构是否合理，仅凭以上分析难以作出判断，必须结合企业获利能力，通过权益结构优化分析才能予以说明。另外，该公司的负债比重由2021年的46.61%上升到2022年的48.26%，表明资本结构还是比较稳定的，财务实力有所减弱。

（2）负债结构。

根据表2-2-4，编制M企业负债结构分析表，见表2-2-9。

表2-2-9　M企业负债结构分析表　金额单位：万元

项目	2022.12.31	2021.12.31	2022年比重	2021年比重	比重变动情况
流动负债	481 909	419 562	98.26%	99.11%	-0.85%
非流动负债	8 532	3 766	1.74%	0.89%	0.85%
负债合计	490 441	423 328	100.00%	100.00%	0

从表2-2-9可以看出，企业流动负债所占比重远远大于非流动负债所占比重，且两年来基本没有太大变化，表明企业依赖短期资金的程度较强，不依赖长期资金，这虽然会降低负债成本，但会增加公司的偿债压力，承担较大的财务风险。

（3）流动负债结构。

根据表2-2-4，编制M企业流动负债结构分析表。见表2-2-10。

从表2-2-10可以看出，企业的应付票据和应付账款是企业主要的流动负债项目，占所有流动负债的90%以上，并且这两项的比重两年来也没有太大变化。说明该企业流动负债资金的主要来源是商业信用，属于无成本负债，使得企业负债成本较低，短期偿债压力较小，合理利用无成本负债，是企业降低负债资本成本的重要途径之一。值得注意的是，对应付票据和应付账款还应结合经营情况进行详细分析，商业信用的比重过高，会影响到企业的信誉与支付能力。

表 2-2-10　M企业流动负债结构分析表　金额单位：万元

项目	2022.12.31	2021.12.31	2022 年比重	2021 年比重	比重变动情况
短期借款	1 677	0	0.35%	0	0.35%
应付票据	278 233	237 626	57.74%	56.64%	1.10%
应付账款	172 718	161 246	35.84%	38.43%	-2.59%
预收款项	6 076	7 650	1.26%	1.82%	-0.56%
应付职工薪酬	9 862	4 715	2.05%	1.12%	0.93%
应交税费	-1 514	-6 647	-0.31%	-1.58%	1.27%
其他应付款	14 857	14 971	3.08%	3.57%	-0.49%
流动负债合计	481 909	419 562	100.00%	100.00%	0

（4）非流动负债结构。

根据表 2-2-4，编制 M 企业非流动负债结构分析表，见表 2-2-11。

表 2-2-11　M企业非流动负债结构分析表　金额单位：万元

项目	2022.12.31	2021.12.31	2022 年比重	2021 年比重	比重变动情况
其他非流动负债	8 532	3 766	100.00%	100.00%	0
非流动负债合计	8 532	3 766	100.00%	100.00%	0

从表 2-2-9 和表 2-2-11 可以看出，该企业的非流动负债在负债总额中所占比重非常小，对企业影响不大，企业几乎没有长期借用的资金，而且在非流动负债中也以其他非流动负债为主，其主要是来自于政府的各种补贴和补助。

（5）所有者权益结构。

根据表 2-2-4，编制 M 企业所有者权益结构分析表，见表 2-2-12。

表 2-2-12　M企业所有者权益结构分析表　金额单位：万元

项目	2022.12.31	2021.12.31	2022 年比重	2021 年比重	比重变动情况
实收资本（股本）	200 000	200 000	38.03%	41.25%	-3.22%
资本公积	63 176	63 016	12.01%	13.00%	-0.99%
投入资本合计	263 176	263 016	50.04%	54.24%	-4.20%
盈余公积	67 655	62 370	12.87%	12.86%	0.01%
未分配利润	195 050	159 487	37.09%	32.89%	4.20%
留存收益合计	262 705	221 857	49.96%	45.76%	4.20%
所有者权益合计	525 881	484 874	100.00%	100.00%	0

从表2-2-12可以看出，投入资本和留存收益是该企业所有者权益的两大来源，几乎各占一半比重，投入资本金额2022年和2021年没有太大变化，但其比重下降4.20%，主要是由于该企业2021年留存收益增长幅度较大，导致所有者权益总额上升，说明该企业所有者权益结构的变动是由生产经营引起的。

第四步：分析企业资产结构与权益结构的对称性

根据以上M企业的资产负债表结构分析表结合前述相关知识可知，该企业2022年流动资产比重为53.34%，流动负债比重为47.42%，2021年流动资产比重为58.38%，流动负债比重为46.20%，说明该企业属于保守型结构，虽然2022年企业的资产结构和资本结构都有所改变，但资产结构与资本结构的对称性并未改变，只是趋于适中。

任务3　资产负债表趋势分析

任务描述

根据M企业2020年、2021年、2022年资产负债表的相关信息，运用资产负债表趋势分析方法，对M企业财务状况进行初步分析，让企业利益相关者对企业的资产、负债及所有者权益的变动情况及其发展趋势有所了解。

相关知识

资产负债表趋势分析就是通过趋势分析法，将资产负债表的实际数与选定的标准进行比较，编制出资产负债表趋势分析表，在此基础上进行评价。其目的就是从总体上概括了解资产和权益的变动情况，揭示出资产、负债和所有者权益变动的差异，分析产生差异的原因。

资产负债表趋势分析要根据分析的目的来选择比较的标准（基期）。若分析的目的在于揭示资产负债表的实际变动情况，分析产生实际差异的原因，其比较的标准应选择资产负债表的上年实际数；若分析的目的在于揭示资产负债表的预算或计划情况，分析影响资产负债表预算或计划执行情况的原因，其比较的标准应选择资产负债表的预算数或计划数。

如果企业的生产经营活动处于持续健康发展的状态，那么，其资产负债表的主要财务数据或财务指标应该呈现出持续稳定发展的趋势。如果企业的主要财务数据或财务指标出现异常波动，或突然大幅度上下波动；或者主要财务数据及财务指标之间出现背离；或者主要财务数据及财务指标出现恶化趋势，则意味着企业的生产经营活动的某些方面发生了重大变化。

一、编制企业资产负债表趋势分析表

编制企业资产负债表趋势分析表是进行企业财务状况趋势分析的第一步，是对企业

资产负债表原始数据的进一步加工处理，以便满足趋势分析的需要。

计算公式如下：

某项目变动额=报告期（本年）金额-标准（上年）金额

$$某项目变动率=\frac{某项目变动额}{标准(上年)金额}\times100\%$$

二、分析企业资产变动趋势

企业总资产表明企业资产的存量规模，随着企业经营规模的变动，资产存量规模也处在经常变动中。资产存量规模过小，将难以满足企业经营的需要，影响企业经营活动的正常进行；资产存量规模过大，将造成资产的闲置，使资金周转缓慢，影响资产的利用效率。因此，关注资产的变动趋势对企业经营管理决策极为重要。

企业资产变动趋势分析可以分为三个部分：总资产变动、流动资产变动和非流动资产变动。分析时主要从以下两个方面进行：

（1）分析总资产规模的变动情况以及各类、各项资产的变动状况，揭示出资产变动的主要方面，从总体上了解企业经过一定时期经营后资产的变动状况。

（2）发现变动率较大或变动额较大的重点类别和重点项目。

分析时首先注意研究变动率较大的资产类别或资产项目，特别是发生异常变动的项目。其次，找出变动额较大的资产项目作为分析重点。某资产项目变动自然会引起总资产发生同方向变动，但不能完全根据该项目本身的变动率来说明其对总资产的影响。该项目变动对总资产的影响，不仅取决于该项目本身的变动程度，还取决于该项目变动额在总资产变动额中所占的比重。当某项目本身变动率较大时，如果该项目变动额在总资产变动额中所占比重较小，则该项目变动对总资产的变动就不会有太大影响；反之，即使某项目本身变动率较小，如果其比重较大，则其对总资产变动的影响程度也很大。

三、分析企业权益变动趋势

企业通过举债或吸收投资人的投资来满足企业资金融通的需要，因此分析企业权益变动趋势可以了解企业偿债压力的变动情况、投资者投入资金的变动情况以及短期资金来源和长期资金来源的变动趋势。

企业权益变动趋势分析也可分为三部分：权益变动、负债变动和所有者权益变动。分析时主要从以下三个方面进行：

（1）分析权益总额的变动状况以及各类、各项筹资的变动状况，揭示出权益总额变动的主要方面，从总体上了解企业经过一定时期经营后权益总额的变动情况。

（2）发现变动率较大或对权益总额变动影响较大的重点类别和重点项目，为进一步分析指明方向。

（3）注意考察资产规模变动与所有者权益总额变动的适应程度，进而评价企业财务结构的稳定性和安全性。

在资产负债表上，资产总额等于负债总额和所有者权益总额之和，如果资产总额的增长幅度大于所有者权益总额的增长幅度，表明企业债务负担加重，这虽然可能是由于企业筹资政策变动而引起的，但却可能引起偿债保证程度下降，偿债压力加重。一般来说，为了保证企业财务结构的稳定性和安全性，资产总额变动应与所有者权益总额变动相适应。

值得注意的是，权益各项目的变动既可能是企业经营活动造成的，也可能是企业会计政策变更造成的，或者是由会计的灵活性、随意性造成的。因此，只有结合对权益各项目变动情况的分析，才能揭示权益总额变动的真正原因。

任务实施

根据M企业2020年、2021年、2022年资产负债表的相关信息，运用资产负债表趋势分析方法，对M企业财务状况进行初步分析，具体分析步骤如下：

第一步：编制企业资产负债表趋势分析表。

根据M企业2020年、2021年、2022年资产负债表（参见附录1），编制该企业资产负债表趋势分析表，见表2-3-1。

表2-3-1　M企业资产负债表趋势分析表　金额单位：万元

项目	2022.12.31	2021.12.31	2020.12.31	2022年变动额	2021年变动额	2022年变动率	2021年变动率
流动资产：							
货币资金	264 501	241 482	162 216	23 019	79 266	9.53%	48.86%
交易性金融资产	12	2	0	10	2	500.00%	—
应收票据	153 533	139 141	60 779	14 392	78 362	10.34%	128.93%
应收账款	41 457	48 202	62 483	-6 745	-14 281	-13.99%	-22.86%
预付款项	3 132	10 254	7 064	-7 122	3 190	-69.46%	45.16%
应收利息	696	233	463	463	-230	198.71%	-49.68%
其他应收款	1 584	2 219	7 739	-635	5 520	-28.62%	-71.33%
存货	77 183	88 689	82 726	-11 506	5 963	-12.97%	7.21%
其他流动资产	0	0	20 399	0	-20 399	—	-100%
流动资产合计	542 098	530 222	403 869	11 876	126 353	2.24%	31.29%
非流动资产：							
持有至到期投资	20 475	0	0	20 475	0	—	—
长期股权投资	289 010	232 220	182 730	56 790	49 490	24.46%	27.08%
固定资产	115 386	120 015	112 660	-4 629	7 355	-3.86%	6.53%

续表

项目	2022.12.31	2021.12.31	2020.12.31	2022年变动额	2021年变动额	2022年变动率	2021年变动率
在建工程	24 030	5 459	12 004	18 571	-6 545	340.19%	-54.52%
无形资产	15 000	14 960	7 300	40	7 660	0.27%	104.93%
开发支出	6 808	1 988	0	4 820	1 988	242.45%	—
递延所得税资产	3 515	3 337	1 722	178	1 615	5.33%	93.79%
非流动资产合计	474 224	377 980	316 417	96 244	61 563	25.46%	19.46%
资产总计	1 016 322	908 202	720 285	108 120	187 917	11.90%	26.09%
流动负债：							
短期借款	1 677	0	0	1 677	0	—	—
应付票据	278 233	237 626	172 536	40 607	65 090	17.09%	37.73%
应付账款	172 718	161 246	73 495	11 472	87 751	7.11%	119.40%
预收款项	6 076	7 650	2 528	-1 575	5 123	-20.59%	202.65%
应付职工薪酬	9 862	4 715	1 349	5 147	3 366	109.16%	249.52%
应交税费	-1 514	-6 647	-19 669	5 133	13 022	-77.22%	-66.21%
其他应付款	14 857	14 971	7 833	-114	7 138	-0.76%	91.13%
流动负债合计	481 909	419 562	238 072	62 347	181 490	14.86%	76.23%
非流动负债：							
其他非流动负债	8 532	3 766	3 845	4 766	-79	126.55%	-2.05%
非流动负债合计	8 532	3 766	3 845	4 766	-79	126.55%	-2.05%
负债合计	490 441	423 328	241 917	67 113	181 411	15.85%	74.99%
所有者权益：							
实收资本（股本）	200 000	200 000	200 000	0	0	0	0
资本公积	63 176	63 016	63 016	160	0	0.25%	0
盈余公积	67 655	62 370	59 920	5 285	2 451	8.47%	4.09%
未分配利润	195 050	159 487	155 432	35 563	4 055	22.30%	2.61%
所有者权益合计	525 881	484 874	478 368	41 007	6 506	8.46%	1.36%
负债和所有者权益总计	1 016 322	908 202	720 285	108 120	187 917	11.90%	26.09%

第二步：分析企业资产变动趋势。

根据表2-3-1可以对M企业资产变动趋势作出如下分析：

（1）总资产变动。

2022年、2021年该企业总资产分别增长了108 120万元和187 917万元，增长幅度为11.90%和26.09%，说明两年来该企业占用的经济资源有所增加，经营规模逐渐扩大，但扩大的速度有所下降。从资产的构成来看，2022年、2021年流动资产分别增长了11 876万元和126 353万元，增长幅度为2.24%和31.29%，而非流动资产分别增长了96 244万元和61 563万元，增长幅度为25.46%和19.46%，可以看出2022年非流动资产增幅大于流动资产，2021年流动资产增幅大于非流动资产。

（2）流动资产变动。

从流动资产内部构成看，两年来影响流动资产增加的项目主要是货币资金和应收票据，与流动资产的变动趋势一样，这两个项目2021年的增长幅度（48.86%和128.93%）远远超过2022年的增长幅度（9.53%和10.34%）。货币资金的增长说明企业有可能采用银行承兑汇票结算方式导致保证金存款增加或者企业在投资方面没有作为，引起不必要的利息支出；应收票据的增长说明企业业务发展迅速，对新扩张的业务采用商业汇票结算以保证回款质量。

2022年在流动资产中，交易性金融资产和应收利息增长幅度巨大，分别是500%和198.71%，但其变动额相对于流动资产的变动额来说却很小，因此，对流动资产的影响并不大。

（3）非流动资产变动。

从非流动资产内部构成看，影响非流动资产持续增长的主要原因是长期股权投资，它的增长主要是对其他企业投资所致，表明企业投资战略的调整，实施多元化经营来分散经营风险，但也应注意其可能带来的风险。另外，2022年在建工程、开发支出以及2021年无形资产的增长幅度为340.19%、242.45%和104.93%，说明企业加大了固定资产的新建或维修，增强了未来产品的更新换代基础，为未来的发展奠定了较好的物质基础。

第三步：分析企业权益变动趋势。

根据表2-3-1可以对M企业权益变动趋势作出如下分析：

（1）权益变动。

2022年、2021年该企业权益总额分别增长了108 120万元和187 917万元，增长幅度为11.90%和26.09%，表明两年来该企业的权益资金逐年增长，但是增长幅度有所下降。从权益构成来看，两年来负债增长了67 113万元和181 411万元，增长幅度为15.85%和74.99%，所有者权益增长了41 007万元和6 506万元，增长幅度为8.46%和1.36%，可以看出每年所有者权益的增长额都大于负债增长额，但是增长率却小于负债增长率，说明企业的资金来源渠道在发生转变，由原来的以自有资金为主转向债务资金。

（2）负债变动。

从负债的内部构成来看，流动负债的增长额远远大于非流动负债，流动负债增长了62 347万元和181 490万元，增长幅度为14.86%和76.23%。从理论上讲，流动负债风险大于非流动负债，流动负债上升意味着企业财务风险增大。从流动负债内部构成变化看，流动负债主要表现在应付票据、应付账款和应付职工薪酬的增加，可能因企业扩大销售所致，或者其他企业收账政策改变，对其应具体分析。

结合流动资产的变动，从流动负债总额上看，两年来流动负债的增长明显高于流动资产的增长，这将会影响到企业的短期偿债能力。

（3）所有者权益变动。

从所有者权益内部构成变动来看，其增长主要来自于未分配利润的增加。2022年、2021年企业未分配利润分别增长了35 563万元和4 055万元，增长幅度为22.30%和2.61%，说明企业经营状况良好，贯彻了资本金保全的原则，实现了资本金增值的要求。

结合资产总额的变动，两年来该企业资产总额的增长幅度大于所有者权益总额的增长幅度，表明企业债务负担加重，引起偿债保证程度下降。

任务4　资产负债表具体项目分析

任务描述

根据M企业2021年、2022年资产负债表及其附注的相关信息，运用资产负债表具体项目分析方法，对M企业财务状况进行深入分析，让企业利益相关者详细了解企业的资产、负债及所有者权益中的各个项目的具体情况。

相关知识

资产负债表具体项目分析是在对资产负债表进行一般性数据分析的基础上对影响企业资产、负债和所有者权益主要项目的内涵质量进行深入分析，尤其注意分析由于会计政策、会计估计等变更对有关项目的影响。

一、资产项目分析

（一）流动资产项目分析

（1）货币资金。

货币资金是指企业生产经营过程中停留于货币形态的那部分资金，它具有可立即作为支付手段并被普遍接受等特性。资产负债表中反映的货币资金包括企业的库存现金、银行结算户存款、外埠存款、银行汇票存款、银行本票存款、信用证存款、信用卡存款和存出投资款。

不同于企业的其他资产，货币资金流动性极强，在企业经营过程中收支活动频繁，其余额随时会发生增减变化。企业保持货币资金的动机主要是：交易动机、预防动机和投机动机，因此会或多或少地持有一些货币资金。货币资金收支数额的大小，在一定程度上反映企业规模和业务规模的大小。

企业货币资金的分析主要应该从货币资金的规模、管理和构成三方面进行。

①分析企业货币资金规模。

为维持企业经营活动的正常运转，企业必须保有一定的货币资金余额。若企业货币资金规模过小，意味着企业获取现金的能力较差，将会影响企业的正常经营活动、制约企业的发展，进而影响企业的商业信誉；若企业货币资金规模过大，意味着企业正在丧失潜在的投资机会，同时还会增加企业的筹资成本。因此，判断企业货币资金规模是否适当，就成了分析企业货币资金运用质量的一个重要方面。那么，各个企业货币资金的规模（余额）应为多少才适宜？由于情况千差万别，我们只能说，企业货币资金的适当规模主要由下列因素决定：

第一，资产规模、业务收支规模。一般而言，企业资产总额越大，相应的货币资金规模也就应当越大；业务收支频繁，且绝对额大的企业，处于货币资金形态的资产也会较多。

第二，行业特点。企业的行业特点也制约着货币资金的规模，金融行业与工业企业，在相同的总资产规模条件下，不可能保持相近规模的货币资金。一般来说，金融行业要求较多，工业企业要求较少。

第三，对货币资金的运用能力。货币资金，如果仅停留在货币形态，则只能用于支付，其对企业资产增值的直接贡献将会很小。而如果企业的管理人员能善于利用货币资金从事其他经营或投资活动，则企业的获利水平有可能提高。这就是说，企业过高的货币资金规模，可能意味着企业正在丧失潜在的投资机会，也可能表明企业的管理人员生财无道。

第四，筹资能力。企业信誉良好，筹资渠道通畅，则没有必要持有大量货币资金。

此外，需要考虑的因素还有企业近期偿债的资金需求、企业的利润状况和其带来的现金后果等。

②分析企业货币资金管理。

首先，分析企业货币资金收支是否符合国家的规定。国家对有关货币资金收支方面有严格的管理规定，企业必须遵守国家有关的结算政策、现金管理制度，合理调度资金。例如，企业在没有遵守国家的现金管理制度而保留了过多的货币资金的情况下，可能会遭受失窃、白条抵库的损失；企业在违反国家结算政策的情况下，有可能受到有关部门的处罚；企业在对国家有关货币资金管理规定的遵守质量较差的情况下，进一步融资也将发生困难。其次，从企业自身货币资金管理角度来进行分析。企业在收支过程中的内部控制制度的完善程度以及实际执行情况，直接关系到企业的货币资金运用质量。

③分析企业货币资金构成。

企业资产负债表上的货币资金金额代表了资产负债表日企业的货币资金拥有量。由于其形态的特殊性，在会计上，货币资金一般不存在估价问题，其价值永远等于各时点上货币的一般购买力。但由于物价波动、技术发展等方面的原因，相同金额的货币资金在不同时点的购买力并不必然相同。另外，在企业的经营业务涉及多种货币、企业拥有多种货币资金的条件下，由于不同货币币值有不同的未来走向，从而决定相应货币的“质量”。此时，对企业保有的各种货币进行汇率趋势分析，就可以确定企业持有的货币资金的未来质量。

此外，有些货币资金项目出于某些原因被指定了特殊用途，这些货币资金因不能随意支用而不能充当企业“真正”的支付手段。在分析中，可通过计算这些货币资金占该项目总额的比例来考察货币资金的“自由度”，这样将有助于揭示企业实际的支付能力。

（2）交易性金融资产。

交易性金融资产是指企业为了近期内出售而持有的金融资产，主要是企业以赚取差价为目的从二级市场购入的各种有价证券，包括股票、债券、基金等。企业进行交易性金融资产投资的目的就是将一部分闲置的货币资金转换为有价证券，从而获取高于同期银行存款利率的超额收益；同时，又可以保持高度的变现性，在企业急需货币资金时可以将其及时出售变现。

交易性金融资产的计量以公允价值为基本计量属性，无论是在其取得时的初始计量还是在资产负债表日的后续计量。企业在持有交易性金融资产期间，其公允价值变动在利润表上均以“公允价值变动收益（损失）”计入当期损益；出售交易性金融资产时，不仅要确认出售损益，还要将原计入“公允价值变动收益（损失）”的金额转入“投资收益”。

因此，对交易性金融资产项目进行分析主要是关注投资风险与效益大小，具体地说，应从如下两方面进行分析：

①分析投资规模。

企业进行交易性金融资产投资的目的就是将货币资金转换为有价证券，以获得额外收益，同时在需要时又可以及时将其转换为现金。若投资的规模过大，必然影响企业的正常生产经营。还要注意是否存在将长期投资任意结转为交易性金融资产的现象。交易性金融资产在报表中常常表现出金额经常波动的特点，跨年度不变且金额较为整齐的交易性金融资产极有可能是长期投资。

②分析投资收益。

通过会计报表附注和利润表揭示企业对交易性金融资产的投资业绩，一是分析同期利润表中的“公允价值变动收益（损失）”及其在会计报表附注中对该项目的说明，了解该项投资产生的公允价值变动损益是正还是负；二是分析利润表中的“投资收益”，关注会计报表附注中对该项目的详细说明，看因交易性金融资产而产生的投资收益为正还是为负，收益率是否高于同期银行存款利率。

（3）应收票据。

应收票据是指企业因赊销产品、提供劳务等在采用商业汇票结算方式下收到的商业汇票而形成的债权。应收票据在确认时，由于依据的是赊销业务中债权人或债务人签发的表明债务人在约定时日应偿付约定金额的书面文件，并具有法律效力，因而受到法律的保护，具有较强的变现性。商业汇票是商品经济高度发达的产物，其实质是一种商业信用行为，其本身也是一种有价证券。在到期之前，企业如果需要资金，可将持有的商业汇票背书后向银行或其他金融机构办理贴现，取得现金，因而也在另一个方面保证其具有较强的变现性。

但《中华人民共和国票据法》规定，票据贴现具有追索权，即在票据承兑人不能兑付时，背书人负有连带的付款责任。这样，对企业而言，已贴现的商业汇票就是一种“或有负债”，若已贴现的应收票据数额过大，也可能会对企业的财务状况产生较大影响。

(4) 应收账款。

应收账款是指企业因对外销售产品、材料及提供劳务等，应向购货单位或接受劳务方收取的款项。应收账款就其性质来讲，是企业的一项资金垫支，是为了扩大销售和增加盈利而形成的，它本身不会给企业带来直接利益，占用数额过大又会使存货及其他资产占用资金减少，使企业失去取得收益的机会，造成机会成本、坏账损失和收账费用的增加。因此，应尽量减少其占用数额。

企业应收账款受诸多因素的影响，主要通过以下三个方面进行分析：

①分析应收账款规模。

应收账款规模与企业主营业务收入有密切关系，一方面要结合企业经营方式、所处行业特点分析其量的变动，对于大部分工业企业来说，往往采用赊销方式较多，因而应收账款较多；对于商业零售企业，大部分业务是现金销售业务，其应收账款较少。另一方面结合企业信用政策分析，企业放松信用政策，会刺激销售，增大销售规模，延长应收账款平均收账期，发生坏账的可能性较大；反之紧缩信用政策，会制约销售，减少应收账款，发生坏账的可能性较小。

②分析债权的账龄。

对债权的账龄进行分析，是最传统的一种方法。这种方法通过对债权的形成时间进行分析，进而分别判断不同账龄债权的质量。结合会计报表附注中的账龄资料，对现有债权，按欠账期长短（即账龄）进行分类分析。一般而言，未过信用期或已过信用期但拖欠期较短的债权出现坏账的可能性比已过信用期较长时间的债权发生坏账的可能性小。这种分析，对确定企业的坏账情况、制定或调整企业的信用政策十分有益。

③分析坏账准备政策。

由于资产负债表上列示的是应收账款净额，因此在分析应收账款时要特别关注企业坏账准备计提的合理性。现行会计准则强调应收账款作为一项金融资产，应当在资产负债表日对其进行减值检查，将其账面价值与预计未来现金流量现值之间差额，确认为减值损失，计入当期损益。企业的应收账款是否发生减值以及减值程度的大小取决于该项目预计未来现金流量的现值，而不再过分强调所采用的坏账准备计提方法。

对于应收账款的减值测试方法，可以采用个别认定法，或包括在具有类似信用风险特征的金融资产中，如以相同账龄的应收账款为具有类似信用风险特征，或以同一企业集团、同一地区或国家的企业的应收账款为具有类似信用风险特征，这与以往的应收账款百分比法、赊销百分比法有一定差异。

由此可以看出，现行会计准则下应收账款坏账损失的计提含有较强的人为因素，在相当程度上取决于企业对该项目的主观判断，因此，不能排除企业在此方面存有不可告人的目的。我们可以通过阅读会计报表的相关附注，结合当年的实际业绩以及审计报告内容，分析判断其合理性，从而在一定程度上判断该项目的质量。

（5）预付账款。

预付账款是企业根据购货合同或协议的要求，在接受商品之前预先支付给供货方的货款所形成的一项债权。它不同于应收账款，是一种特殊的流动资产。预付账款因款项已经支付，除特殊情况外（如预收货款的企业未能按约提供商品），在未来不会导致现金流入，即债权收回时，流入企业的是存货，而不是货币资金，因此，该项目的变现性较差。

该项目的分析主要判断其规模是否合适，主要结合采购特定存货的市场供求状况加以分析。如果企业预付账款过高，可能存在非正常转移资金、非正常向有关方提供贷款，甚至抽逃资本的行为。

（6）其他应收款。

其他应收款是指企业发生非购销活动而产生的应收债权，它的发生通常是由企业间或企业内部往来事项引起的。实务中，一些公司为了种种目的，常常把其他应收款作为企业调整成本费用和利润的手段，把一些本应该计入当期费用的支出或本应计入其他项目的内容放在其他应收款中，因此分析时应关注以下三个方面：

①其他应收款的规模及变动情况。

其他应收款仅仅是暂付款，一般期限较短。如果企业生产经营活动正常，其他应收款的数额不应该接近或大于应收账款。若其他应收款数额过大，则属于不正常情况，容易产生一些不明原因的占用。企业应制定严格的内部控制制度，努力减少员工对单位的私人借款。

②其他应收款的内容。

通过报表附注仔细分析它的内容和发生时间，特别是其中金额较大、时间较长的款项，要警惕企业利用该项目粉饰利润及转移销售收入偷逃税款。

③是否存在违规拆借资金。

上市公司以委托理财等名义违规拆借资金，往往借助其他应收款来实现。

（7）存货。

存货是企业在正常生产经营过程中持有以备出售的产品或商品，或者为了出售仍然处在生产过程中的在产品，或者将在生产过程或提供劳务过程中耗用的材料、物料等。可以看出，存货的最基本特征是，企业持有存货的最终目的是出售，而不是自用或者消耗。这一特征使存货明显区别于固定资产等长期资产。

存货在企业流动资产中占有较大比重，其储存量的大小应根据企业生产经营活动、成本与效益作出平衡，寻找最佳储存量。否则，存货持有数量过多，会降低存货周转率，降低资金使用效率，以及增加存货储存成本；反之，如果持有量过少，会使企业面临缺货的危险，因此，对存货的分析应重点关注存货内容及构成、存货计价方法、存货周转状况和存货跌价准备四个方面。

①存货内容及构成。

存货主要分为原材料、在途物资、周转材料及库存商品等项目。由于资产负债表上的“存货”项目是一个集合数据，但这些具体项目又分别具有不同的用途和特性，因此，还需要通过会计报表附注对存货项目的具体构成进行分析。例如：当原材料所占比重较大时，可能说明企业看好未来销售前景而提前大量采购原料；当库存商品所占比重较大时，则可能说明企业产品存在积压、销售遇到困难等。

②存货计价方法。

存货发出采用不同的计价方法，对企业财务状况、收益情况会产生不同的影响。若期末存货估价过低，当期的收益可能因此而相应减少，从而低估资产价值；若期末存货估价过高，当期的收益可能因此而相应增加，从而高估资产价值。因此，如果企业利用存货计价方法的变更，在几个会计年度之间调节利润，表明企业存货的质量不高。

③存货周转状况。

分析存货周转速度对判断存货的变现能力有重要意义，较高的周转速度表明企业存货管理效率高，产生现金的能力较强。存货周转速度主要用存货周转率和周转天数两个指标衡量。

存货周转率=销售成本÷平均存货

存货周转天数=365÷存货周转率

存货周转率是一个动态的内部管理指标，其反映了一定时期存货流转的速度，通常比值越大越好，而周转天数越小越好。企业存货加速流转可以有效提高公司的获利能力，从而创造更多的价值。

④存货跌价准备。

现行会计准则规定，存货的期末计价采用成本与可变现净值孰低法，对于可变现净值低于成本的部分，应当计提存货跌价准备。对此，一方面，要特别关注企业是否存在利用存货项目进行潜在亏损挂账问题。比如，一些企业利用存货项目的种类繁杂、金额庞大、重置频繁、计价方法多样、审计难度大等特点，采用种种非法手段，将呆滞商品、积压产品、残次品等已经失去了变现能力的存货及不符合财务制度的费用开支等，通过在存货项目中长期挂账，来隐藏潜在的亏损。另一方面，要注意考察企业是否通过存货跌价准备的计提进行巨额摊销，为来年的“扭亏为盈”提供机会。对这种现象，要正确地分析其合理性及对未来的财务影响。此外，还要关注报表附注中有关存货担保、抵押方面的说明。如果存在上述情况，这部分存货的变现性就会受到影响。

（二）非流动资产项目分析

非流动资产是指企业资产中变现时间在1年以上或超过1年的一个营业周期以上的那部分资产，其预期效用主要是满足企业正常的生产经营需要，保持企业适当的规模和竞争力，获取充分的盈利。

（1）可供出售金融资产。

可供出售金融资产，通常是指企业没有划分为交易性金融资产、持有至到期投资、贷款和应收款项的金融资产。例如，在活跃市场上有报价的股票投资、债权投资等，没有划分为以公允价值计量且其变动计入当期损益的金融资产或持有至到期投资等金融资产的，可归为此类。企业对该项资产并不打算随时变现，而是欲通过长期持有来获取收益，因此一般来说，该项目的周转性并不强。

可供出售金融资产的计量同交易性金融资产相同，都是按照公允价值进行计量，区别在于公允价值变动并不对应计入当期损益，而是直接计入其他综合收益，排除了企业据此操纵利润的可能。

在分析该项目时，必须关注其分类是否恰当，确认是否符合相应的标准，会计处理是否正确。防止企业出于粉饰业绩的目的，将升值的金融资产划分为交易性金融资产，把公允价值变动收益直接确认为当期损益，而将贬值的金融资产划分为可供出售金融资产，把公允价值变动损失通过计入其他综合收益来避免其对当期损益造成的负面影响。

（2）持有至到期投资。

持有至到期投资是指到期日固定、回收金额固定或可确定，且企业有明确意图和能力持有至到期的非衍生金融资产，一般指长期债权投资。对其分析应注意以下几点：

①分析持有至到期投资的盈利性。

企业购买国债、企业债券以及金融债券是持有至到期投资的主要内容，其投资收益为定期收取的利息。对持有至到期投资盈利性的分析，首先应当根据当时宏观金融市场环境，判断投资收益的相对水平。一般来说，持有至到期投资的收益率应高于同期银行存款利率，具体收益水平要视债券种类以及所承受的风险大小来定。另外还要注意，持有至到期投资的投资收益是按照权责发生制原则确定的，并不与现金流入量相对应。大多数情况下，投资收益的确认都先于利息的收取，因此会在一定程度上导致投资收益与现金收入的不一致。

②分析持有至到期投资的项目构成和债务人构成。

对持有至到期投资而言，虽然投资者按照约定，将定期收取利息、到期收回本金，但是债务人能否定期支付利息、到期偿还本金，取决于债务人在需要偿还的时点是否有足够的现金。因此，有必要对其项目构成及其债务人构成进行分析，并在此基础上对债务人的偿债能力作出进一步的判断，从而评价该项目的变现性。分析时可参阅会计报表附注中的持有至到期投资明细表，并结合其他市场信息等因素来进行。

③分析持有至到期投资的减值情况。

当持有至到期投资发生减值时，应当将其账面价值减至预计未来现金流量的现值，计提减值准备后如有客观证据表明该项目价值有所回升，且客观上与确认该损失后的事项有关（如债务人的信用评级已提高）的，原计提的减值准备允许予以冲回。因此，通过分析该项目减值准备的计提情况，便可直接判断持有至到期投资的变现性。但必须注意的是，一些企业有可能通过少提或多提减值准备的方式来达到虚增或虚减持有至到期投资账面价值和利润的目的。

（3）长期股权投资。

长期股权投资是指企业持有的不准备随时变现、持有期超过1年、因对外出让资产而形成的股权。由于其期限长、金额大，因而对于企业的财务状况影响很大。在分析企业的长期股权投资项目时，应重点从其盈利性和变现性角度进行分析。

①盈利性分析。

长期股权投资项目的盈利性呈现出较大的波动性，具体要依据其投资方向、年度内的重大变化、投资所运用的资产种类、投资收益的确认方法等诸多因素来确定。

A.投资方向。

在投资方在某个行业上有核心竞争能力的条件下，其对外投资如果与其自身的核心竞争能力相一致，则双方的盈利性会经常呈现出同方向变化；反之，其对外投资如果与其自身的核心竞争能力不相一致，则可能是投资方实现其行业多元化战略的努力。此时，投资方和被投资方在某些时期的盈利性上极有可能出现互补的态势。

B.年度内的重大变化。

长期股权投资年度内的重大变化，不外乎以下三种情况：第一，长期股权投资的收回或者转让；第二，长期股权投资的增加；第三，因权益法确认投资收益而导致长期股权投资增加，一般应该认为这种增加是一种“泡沫”资产的增加，对企业难以产生实质性的正面贡献。

C.投资所运用的资产种类。

企业长期股权投资所运用的资产种类，概括来说分为三种：第一，可以货币资金对外投资，由于货币资金具有投资方向不受限制的特点，企业因此而形成的对外投资在方向上应该具有选择性强的特点，此类投资可以对投资方向的多元化形成直接贡献；第二，可以表内的非货币资产对外投资，企业有可能是在实施资产重组战略，但其投资方向受原有资产结构和质量的影响较大；第三，可以表外的无形资产对外投资，这种投资的安排应该被认为是企业表外资源价值实现的一种方式。

D.投资收益的确认方法。

企业对外投资的主要目的是追求投资收益，股权收益分为两部分：一是股利收益；二是股权转让的差价收益。而其确认因采用不同的会计核算方法而使得取得收益的形式不同。在成本法下，投资收益来自于被投资单位的现金股利；在权益法下，企业所确认的投资收益通常会大于所收到的现金，形成投资收益与现金流入不一致的情况。这也是为什么企业有利润而又没有钱的原因之一。

②变现性分析。

通过分析长期股权投资减值准备计提的情况，可在一定程度上反映该项目的变现性。当投资可收回金额低于其账面价值时，应当将其账面价值减记至可收回金额，减记的金额确认为资产减值损失，计入当期损益，同时计提相应的资产减值准备。资产减值损失一经确认，在以后会计期间不得转回。现行会计准则在对该项目的会计处理上充分体现了谨慎性原则，企业今后无法再通过转回资产减值准备来操纵利润，从而至少在这方面使得利润操纵空间变得越来越小，在一定程度上使财务报告变得更加真实。

（4）固定资产。

固定资产是指为生产商品、提供劳务、出租或经营管理而持有的、使用寿命超过一个会计年度的有形资产。它是企业进行生产的物质条件，企业拥有的固定资产的质量是反映企业营运能力的重要标志。分析企业拥有的固定资产的质量时，主要应关注以下四个方面：

①分析固定资产规模。

固定资产的规模必须与企业经营的总体规模、发展战略以及企业所处的行业特点等相适应，也应和流动资产的规模保持合理的比例关系。如果企业持有超量的固定资产，不但占用资金巨大，而且极易导致资产闲置和快速贬值，对企业的财务状况与经营业绩均会产生较大的负面影响。

②分析固定资产构成。

在各类固定资产中，生产用固定资产，尤其是生产设备，在全部固定资产中应占据较大比重，而非生产用固定资产、未使用和不需用固定资产占全部固定资产的比重应该较小。因此，可分析企业固定资产的利用率或闲置率，评价企业固定资产的使用效率。此外，考察固定资产的更新情况，可以判断企业固定资产的更新改造情况。通常情况下，更新改造程度越高，意味着企业固定资产的质量和性能越好，企业的发展潜力越大。

③分析固定资产折旧。

根据企业会计准则的规定，固定资产的折旧方法有平均年限法、工作量法、双倍余额递减法、年数总和法四种，不同的折旧方法对企业各期的成本费用与固定资产净值产生不同影响。具有不同用途的固定资产若在技术上有差距，则折旧方法及价值差距明显，例如，随着技术的发展，计算机的贬值速度很快，企业对此应当通过加速折旧来使账面净值接近资产的公允价值。财务分析人员应当分析企业哪些固定资产受技术进步的影响较大，是否应当采用加速折旧，企业折旧的计提是否充分，企业是否有随意变更固定资产折旧年限及折旧方法来操纵利润等情况。

④分析固定资产减值准备。

通过查看资产减值准备明细表，分析企业计提固定资产减值准备的正确性与合理性。分析时应关注是否有企业的固定资产实质上已经减值，但却不提或少提减值准备以虚增资产和利润的情况。

（5）在建工程。

在建工程是企业进行的与固定资产有关的各项工程，包括固定资产新建工程、改扩建工程、大修理工程等。该项目的质量可以代表企业未来的生产经营能力。分析时，应关注以下两点：

①分析在建工程变动率。

首先，分析企业在建工程年初、年末数额的增减变动及其在固定资产合计数中的比重变化，是否合理安排工程支出，减少未完工程比重；其次，结合在建工程所提供的项目明细资料，进行在建工程完工程度分析和支出结构分析。

②分析在建工程中借款费用资本化的情况。

在建工程的一个特殊会计问题是借款费用资本化，有些企业可能以某项固定资产还处于试生产阶段或安装调试阶段为借口，将理应计入当期费用的借款利息资本化为该项资产的成本，从而虚增资产和利润。

（6）无形资产。

无形资产是指企业拥有或者控制的没有实物形态的可辨认非货币性资产，包括专利权、非专利权、商标权、著作权、土地使用权、特许经营权等。一般来说，无形资产具有如下特征：不具有实物形态；属于非货币性长期资产；为企业使用而非出售的资产；在创造经济利益方面存在较大不确定性。在对无形资产进行分析时，应结合该项目的上述特征，着重从以下三个方面进行：

①分析无形资产规模。

无形资产是一项不具有实物形态的特殊资源，其自身无法直接为企业创造财富，而必须依附于直接的或间接的物质载体才能表现出自身内在价值。因此，无形资产的规模只有与固定资产或存货等有形资产的规模相适应，才能得以正常发挥效用，从而使企业在一定程度上实现增值。可以这样说，无形资产在与其他资产组合的过程中所释放的增量潜力的大小，直接决定了无形资产的盈利性，进而在很大程度上决定了无形资产的质量好坏。

②分析无形资产构成。

不同项目的无形资产的属性相差悬殊，其盈利性也各不相同，因此必须对无形资产的构成进行分析，来判断企业无形资产质量的好坏。一般来说，专利权、商标权、著作权、土地使用权、特许经营权等无形资产由于有明确的法律保护时间，因此其盈利性相对较容易判断。而像专有技术等不受法律保护的项目，其盈利性就不太好确定，同时容易产生资产的泡沫。

③分析无形资产摊销。

无形资产摊销金额计算的正确与否，会影响无形资产价值的真实性。因此，在分析无形资产时应仔细审核无形资产摊销是否符合会计准则的有关规定。此外在分析时还应注意企业是否有利用无形资产摊销调整利润的行为，尤其是无形资产使用寿命的确定是否正确，有无将本应确定使用寿命的无形资产作为使用寿命不确定的无形资产不予摊销的情况。

二、负债项目分析

负债代表了债权人的权益，是企业筹资的重要手段。企业通过举债方式来开展生产经营活动，不但能促使企业经营规模扩大，而且能提高所有者权益的报酬率。但是，负债过多，一旦企业经营不善或者资金调度不力，就有可能面临无力偿债而被清算或被接管的风险；负债过少，就不能充分利用财务杠杆获利，企业一般会倾向于少披露负债来粉饰财务报表。因此，分析时，应结合各个负债项目的偿还特征来判断负债的合理性和偿还性。

（一）流动负债项目分析

流动负债，是指在1年（含1年）或者超过1年的一个营业周期内偿还的债务。其特点：一是偿还期限短；二是要用企业的资产或负债清偿，即必须运用资产、提供劳务或举借新的负债来清偿。因此，流动负债的项目分析主要是将其与偿债相关的流动资产进行比较，预测企业未来的现金流量，借以评价企业的短期偿债能力。

（1）短期借款。

短期借款是指企业向银行或其他金融机构等借入的偿还期限在1年以下（含1年）的各种借款，包括流动资金借款、结算借款、票据贴现借款等。这些借款都是为了满足日常生产经营的短期需要而举借的，一般不用于长期资产的资金需要。因此，分析时，应注意以下两个方面：

①是否与流动资产相适应。

短期借款筹资快捷，弹性较大，任何企业在生产经营中都会发生或多或少的短期借款，但必须与当期流动资产相适应。一般而言，短期借款应当以流动资产的数额为上限。

②偿还时间与偿还能力。

短期借款期限较短，风险大，分析时需要预测企业未来的现金流量，确定企业是否有足够的现金偿还本息。

（2）应付票据。

应付票据是反映企业购买材料、商品和接受劳务供应等而开出并承兑的、尚未到期付款的商业汇票，包括银行承兑汇票和商业承兑汇票。其承兑期限最长不能超过6个月，付款时间具有约束力，如果到期不能支付，不仅会影响企业的信誉，影响企业以后的资金筹集，而且还会遭到银行的处罚。因此，分析时应关注：第一，企业是否发生过延迟支付到期票据的情况；第二，企业开具的商业汇票是银行承兑汇票还是商业承兑汇票，如果商业承兑汇票居多，则应当进一步分析企业是否存在信用状况下降和资金短缺的问题。

（3）应付账款。

应付账款是反映企业购买原材料、商品和接受劳务供应等而应付给供应单位的款项。它是由于购进商品或接受劳务等业务发生的时间与付款时间不一致造成的，是一种商业信用行为。在分析应付账款时，应关注：第一，与存货项目变化是否一致。在供货商信用政策没有变化的条件下，企业应付账款的规模应该与企业采购规模有一定的对应关系。第二，与销售规模变动是否一致。如果企业生产与销售较平稳，应付账款规模应与营业收入保持一定的对应关系。第三，注意企业应付账款平均付款期是不是较为稳定。如果企业购销状况没有很大变化，同时供货商没有放宽赊销的信用政策，而企业应付账款发生急剧增加以及付款期限拖延的情况，就可能是企业的支付能力恶化。

（4）预收账款。

预收账款是企业按合同规定预收的款项。例如：收到销货订单时同时收取的保证金、预收报刊订阅费等。预收账款的增加对企业来说是有利的，因为预收账款是一种不需要付息的短期债务，为生产经营提供了资金支持，而且其偿还的是非货币性的资产，相对于货币性流动负债来说，企业偿还预收账款比较容易。同时，如果企业预收账款较多，也表明企业的产品或劳务供不应求。一般情况下，预收账款是按销售收入的一定比例预先收取，通过预收账款的变化还可以预测企业未来营业收入的变动。

（5）应付职工薪酬。

应付职工薪酬是企业根据有关规定应付给职工的工资、职工福利、社会保险费、住房公积金等各种薪酬，是职工付出劳动以后应得的报酬。在分析时，一方面要注意企业的应付职工薪酬是否按国家规定的计提基础和比例计提；另一方面应注意企业是否通过应付职工薪酬来调整利润，也就是说要清楚应付职工薪酬是否为企业真正的负债。要警惕企业利用不合理的预提方式提前确认费用和负债，从而达到隐瞒利润、少缴税款的目的。

（6）应交税费。

应交税费是指企业按照税法规定计算的应向国家缴纳的各种税费，主要包括增值税、消费税、城市维护建设税、教育费附加等。因为税收种类较多，在分析时应注意：

①税款内容及构成。

有针对性地分析该项负债的形成原因。分析企业是否有拖欠国家税款现象，是否符合国家税法规定的确认条件。如果该项目为负数，则表明企业多交而税务机关应当退回给企业或由企业以后期间抵交的税金。

②各项税费计算是否正确及合理。

若该项目与实际利润同增同减，说明企业经营正常，若该项目减少，而流动资产、实际利润增加，说明企业经营管理水平有所提高。

（7）其他应付款。

其他应付款是企业所有应付和暂收其他单位和个人的款项，如应付租入固定资产的租金、包装物的租金、应付保险费等。在分析该项目时，应注意数额不应过大，时间不要太长，否则该项目中可能出现企业之间不正常地拆借资金，或转移主营业务收入等违规行为。

（二）非流动负债项目分析

非流动负债是指在1年以上偿还的债务，包括长期借款、应付债券、长期应付款等。它具有债务偿还期限长、金额大、利率高、约束性强等特点。在一定程度上会形成企业的资金压力，分析时应关注非流动负债项目的风险状况和未来现金流出量的现值。

（1）长期借款。

长期借款是企业向银行或其他金融机构借入的尚未归还的期限在1年期以上（不含1年）的各种借款。一般用于企业的固定资产购建、改扩建、大修理等方面。在分析时应考虑以下两方面：

①长期借款的变动情况。

由于长期借款多用于企业补充非流动资产之需，因此长期借款的增加应与企业非流动资产的增加相一致，观察是否存在将长期借款用于流动资产支出的现象。

②长期借款的规模。

长期借款金额大、期限长，与短期借款不同，它的本金和利息的支付一般来自于企业盈利，因此长期借款的规模应该与企业的获利能力相匹配。如果企业长期借款规模较大而获利能力较弱，则企业偿债压力加大，甚至有可能破产。

（2）应付债券。

应付债券是企业为了筹集长期资金而发行的在约定期限内还本付息的债券。相对于长期借款而言，应付债券的风险和压力较大，因为债券的发行是面向全社会的，到期不还本付息会给企业带来严重的负面影响，也会伤害投资者的利益。因此，在我国证券市场规模不大的情况下，企业通过发行债券融资受到严格的限制，许多企业还不能或没有资格发行债券。也就是说，大多数企业会计报表上的这个项目实际上是为零的。如果该项目需要分析，应关注以下两方面：

①债券的付息方式。

债券的付息方式有到期一次还本付息、分期付息到期还本和分期还本付息三种。付息方式的不同会给企业各期带来不同的偿债压力。分期还本付息将债券偿债压力分摊到了各期，而到期一次还本付息却将偿债压力推迟到债券最后一期。分析时，要关注一下当期的偿还金额。

②债券的种类。

不同的债券会给企业带来不同的影响，例如，具有可转换条款的债券可在一定时期后按规定比率将债券转换为股票而不需偿还，反而减轻了企业的偿债压力。具有可赎回条款的债券在一定时期后可能需要企业准备用于赎回的资金。

（3）长期应付款。

长期应付款是企业除长期借款、应付债券以外的各种长期应付款项，包括应付融资租入固定资产的租赁费、以分期付款方式购入固定资产发生的应付款项等。与长期借款和应付债券相比，融资租赁和分期付款方式在获得固定资产的同时借到一笔资金，然后分期偿还资金及其利息，有利于减轻一次性还本付息的负担。相对而言，这部分长期负债的风险最小，但同时也意味着在未来一定期间内企业每年都会发生一笔固定的现金流出。因此，在进行分析时，应结合会计报表附注中对长期应付款具体项目的披露，关注企业长期应付款的数额、增减变动及其对企业未来财务状况的影响。

三、所有者权益项目分析

所有者权益是指企业的资产扣除负债后由企业所有者享有的剩余权益，即所有者对企业净资产的要求权。其主要包括：实收资本（或股本）、资本公积、盈余公积、未分配利润和其他综合收益等。其中，盈余公积和未分配利润统称留存收益。

（1）实收资本。

实收资本是投资者按照企业章程或合同、协议的约定，投入企业的形成法定资本的价值。一般情况下，其无须返还给投资者，它是企业持续经营最稳定的物质基础。实收资本的变动将会影响企业原有投资者对企业的所有权和控制权，而且对企业的偿债能力、获利能力等都会产生重大影响。分析时，可将该项目与负债进行比较，观察企业财务结构的稳定性和风险程度，还应关注其增加的原因，是资本公积或盈余公积转入，还是增发新股转入。

（2）资本公积。

资本公积是企业收到投资者的超出其在企业注册资本（或股本）中所占份额的投资，以及直接计入所有者权益的利得和损失等。分析时应注意企业是否存在通过资本公积项目来改善财务状况的情况。如果该项目的数额本期增长过大，就应进一步了解资本公积的构成。了解企业是否把一些其他项目混入资本公积之中，造成企业资产负债率的下降，以达到粉饰企业信用形象的目的。

（3）盈余公积。

盈余公积是从净利润中提取的、具有特定用途的资金。分析时，应注意以下两方面：

①盈余公积是否按规定计提。

企业多计提盈余公积，既可提高企业的偿债能力，又能提高企业的获利能力，但盈余公积的计提是有相关规定的，防止企业违规计提粉饰报表。

②盈余公积的使用是否恰当。

盈余公积的用途主要是弥补亏损、转增资本和扩大生产经营，观察是否有违规使用盈余公积的现象。

（4）未分配利润。

未分配利润是企业净利润分配后的剩余部分，即净利润中尚未指定用途的、归所有者享有的部分。它是企业留待以后年度进行分配的结存利润，企业对于这部分利润的使用分配具有较大的自主权。分析时，应注意企业当年的利润分配政策是否改变。

留存收益主要是企业税后利润分配的结果。因此，留存收益的增减变化，取决于企业的盈利状况和企业的利润分配政策。留存收益的增加，将有利于资本的保全、增强企业实力、降低筹资风险、缓解财务压力。

任务实施

根据M企业2021年、2022年资产负债表及其附注的相关信息，运用资产负债表具体项目分析方法，对M企业财务状况进行深入分析，具体分析步骤如下：

第一步：资产项目分析。

（1）流动资产项目分析。

①货币资金。

M企业的财务报告附注中货币资金构成的相关信息，见表2-4-1。

表2-4-1　M企业货币资金构成分析表　单位：元

项目	2022.12.31	2021.12.31
库存现金	24 514.16	25 110.14
银行存款	2 104 240 668.08	2 100 560 221.32
其他货币资金	540 745 911.01	314 230 098.17
其中：银行承兑汇票、信用卡保证金	532 450 844.62	300 541 023.25
合计	2 645 011 093.25	2 414 815 429.63

根据表2-2-4、表2-3-1和表2-4-1可以看出，第一，M企业两年来货币资金占总资产的比重为26.03%和26.59%，几乎没有变化，但就其所处行业的特点来说，比重偏高；第二，2022年货币资金增长了23 019万元，增长幅度达到9.53%，与资产总额增长幅度趋同，较为合理，企业支付能力应该有所增强，但从货币资金的内部结构看，现金、银行存款的变化不大，货币资金的增长主要来自于保证金的增长，因此企业的实际支付能力并没有增加。

②应收票据。

M企业财务报告附注中应收票据的相关信息，见表2-4-2。

表2-4-2　M企业应收票据构成分析表　单位：元

种类	2022.12.31	2021.12.31
银行承兑汇票	1 535 326 631.09	1 390 054 521.25
商业承兑汇票		1 360 062.86
合计	1 535 326 631.09	1 391 414 584.11

截至2022年12月31日，本企业已贴现未到期票据金额为0。

根据表2-4-2和以上资料可以看出，2022年企业应收票据增长了14 392万元，增长幅度达10.34%，主要来自银行承兑汇票的增长，说明企业本年销售大幅增加，生产经营状况良好；而且当年没有已贴现未到期汇票，表明企业流动资金充足，财务状况良好。

③应收账款。

M企业财务报告附注中应收账款账龄的相关信息，见表2-4-3。

表2-4-3 M企业应收账款账龄分析表 金额单位：元

账龄	2022.12.31			2021.12.31		
	账面余额		坏账准备	账面余额		坏账准备
	金额	比例		金额	比例	
1年以内	367 825 095.14	81.56%	18 351 113.66	434 141 954.56	84.39%	21 707 785.23
1至2年	5 377 755.61	1.19%	537 775.56	72 314 318.97	14.06%	7 230 056.90
2至3年	71 195 182.00	15.79%	14 239 036.40	1 676 523.47	0.33%	335 304.69
3年以上	6 605 999.17	1.46%	3 302 999.59	6 324 511.68	1.23%	3 162 255.84
合计	451 004 031.92	100%	36 430 925.21	514 457 308.68	100%	32 435 402.66

从表2-4-3可以看出，M企业的应收账款绝大多数都处于1年以内，属于正常的信用范围内，但从表2-3-1可知2022年应收账款比2021年减少了6 745万元，可能是由于应收票据的大幅增加或者销售规模的减少所致，需要结合其他相关资料深入分析。

④存货。

M企业财务报告附注中存货的相关信息，见表2-4-4。

表2-4-4 M企业存货构成分析表 单位：元

项目	2022.12.31			2021.12.31		
	账面余额	跌价准备	账面价值	账面余额	跌价准备	账面价值
原材料	531 015 121.04	7 562 235.62	523 452 885.42	406 794 687.73	4 569 562.37	402 225 125.36
在途物资	8 250.25		8 250.25	12 256.13		12 256.13
周转材料	35 871 562.52		35 871 562.52	34 871 231.87		34 871 231.87
库存商品	216 014 396.59	3 521 565.54	212 492 831.05	456 539 315.99	6 756 587.20	449 782 728.79
合计	782 909 330.40	11 083 801.16	771 825 529.24	898 217 491.72	11 326 149.57	886 891 342.15

从表2-3-1和表2-4-4可以看出，2022年企业存货总量下降了11 506万元，下降幅度为12.97%，但下降的主要原因是库存商品的减少，由2021年的44 978万元下降到2022年的21 249万元，减少了23 729万元；存货中原材料反而增加，所占比重约一半。表明企业对库存商品进行了有效管理，减少积压，加快了其流通速度，同时看好未来销

售前景而提前大量采购原料。

（2）非流动资产项目分析。

①固定资产。

A.分析固定资产规模。

由表2-2-4可知M企业2021年、2022年的固流比例，见表2-4-5。

表2-4-5　M企业固流比例

年份	固定资产比重	流动资产比重	固流比例
2021年	13.21%	58.38%	1∶4.42
2022年	11.35%	53.34%	1∶4.70

从表2-3-1和表2-4-5可以看出，两年来M企业的固定资产规模并没有太大变化，特别是与流动资产规模的比例，如果说该企业2021年度采用的是适中的固流结构政策，那么2022年度固流比例中，流动资产比例较高，企业资产的流动性提高，资产风险会因此降低，同时可能导致盈利水平的下降，则企业逐步趋向保守的固流结构政策。

B.分析固定资产构成。

M企业财务报告附注中固定资产的相关信息，见表2-4-6。

表2-4-6　M企业固定资产构成分析表　单位：元

项目	2021.12.31	本期增加	本期减少	2022.12.31
房屋及建筑物	400 253 582.56	20 875 236.45	28 848 776.80	392 280 042.21
机器设备	798 523 455.23	301 526 954.25	348 814 951.63	751 235 457.85
运输工具	8 152 563.52	754 562.86	885 761.51	8 021 364.87
电子设备	2 220 344.78	370 122.14	264 977.70	2 325 489.22
合计	1 209 149 946.09	323 526 875.70	378 814 467.64	1 153 862 354.15

从表2-4-6可以看出，M企业固定资产中房屋及建筑物和机器设备占公司的绝大比例，说明企业把资金重点放在了生产上，这与企业的行业特点有关系，因为汽车行业属于制造业，而制造业属于资本密集型企业，固定资产自然以生产为主。所有项目变化不大，基本保持稳定，值得关注的是机器设备项目两年之间变化不大，但增加和减少的数额却很大，说明企业的设备更新比较快，金额投入比较大，这是企业提高生产能力的重要途径。

C.分析固定资产折旧。

从报告附注可知，M企业固定资产折旧由2021年年底的32 558.21万元猛增到40 253.52万元，增加了7 695.31万元，增幅达23.64%，固定资产减少主要是累计折旧增加所致。对此应进一步分析企业是否存在利用折旧调整利润的现象。

D.分析固定资产减值准备。

从报告附注可知，M企业2021年度计提固定资产减值准备1 212.45万元，2022年度计提了1 423.85万元，说明企业每年都计提了减值准备，至于减值计提是否充分或准确，作为企业外部人员很难准确判断，需要相关专业机构进行评价。

②在建工程。

从表2-3-1和报告附注可知，M企业在建工程2022年比2021年增加了18 571万元，增长340.19%。在建工程增加的主要原因是企业日产项目和轻型车项目的增加。期末未发现在建工程存在明显减值迹象，故未计提在建工程减值准备。

③无形资产。

M企业财务报告附注中无形资产的相关信息，见表2-4-7。

表2-4-7 M企业无形资产构成分析表 单位：元

项目	2021.12.31	本期增加	本期减少	2022.12.31
土地使用权	102 542 685.32			102 542 685.32
电脑软件	17 654 854.52	3 756 245.85	2 154 244.14	19 256 856.23
专利技术	25 423 647.17	4 258 478.56	3 425 972.17	26 256 153.56
其他	3 982 989.46		2 039 170.17	1 943 819.29
合计	149 604 176.47	8 014 724.41	7 619 386.48	149 999 514.40

从表2-4-7可以看出，两年来企业的无形资产总额基本保持稳定，项目主要集中在土地使用权上，企业的专利技术和电脑软件所占比例较小，但两者的变动较大，且有所增加，说明企业对专利技术和电脑软件的投入增加，更新速度变快，企业可持续发展能力和竞争能力有所提高。

第二步：负债项目分析。

（1）短期借款。

从表2-2-4可以看出，M企业2021年短期借款为0，2022年短期借款占总资产比重为0.17%，远远小于流动资产所占比重。而且从2022年财务报告附注中可知，短期借款为一种质押借款，是以M企业一张定期存单为质押物，说明该企业没有任何短期偿债风险。

（2）应付票据。

M企业财务报告附注中应付票据的相关信息，见表2-4-8。

表2-4-8 M企业应付票据构成分析表 单位：元

种类	2022.12.31	2021.12.31
银行承兑汇票	2 782 334 855.08	2 376 261 719.46
商业承兑汇票		
合计	2 782 334 855.08	2 376 261 719.46

从表2-4-8和财务报告附注可知，两年来M企业应付票据增长较快，增长幅度较大，主要是因为销售增加导致采购增加，同时改变对供应商的信用政策，结算期较以前年度延长。企业开具的应付票据全为银行承兑汇票，说明企业银行信用状况良好，没有偿付问题。

（3）应付账款。

从表2-3-1可知，应付账款增长了7.11%，而存货却减少了12.97%，该项目的变化与存货的变化不一致，说明企业供应商信用政策发生改变，结算期较以前年度延长。结合销售情况分析，该项目的变动与销售规模变动一致，说明企业该项目的增加主要是因为采购增加导致应付款项增多。

M企业财务报告附注中应付账款的相关信息，见表2-4-9。

表2-4-9　M企业应付账款账龄分析表　单位：元

项目	2022.12.31	2021.12.31
1年以内	1 712 831 254.25	1 602 378 564.58
1至2年	5 622 354.56	7 563 254.57
2至3年	758 213.52	856 325.23
3年以上	7 965 243.69	1 665 255.54
合计	1 727 177 066.02	1 612 463 399.92

从表2-4-9可以看出，M企业应付账款的增长主要来自于1年以内的应付账款，增长幅度适中，没有急剧增加，说明企业该项目较为稳定，付款期限拖延的情况较少，支付能力较强。

第二步：所有者权益项目分析。

（1）资本公积。

从表2-3-1和财务报告附注可知，2021年资本公积未变，2022年资本公积增加了160万元，其增加的主要原因是持有的可供出售金融资产公允价值变动产生的利得。

（2）盈余公积。

从表2-3-1和财务报告附注可知，2022年盈余公积增加了5 285万元，增长8.47%，主要原因是该企业按实现利润计提了10%的法定盈余公积，属于正常变化。

知识测试

一、单项选择题

1.资产负债表是反映企业在某一特定日期（　　）的财务报表。

A.财务状况　　B.经营成果

C.现金流量　　D.所有者权益变化

自主测2-1

2.资产负债表的附表是（　　）。

A.利润分配表　　B.分部报表

C.财务报表附注　　D.应交增值税明细表

3.企业（　　）时，可以提高流动资产的实际变现能力。

A.取得应收票据贴现款　　B.为其他单位提供债务担保

C.拥有较多的长期资产　　D.有可动用的银行贷款指标

4.当法定盈余公积达到注册资本的（　　）时，可以不再计提。

A.5%　　B.10%　　C.25%　　D.50%

5.下列各项中，（　　）不是影响固定资产净值升降的直接因素。

A.固定资产净残值　　B.固定资产折旧方法

C.折旧年限的变动　　D.固定资产减值准备的计提

6.关于货币资金，下列说法中错误的是（　　）。

A.货币资金包括库存现金、银行存款和其他货币资金

B.信誉好的企业没必要持有大量的货币资金

C.企业不仅应保持一定量的货币资金，而且越多越好

D.货币资金本身就是现金，无须变现

7.资产负债表结构分析表中，计算各项目所占比重时，通常（　　）项目的金额作为分母。

A.资产总额　　B.流动资产总额　　C.净利润　　D.所有者权益总额

8.如果持有的货币资金量过大，则导致企业整体获利能力（　　）。

A.不变　　B.上升　　C.下降　　D.不确定

9.对资产负债表进行趋势分析，一般采用的方法是（　　）。

A.编制企业资产负债表趋势分析表　　B.分析企业资产趋势

C.分析企业负债趋势　　D.分析企业所有者权益趋势

10.企业资本结构发生变动的原因是（　　）。

A.发行新股　　B.资本公积转增资本

C.盈余公积转增资本　　D.以未分配利润送股

二、多项选择题

自主测 2-2

1.企业持有货币资金主要是出于（　　）。

A.投机的需要　　B.经营的需要　　C.投资的需要

D.获利的需要　　E.预防的需要

2.资产负债表的分析可以分为（　　）三部分。

A.资产负债表结构分析　　B.负债分析

C.资产负债表趋势分析　　D.资产分析

E.资产负债表具体项目分析

3.在分析企业的长期股权投资项目时，应重点从（　　）角度进行分析。

A.预测性　　B.盈利性　　C.变现性

D.交换性　　　　　　E.持续性

4.盈余公积包括的项目有（　　）。

A.法定盈余公积　　　B.任意盈余公积　　　C.法定公益金

D.非常盈余公积　　　E.一般盈余公积

5.对存货项目的质量分析，应当关注（　　）。

A.存货内容及构成　　B.存货计价方法　　　C.存货周转状况

D.存货跌价准备　　　E.存货购入情况

三、判断题

自主测 2-3

1.资产负债表中某项目的变动率越大，对资产或权益的影响就越大。（　　）

2.资产负债表立足于企业产权，能揭示企业在特定时日所持有的不同形态资产的价值存量，以及对不同债权人承担的偿债责任和投资人净资产的价值归属。（　　）

3.我国资产负债表采用的是账户式的格式。（　　）

4.因为货币资金的流动性最强，所以对企业经营来说其越多越好。（　　）

5.资本结构是指各种资本的构成及其比例关系，其实质是债务资本在资本结构中安排多大的比例。（　　）

6.盈余公积的数量越多，则表明企业资本的积累能力、补亏能力、股利分配能力以及应对风险能力越强。（　　）

7.只要本期盈余公积增加，就可以断定企业本期经营是有成效的。（　　）

8.固定资产的比重越高，企业资产的弹性越差。（　　）

9.如果企业的资金全部都是权益资金，则企业既无财务风险也无经营风险。（　　）

10.留存收益的增加，将有利于资本的增值、增强企业实力、降低营运风险、缓解财务压力。（　　）

能力测试

资料：苏州仪表机械有限公司2022年资产负债表见表B-1。

表B-1　资产负债表

2022年12月31日　　单位：万元

资产	期末余额	年初余额	负债和股东权益	期末余额	年初余额
流动资产：			流动负债：		
货币资金	50 000	40 000	短期借款	55 000	37 600
交易性金融资产	20 000	28 000	应付账款	15 500	13 600
应收账款	25 000	15 500	预收款项	9 530	7 400

续表

资产	期末余额	年初余额	负债和股东权益	期末余额	年初余额
存货	85 000	97 000	其他流动负债	3 300	4 487
其他流动资产	48 510	37 910	流动负债合计	83 330	63 087
流动资产合计	228 510	218 410	非流动负债：		
非流动资产：			长期借款	42 000	38 400
长期股权投资	51 000	42 200	应付债券	181 000	181 000
固定资产	658 500	631 000	非流动负债合计	223 000	219 400
无形资产	94 000	91 000	负债合计	306 330	282 487
非流动资产合计	803 500	764 200	股东权益：		
			股本	500 000	500 000
			资本公积	102 640	107 000
			盈余公积	85 320	82 423
			未分配利润	37 720	10 700
			股东权益合计	725 680	700 123
资产总计	1 032 010	982 610	负债和股东权益总计	1 032 010	982 610

要求：

（1）编制资产负债表结构分析表。

（2）运用结构分析法分析资产负债表的变动情况并作出评价。

（3）编制资产负债表趋势分析表。

（4）运用趋势分析法分析资产负债表的变动情况并作出评价。

项目三

利润表分析

利润表又称收益表、损益表，是一张动态的财务报表，它把一定时期的收入与相关成本、费用进行配比，反映企业在一定会计期间（如年度、季度、月份）内的经营成果。通过利润表的分析，能够了解企业一定时期的收入、成本费用和利润来源，评价企业的获利能力，预测企业未来的发展前景。

本项目在了解利润表基本结构内容、理解利润表分析目的、掌握利润表分析方法的基础上，完成对M企业利润表的分析。利润表分析的主要任务有利润表结构分析、趋势分析和利润表具体项目分析三个方面。其中，在结构分析和趋势分析数据计算与分析的基础上，应着重加强对利润表项目内涵的重点分析，即对营业收入、营业成本和费用、营业利润等项目进行深入分析。

知识目标

■ 理解利润表的概念、内容、格式和作用；

■ 掌握利润表的整体结构分析、趋势分析和具体项目分析。

技能目标

■ 能够阅读并理解利润表的各项数据，比较利润表的各期数据，解释数据变动原因，根据分析的目的调整有关数据；

■ 运用结构分析法对企业利润表结构进行分析；

■ 运用趋势分析法对企业收入、成本费用、利润的未来趋势进行分析；

■ 深入分析构成企业利润的每个具体项目。

素养目标

■ 深入了解企业的经营结果，客观理解利润表中反映出来的企业经营活动中的现实问题，塑造财务从业者的使命感和社会责任感，树立社会主义核心价值观。

案例导引

背景资料：博纳影业集团股份有限公司（以下简称博纳影业）是国内首家从事电影发行业务的民营企业，深耕影视行业多年，不断向产业链上下游延伸，现已成为行业知名的全产业链布局的电影集团公司。公司的主营业务为电影的投资、发行、院线及影院业务。

2017—2019年博纳影业分别实现营业收入20.0亿元、27.8亿元、31.2亿元，其中营收的主要来源为电影投资、发行、院线和影院这四项业务。2017—2019年博纳影业实现的归母净利润为2.0亿元、2.6亿元、3.1亿元，扣非后净利润分别为1.1亿元、1.6亿元、1.8亿元。

2020年6月30日，公司的资产总额为114.12亿元，负债总额为61.76亿元，归属于母公司股东的权益为52.28亿元。2020年1—6月，公司实现的营业收入为7.55亿元，营业利润为0.58亿元，净利润为0.27亿元，扣除非经常性损益后归属于母公司股东的净利润为793.11万元。

公司合理预计2020年全年可实现的营业收入为21.3亿元，与上年同期收入31.2亿元相比下降31.73%；预计2020年全年可实现归属母公司股东的净利润为1.8亿元，与上年同期归属于母公司股东的净利润3.1亿元相比下降44.03%；预计2020年全年可实现扣除非经常性损益后归属于母公司股东的净利润为1.2亿元，与上年同期扣除非经常性损益后归属于母公司股东的净利润1.8亿元相比下降33.64%。

资料来源：张爽. 博纳影业全梳理：全产业链布局电影龙头，主旋律商业片树立行业标杆[EB/OL].（2020-11-10）[2020-12-18]. https://www.sohu.com/a/430826039_751363.有删减.

请分析：根据案例所给数据简要分析一下博纳影业近三年的经营成果。

分析提示：可以结合案例所给的数据将连续的金额并列起来，比较各指标不同期间的增减变动金额和幅度，据以判断企业的经营成果。需要注意的是选取的项目口径必须保持一致，应运用例外原则对某项有显著变动的指标作重点分析，研究其产生的原因。例如，博纳影业2017—2019年分别实现营业收入20.0亿元、27.8亿元、31.2亿元，呈上升趋势，2018年比2017年增长了7.8亿元，增长幅度为39%，2019比2018年增长了3.4亿元，增长幅度为12.23%。2017—2019年博纳影业实现净利润分别为1.1亿元、1.6亿元、1.8亿元。净利润呈上升趋势，2018年比2017年增长了0.5亿元，增长幅度为45%，2019比2018年增长了0.2亿元，增长幅度为12.5%。通过对财务指标的分析，我们可以看出博纳影业近三年的经营状况较好，营业收入和净利润逐年增加，但2019年的增长幅度较2018年有所减缓。

任务1　利润表的基本知识

相关知识

一、利润表的内容

利润表又称收益表、损益表，是一张动态的财务报表，它把一定时期的收入与相关成本、费用进行配比，反映企业在一定会计期间（如年度、季度、月份）内的经营成果。利润表是以“收入-费用=利润”的会计等式为依据编制的。在利润表中，将一个会计期间的收入、收益与同一会计期间的成本、费用进行配比，求出该会计期间的净利润（亏损）。

通过利润表反映的企业收入和成本、费用等情况，可以了解企业经营的收益和成本耗费情况，了解企业某一会计期间实现净利润或发生亏损的情况，分析企业利润计划的执行情况及利润增减变化的原因，评价企业经济效益的高低，判断企业的获利能力以及未来一定时期的盈利趋势。利润表的作用，一是为解读、评价和预测企业经营成果和获利能力提供了重要信息；二是为解读、评价和预测企业的长期偿债能力提供了重要信息；三是为评价和考核企业管理者的绩效提供了重要信息。

二、利润表的结构

利润表的结构一般可以分为三个部分：表首、表体和补充资料。

表首含有表名、编制主体、编制日期和货币单位等项目。表名为利润表；编制主体为编制该会计报表的单位全称；编制日期为“某年某月份”或“某会计年度”；货币单位为该表填列项目金额的记账单位。

表体是利润表的主体。作为反映企业经营成果的财务报表，利润表表体包括影响某一会计期间的所有损益内容，既要包括来自生产经营方面已实现的各项收入，已耗费的需要在本期配比的各项成本、费用，也要包括本期发生的投资收益（或损失）和各项营业外收支。利润表的格式有单步式和多步式两种。

（一）单步式利润表

单步式利润表用本期各项收入总额减去成本、费用和支出总额，一次计算得出当期损益，而不按企业利润的构成内容逐步计算。其基本结构见表3-1-1。

表3-1-1 单步式利润表

编制单位： 年度 单位：元

项目	本期金额	上期金额
一、收入		
营业收入		
公允价值变动收益		
投资收益		
营业外收入		
收入合计		
二、费用		
营业成本		

续表

项目	本期金额	上期金额
税金及附加		
销售费用		
管理费用		
财务费用		
资产减值损失		
营业外支出		
所得税费用		
费用合计		
三、净利润		

单步式利润表计算简单，但不能直接反映经营性收益和非经营性收益对企业利润总额的影响。

（二）多步式利润表

多步式利润表是依据利润构成因素，将收入与相关成本、费用、支出在表中分别对应列示，相互配比，按照企业利润的构成内容分层次、分步骤、逐步逐项计算编制而成的报表，它根据经营活动与非经营活动对企业利润的贡献情况排列编制。为了能够分层次提供财务成果形成的数据，便于报表使用者了解各利润构成因素对财务成果的影响，我国企业的利润表采用多步式，其利润计算过程如下：

1. 营业利润=营业收入-营业成本-税金及附加-销售费用-管理费用-财务费用-资产减值损失+公允价值变动收益（-公允价值变动损失）+投资收益（-投资损失）

其中：营业收入=主营业务收入+其他业务收入

营业成本=主营业务成本+其他业务成本

2. 利润总额=营业利润+营业外收入-营业外支出

3. 净利润=利润总额-所得税费用

多步式利润表基本结构见表3-1-2。

表3-1-2　多步式利润表

编制单位：　　2022年度　　单位：元

项目	本年金额	上年金额
一、营业收入	8 483 491 898.71	6 864 997 926.45
减：营业成本	8 009 288 341.11	6 342 841 229.36
税金及附加	11 423 294.44	1 769 550.61

续表

项目	本年金额	上年金额
销售费用	265 292 266.94	295 347 155.69
管理费用	424 806 023.04	304 457 201.24
财务费用	-48 760 793.39	-33 006 333.37
资产减值损失	15 665 685.71	12 041 486.28
加：公允价值变动收益（损失以“-”号填列）		
投资收益（损失以“-”号填列）	713 405 480.08	269 792 941.04
其中：对联营企业和合营企业的投资收益		
二、营业利润（亏损以“-”号填列）	519 182 560.94	211 340 577.68
加：营业外收入	17 489 467.16	20 753 435.99
减：营业外支出	9 973 278.73	3 186 241.08
其中：非流动资产处置损失		
三、利润总额（亏损总额以“-”号填列）	526 698 749.37	228 907 772.59
减：所得税费用	-1 773 252.74	-16 150 985.53
四、净利润（净亏损以“-”号填列）	528 472 002.11	245 058 758.12
五、其他综合收益	1 598 538.61	
六、综合收益总额	530 070 540.72	245 058 758.12
七、每股收益		
（一）基本每股收益	0.26	0.12
（二）稀释每股收益	0.26	0.12

资料来源　根据上海证券交易所网站相关资料整理。

表3-1-2是按年编制的利润表，在编制月度利润表时，将该表中的“本年金额”改为“本月金额”；将该表中的“上年金额”改为“本年累计金额”即可。

根据2014年最新修改颁布的《企业会计准则第30号——财务报表列报》的内容，企业利润表在净利润后还必须反映其他综合收益各项目扣除所得税影响后的净额和综合收益总额两个项目，新准则对其内容进行了重新定义。

其他综合收益，是指企业根据企业会计准则的规定未在当期损益中确认的各项利得和损失。其他综合收益项目应当根据相关会计准则的规定分为下列两类列报：①以后会计期间不能重分类进损益的其他综合收益项目；②以后会计期间在满足规定条件时将重分类进损益的其他综合收益项目，主要包括按照权益法核算的在被投资单位其他综合收益中所享有的份额、现金流量套期工具产生的利得或损失中属于有效套期的部分、外币财务报表折算差额、自用房地产转换为以公允价值模式计量的投资性房地产在转换日公允价值大于账面价值部分等项目。

综合收益，是指企业在某一期间除与所有者以其所有者身份进行的交易之外的其他交易或事项所引起的所有者权益变动。综合收益总额项目反映净利润和其他综合收益相加后的合计金额。

可以看出，此次修订的利润表两个项目中小企业极少涉及，因此，在后续利润表分析中可暂不做讲解。

另外，利润表补充资料是用以说明利润表主体部分未能具体说明的重要财务信息，如实反映偶然事项以及会计政策和会计估计变更对净利润的影响，提高盈利信息的预测价值。在编制利润表时，除了正确填列报表中的数据外，还需要按规定填列补充资料中的有关信息。

利润表补充资料部分提供的内容主要有以下四个方面：

（1）出售、处置部门或被投资单位所得收益。

企业有时出于某种原因出售或处置内部具有单独的业务活动、流水线或具有某类客户的部门，如子公司、分厂、车间等。在会计期内，为了使利润表具有预测价值和可比性，应当将本期出售或处置单独业务部门所发生的收益项目，在利润表的补充资料中进行单独披露。

（2）自然灾害发生的损失。

自然灾害是在极少数情况下才会发生的“非常项目”。该项目产生的损失已经计入利润表营业外支出项目，将此作为利润表的补充资料单独列示，主要目的是引起报表使用者的注意。

（3）会计政策变更与会计估计变更增加（或减少）净利润。

企业由于内部、外部的各种原因，需要变更原有的一些会计估计和会计确认、计量或报告的方法，不仅要直接调整利润表主表的相关费用项目，还应在利润表的补充资料中作单独列示。

（4）债务重组损失。

当企业进行债务重组时，对债务人来说，重组日重组债务的账面价值与其转让的非现金资产账面价值的差额，除了可以作为资本公积外，也可以列作当期损失。对债权人来说，重组日重组债权的账面价值大于其受让的现金资产时，则列为损失。利润表中只列示了营业外损失项目的汇总数，而在补充资料中将重组损失单列，以便使报表使用者了解这一信息对企业利润的影响。

（三）报表格式的变化

财政部2018年6月15日发布的《关于修订印发2018年度一般企业财务报表格式的通知》（财会〔2018〕15号）文件中，针对2018年1月1日起分阶段实施的各个具体企业会计准则，以及企业会计准则实施中的有关情况，对一般企业的利润表格式进行了修订。具体修订内容和新报表格式可以查阅附录5中的链接。

由于财政部此次报表格式的修订发布于2018年年中，多数企业在2019年才会开始使用新的报表格式，而对企业利润表的分析有时需要考虑连续年度的指标变化，因此本项目中任务实施部分的案例采用的仍然是修订之前的报表格式。

三、利润表分析的目的

进行利润表分析，其目的在于：

（1）可正确评价企业各方面的经营业绩。由于利润受各环节和各因素的影响，因此，通过不同环节的利润分析，可以准确地说明各环节的业绩。

（2）可及时、准确地发现企业经营管理中存在的问题。正因为分析不仅能明确业绩，而且还能发现问题，因此，通过对利润表的分析，可发现企业在各环节存在的问题或不足，为进一步改进企业经营管理工作指明了方向。

（3）可为投资者、债权人的投资与信贷决策提供正确信息。无论是投资者还是债权人，他们通过对利润表的分析，揭示出企业的经营潜力及发展前景，从而作出准确的投资和信贷决策。

四、利润表分析的内容

利润表分析的主要内容包括以下三方面：

（1）利润表结构分析。

利润表结构分析，也称为利润表垂直分析，是通过编制利润表结构分析表来进行分析，将利润表中各项目与营业收入进行比较，计算出各项目占营业收入的比重，并将各项目比重与历史数据、行业水平进行比较，分析说明企业利润各构成项目的结构及增减变动情况等。

（2）利润表趋势分析。

利润表趋势分析，也称为利润表水平分析，是通过在若干期中对企业利润表各项目的观察，计算其增减变动额和增减变动百分比，从而了解企业收入、成本费用项目的变动情况，据以判断、预测企业经营成果的变化趋势。

（3）利润表具体项目分析。

利润表具体项目分析，就是在利润表结构、趋势分析的基础上，对企业利润表中构成利润的各项目进一步深入分析。

任务2　利润表结构分析

任务描述

根据M企业2021年、2022年利润表的相关信息，运用结构分析方法，对M企业利润构成、盈利情况进行初步分析，让企业利益相关者对企业的利润构成项目结构状况及变动有所了解。

相关知识

利润表结构分析，是通过计算利润表中各项目在营业收入中所占比重，分析说明各项收入、成本费用及利润的结构及其增减变动情况。具体可分别计算本期和标准期（或基期）的实际利润构成，然后将二者对比，从而得出不同的分析评价内容。

利润表结构分析评价的总体思路是以利润表结构分析表数据为依据，分析企业营业利润、利润总额、净利润等结构变动情况及变动原因，重点关注利润的形成过程。

利润表结构分析的具体步骤如下。

一、编制企业利润表结构分析表

编制企业利润表结构分析表是进行利润表结构分析的第一步，是对企业利润表数据的进一步加工处理，以便满足结构分析的需要。

利润表结构分析表的编制：首先在利润表的基础上，对表格进行设计，根据不同时期（会计年度）增加“比重”栏和“比重变动情况”栏，以计算构成比率等数据；然后按利润表项目，以营业收入作为分母，其他各项目分别作为分子，计算各项目占营业收入的比重（即构成比率），最后比较不同会计年度各项目比重的变动情况。

计算公式如下：

$$\text{某项目的结构比重}=\frac{\text{某项目金额}}{\text{营业收入}}\times 100\%$$

某项目的结构变动情况=报告期（本期）结构比重-基期（上一期）结构比重

二、分析营业利润结构

营业利润是企业在日常经营活动中赚取的经营成果，是企业利润的主要来源，决定着企业最终经营成果的数量和质量。营业利润代表了企业总体经营管理水平，反映了企业的获利能力、核心竞争力和发展前景。

营业利润结构分析是根据利润表中构成营业利润的各个项目进行的分析，包括营业收入、营业成本、税金及附加、期间费用（销售费用、管理费用、财务费用）、资产减值损失、公允价值变动收益和投资收益等项目。通过分析营业利润的形成过程，可以找出企业收入和成本、费用变化中的有利因素与不利因素。

三、分析利润总额结构

利润总额是在营业利润的基础上加上营业外收入减去营业外支出的净额得出的，反映企业全部的财务成果，代表企业当期的综合获利能力，直接关系到税务部门、投资者等利益相关者的利益分配问题。

利润总额结构分析是以利润总额为分母，分别计算构成利润总额的各项目占利润总额的比重，进而分析利润总额的形成过程。

四、分析净利润结构

净利润是企业利润总额扣减所得税费用后的净额。净利润结构分析是根据净利润结构分析表中构成净利润的各个项目进行分析，进而分析净利润的形成过程。

任务实施

根据M企业2021年、2022年利润表的相关信息，运用结构分析方法，对M企业利润构成、盈利情况进行初步分析，具体分析步骤如下：

第一步：编制企业利润表结构分析表。

根据M企业2021年、2022年利润表（参见附录1），编制M企业利润表结构分析表，见表3-2-1。

表3-2-1　M企业2021年、2022年利润表结构分析表　金额单位：万元

项目	2022年	2021年	2022年比重	2021年比重	比重变动情况
一、营业收入	848 349	686 500	100.00%	100.00%	0
减：营业成本	800 929	634 284	94.41%	92.39%	2.02%
税金及附加	1 142	177	0.13%	0.03%	0.10%
销售费用	26 529	29 535	3.13%	4.30%	-1.17%
管理费用	42 481	30 446	5.01%	4.43%	0.58%
财务费用	-4 876	-3 301	-0.57%	-0.48%	-0.09%
资产减值损失	1 567	1 204	0.18%	0.18%	0
加：公允价值变动收益（损失以“-”号填列）					
投资收益（损失以“-”号填列）	71 341	26 979	8.41%	3.93%	4.48%
其中：对联营企业和合营企业的投资收益					
二、营业利润（亏损以“-”号填列）	51 918	21 134	6.12%	3.08%	3.04%
加：营业外收入	1 749	2 076	0.21%	0.30%	-0.09%
减：营业外支出	997	319	0.12%	0.05%	0.07%
其中：非流动资产处置损失					
三、利润总额（亏损总额以“-”号填列）	52 670	22 891	6.21%	3.33%	2.88%
减：所得税费用	-177	-1 615	-0.02%	-0.24%	0.22%
四、净利润（净亏损以“-”号填列）	52 847	24 506	6.23%	3.57%	2.66%
五、每股收益					
（一）基本每股收益	0.000026	0.000012			
（二）稀释每股收益	0.000026	0.000012			

第二步：分析营业利润结构。

M企业营业利润结构分析表见表3-2-2。

表3-2-2　M企业营业利润结构分析表　金额单位：万元

项目	2022年	2021年	2022年比重	2021年比重	比重变动情况
一、营业收入	848 349	686 500	100.00%	100.00%	0
减：营业成本	800 929	634 284	94.41%	92.39%	2.02%
税金及附加	1 142	177	0.13%	0.03%	0.10%
销售费用	26 529	29 535	3.13%	4.30%	-1.17%
管理费用	42 481	30 446	5.01%	4.43%	0.58%
财务费用	-4 876	-3 301	-0.57%	-0.48%	-0.09%
资产减值损失	1 567	1 204	0.18%	0.18%	0
加：公允价值变动收益（损失以“-”号填列）					
投资收益（损失以“-”号填列）	71 341	26 979	8.41%	3.93%	4.48%
其中：对联营企业和合营企业的投资收益					
二、营业利润（亏损以“-”号填列）	51 918	21 134	6.12%	3.08%	3.04%

从表3-2-2可以看出，M企业收入和成本、费用项目的变动及构成情况。M企业营业收入2022年848 349万元，比2021年增长了161 849万元。营业成本随着营业收入的增加而增加，但营业成本占营业收入的比重由2021年的92.39%增长为94.41%，营业成本占营业收入的比重增加，说明产品获利能力下降。税金及附加占营业收入的比重由0.03%增加为0.13%，增加了0.10%。销售费用占营业收入的比重由4.30%减少为3.13%，下降了1.17%。管理费用占营业收入的比重由4.43%增加为5.01%，增加了0.58%。投资收益占营业收入的比重由3.93%增加为8.41%，增加了4.48%。

结合M企业成本、费用占营业收入比重的变化情况，可以分析得知：营业成本的增加导致企业产品获利能力有所下降；税金及附加和管理费用的增加幅度均大于营业收入的增加幅度，也是导致企业产品获利能力下降的因素之一；销售费用和财务费用的减少，在一定程度上提高了企业的获利能力。营业成本、税金及附加、管理费用比重的变化，构成了M企业营业利润形成的不利因素；销售费用、财务费用比重的变化，是M企业营业利润形成的有利因素。最终在各项目的博弈下，导致M企业获利能力增加的力量大于导致M企业获利能力下降的力量，M企业2022年的获利能力高于2021年的获利能力。

从M企业2021年、2022年财务成果的构成情况来看，营业利润占营业收入的比重2022年为6.12%，比2021年的3.08%增长了3.04%，从企业利润构成的角度看，M企业的获利能力在增强。企业2022年获利能力有所增长，需要指出的是营业利润的增长主要得益于M企业2022年投资收益的比重比2021年大幅增长4.48%。

第三步：分析利润总额结构。

M企业利润总额结构分析表见表3-2-3。

表3-2-3　M企业利润总额结构分析表　金额单位：万元

项目	2022年	2021年	2022年比重	2021年比重	比重变动情况
一、营业利润（亏损以"-"号填列）	51 918	21 134	98.57%	92.32%	6.25%
加：营业外收入	1 749	2 076	3.32%	9.07%	-5.75%
减：营业外支出	997	319	1.89%	1.39%	0.50%
其中：非流动资产处置损失					
二、利润总额（亏损总额以"-"号填列）	52 670	22 891	100%	100%	0

从表3-2-3可以看出，M企业营业利润占利润总额的比重2022年为98.57%，2021年为92.32%，说明M企业营业利润是其利润总额的主体，公司生产经营活动稳定，盈利水平有所增长。公司营业外收入占利润总额的比重2022年为3.32%，比2021年的比重9.07%下降了5.75%，营业外支出占利润总额的比重2022年为1.89%，比2021年的比重1.39%增长了0.50%，营业外收支所占比重以及变化情况均属正常。

第四步：分析净利润结构。

M企业净利润结构分析表见表3-2-4。

表3-2-4　M企业净利润结构分析表　金额单位：万元

项目	2022年	2021年	2022年比重	2021年比重	比重变动情况
一、利润总额（亏损总额以"-"号填列）	52 670	22 891	100%	100%	0
减：所得税费用	-177	-1 615	-0.34%	-7.06%	6.72%
二、净利润（净亏损以"-"号填列）	52 847	24 506	100.34%	107.06%	-6.72%

从表3-2-4可以看出，M企业2022年净利润是利润总额的100.34%，比2021年的107.06%有所下降，主要原因是所得税费用的影响。所得税费用是企业取得利润后必须承担的法律义务，属于企业不可控范畴。

任务3　利润表趋势分析

任务描述

根据M企业2020年、2021年、2022年利润表的相关信息，运用趋势分析方法，对M企业利润构成项目、盈利变动情况进行初步分析，让企业利益相关者对企业的利润构成项目、盈利状况发展趋势有所了解。

相关知识

利润表的趋势分析，就是将利润表的实际数与上期数或基数进行比较，以揭示利润变动差异，分析评价利润表各项目增减变动情况，揭示产生差异的原因。通过计算利润表中各项目在一个较长时期内的变动情况，观察各项利润构成及影响因素的变动趋势，从而揭示企业经营活动业绩与特征，为利润预测、决策、编制预算指明方向。

利润表趋势分析的具体步骤如下。

一、编制企业利润表趋势分析表

编制企业利润表趋势分析表是进行企业趋势分析的第一步，是对企业利润表数据的进一步加工处理，以便满足趋势分析的需要。

利润表趋势分析表的编制：首先在利润表的基础上，对表格进行设计，根据不同时期（会计年度）增加“变动额”和“变动率”栏目，以计算变动数据；然后按利润表项目计算对比增减变动额，运用环比趋势百分比（也可运用定比计算方法）反映各会计期间（会计年度）变动率。

计算公式如下：

$$某项目的变动率=\frac{某项目的变动额}{基期(上年)金额}\times 100\%$$

某项目的变动额=报告期（本年）金额-基期（上年）金额

二、分析企业利润构成项目的变动趋势

企业利润构成项目变动趋势分析，即对营业收入、营业成本、税金及附加、期间费用（销售费用、管理费用、财务费用）等项目变动趋势进行分析，评价各项目的变动对企业利润形成的影响程度。

三、分析企业利润的变动趋势

企业利润变动趋势分析，即对企业营业利润、利润总额和净利润变动趋势进行分析，进而评价企业获利能力，预测企业未来盈利水平。

在进行利润趋势分析时，要注意各种方法的综合运用，注意以下三个问题：一是详细分析营业收入变化的原因，可作销售数量、单价的因素分析，进而分析企业占有的市场份额，分析未来竞争力；二是营业成本变化原因分析，注意其价格及相关因素变动；三是分项与总体相结合，以综合评价企业发展趋势。

任务实施

根据M企业2020年、2021年、2022年利润表的相关信息，运用趋势分析方法，对M企业利润构成项目、盈利变动情况进行初步分析，具体分析步骤如下：

第一步：编制企业利润表趋势分析表。

根据M企业2020年、2021年、2022年利润表（参见附录1），编制M企业利润表趋势分析表，见表3-3-1。

表3-3-1　M企业2020年、2021年、2022年利润表趋势分析表　金额单位：万元

项目	2022年	2021年	2020年	2022年变动额	2021年变动额	2022年变动率	2021年变动率
一、营业收入	848 349	686 500	572 827	161 849	113 673	23.58%	19.84%
减：营业成本	800 929	634 284	548 439	166 645	85 845	26.27%	15.65%
税金及附加	1 142	177	1 577	965	-1 400	545.20%	-88.78%
销售费用	26 529	29 535	18 262	-3 006	11 273	-10.18%	61.73%
管理费用	42 481	30 446	26 606	12 035	3 840	39.53%	14.43%
财务费用	-4 876	-3 301	-4 848	-1 575	1 547	47.71%	-31.91%
资产减值损失	1 567	1 204	2 429	363	-1 225	30.15%	-50.43%
加：公允价值变动收益（损失以“-”号填列）			-1 068		1 068		-100.00%
投资收益（损失以“-”号填列）	71 341	26 979	42 143	44 362	-15 164	164.43%	-35.98%
其中：对联营企业和合营企业的投资收益							
二、营业利润（亏损以“-”号填列）	51 918	21 134	21 436	30 784	-302	145.66%	-1.41%
加：营业外收入	1 749	2 076	1 090	-327	986	-15.75%	90.46%
减：营业外支出	997	319	399	678	-80	212.54%	-20.05%
其中：非流动资产处置损失			78		-78		-100.00%
三、利润总额（亏损总额以“-”号填列）	52 670	22 891	22 127	29 779	764	130.09%	3.45%
减：所得税费用	-177	-1 615	-233	1 438	-1 382	-89.04%	593.13%
四、净利润（净亏损以“-”号填列）	52 847	24 506	22 359	28 341	2 147	115.65%	9.60%

第二步：分析企业利润构成项目的变动趋势。

从表3-3-1可以看出，M企业2020年、2021年、2022年三年收入、成本、费用等项目的增减幅度和变化趋势如下：

营业收入2021年（相对于2020年）增长113 673万元，2022年（相对于2021年）增长161 849万元，两年增长幅度分别为19.84%和23.58%；营业成本2021年增长85 845万元，2022年增长166 645万元，两年增长幅度分别为15.65%和26.27%。M企业在2021年营业成本的增长幅度15.65%低于营业收入的增长幅度19.84%，说明企业在控制营业成本工作上成绩显著；而2022年营业成本的增长幅度26.27%高于营业收入的增长幅度23.58%，说明企业在扩大销售、增加收入的同时，营业成本控制工作不理想，企业产品获利能力下降。

期间费用中销售费用2021年增幅为61.73%，2022年在销售增长的情况下销售费用下降10.18%，说明企业销售费用控制得较好；管理费用2021年增幅为14.43%，2022年增幅为39.53%，其中报表补充资料显示2022年增幅过大的原因是公司研发支出较上年增加。

投资收益2022年增长幅度高达164.43%，其具体内容应结合资产负债表长期投资等项目内容进一步深入分析。

第三步：分析企业利润的变动趋势。

利润表趋势分析表显示，M企业在2021年实现营业利润21 134万元，比2020年下降302万元，下降幅度为1.41%，2022年实现营业利润51 918万元，比2021年增长30 784万元，增长率为145.66%。2022年营业利润大幅增长，除营业收入、营业成本、税金及附加、期间费用（销售费用、管理费用、财务费用）的变化外，投资收益2022年的增长是影响其增长的主要因素。投资收益是一种间接获得的收益，其稳定性与真实性不易控制，M企业投资收益的变动对企业营业利润的变动影响较大，可能会给企业带来较大的潜在风险，M企业对此应加以高度重视。

M企业在2021年利润总额为22 891万元，比2020年增长764万元，增长率为3.45%，2022年利润总额为52 670万元，比2021年增长29 779万元，增长率为130.09%。其中2021年在营业利润下降的情况下，利润总额的增长主要是受营业外收支的影响，2021年营业外收入较2020年增加了986万元，2021年营业外支出较2020年减少了80万元，两个因素共同作用，使2021年利润总额较2020年有所增长。需要指出的是，营业外收入的增长、营业外支出的下降对企业利润总额的形成是有利的，但毕竟这两个项目为非经常性项目，金额过大均属于不正常现象。

M企业净利润2021年为24 506万元，增长9.60%；2022年为52 847万元，增长115.65%，说明M企业的获利能力在逐年增强。

任务4 利润表具体项目分析

任务描述

根据M企业2021年、2022年利润表及其附注的相关信息，对利润表中构成利润的各个项目内容、质量进行逐一分析，使报表使用者对企业利润表中的各个项目具体情况有详细的了解。

相关知识

一、营业收入分析

营业收入是指企业在销售商品、提供劳务及他人使用本企业资产等经营活动中形成的经济利益的总流入。营业收入包括主营业务收入和其他业务收入。主营业务收入是指企业进行经常性业务取得的收入，是利润形成的主要来源。其他业务收入是企业除主营业务以外的其他经营活动实现的收入，包括出租固定资产、出租无形资产、出租包装物和商品、销售材料等实现的收入。通常认为如果企业的税前利润绝大部分来自于主营业务收入，则企业的利润质量较高。营业收入项目的分析，在利润表分析中至关重要。

企业在分析营业收入时，需注意以下七个问题：

(1) 营业收入确认的具体标准。

企业营业收入的确认需符合会计准则的规定。商品销售收入的确认必须满足：企业已将商品所有权上的风险及报酬转移至购买方；企业既没有保留通常与所有权相联系的继续管理权，也没有对已售出的商品实施控制；收入金额能够可靠计量；与交易相关的经济利益很可能流入企业；相关的已发生或将发生的成本能够可靠地计量等条件。劳务收入按完工百分比确认收入的，应遵循谨慎性原则，判断完工百分比的估计是否合理。

在营业收入的确认过程中，可能出现提前确认收入、应当在本期入账的收入延迟确认和先确认收入后又作退货或回购处理等操作收入的行为，以达到调节利润额、粉饰会计报表的目的。

(2) 营业收入的构成。

企业在分析营业收入时，应重点分析营业收入的构成，这种构成分析可以按产品及服务品种分析，也可以按销售区域分析。

企业经营的产品及服务的品种构成分析，可以先计算各经营品种的收入占全部营业收入的比重，通过各品种的比重变化反映企业经营品种结构的变化情况、企业经营的产品及服务的品种是否符合市场需求、企业整体的未来发展战略方向。

企业营业收入区域构成分析，要先区分收入来源是境内还是境外。收入来源主要是国外市场，则汇率的变动对企业收入影响较大。收入来源主要是国内市场，则要分析主要集中在哪些区域，是否集中在企业所在地，本地市场的份额是靠企业自身竞争实力还是地方政府政策扶持，企业产品配置是否适应不同区域的消费特点。

（3）营业收入与企业资产规模的配比情况。

企业的经济效益通过营业收入获得，营业收入与资产负债表中资产总额的配比情况，代表了企业的经营能力和获利能力。营业收入与企业资产规模的配比分析，应结合企业所在行业的特征和企业自身的实际情况，配比过高或过低，均需查明具体原因。一般而言，处于成熟阶段的企业，营业收入占企业资产总额的比重较高；处于成长初期或衰退期的企业，该比重相对较低。

（4）营业收入与应收账款的配比情况。

企业资产负债表中应收账款项目的金额，以及企业的信用政策，可以反映企业的赊销情况。如果企业销售总额中赊销业务的比重高于企业所处行业平均水平或企业往年同期实际，则说明营业收入质量不高。

（5）关联方交易情况。

企业营业收入如果来自于关联方交易，可能存在在交易过程中采用有失公允的价格，使利润在公司之间人为地转移，从而粉饰会计报表。在分析时，应将关联方交易收入单独列示，通过技术处理剔除有失公允的价格的影响。

（6）主营业务收入与其他业务收入分析。

营业收入包括主营业务收入与其他业务收入，主营业务收入应为企业收入与利润的原动力。主营业务收入与其他业务收入的构成分析，可以反映企业的经营方针、效率，预测企业的持续发展能力。企业的主营业务收入占营业收入比重过低，或逐年下降，则企业发展潜力和前景不容乐观。

（7）营业收入的增长幅度分析。

营业收入的稳定增长，是企业正常生产经营的标志。企业的经营发展通常是循序渐进的，突飞猛进只是个例，所以企业营业收入的增长幅度通常应在一个合理的范围内，超过合理的范围，则需查明原因，考虑报表数据的可信度。

二、营业成本分析

营业成本是为取得营业收入而付出的代价，反映了资源的耗费情况，营业成本包括主营业务成本（产品或商品销售成本、提供劳务成本）和其他业务成本（支出）。主营业务成本是指销售商品、提供劳务及让渡资产使用权等日常活动中所发生的各种耗费。其他业务成本是指为取得其他业务收入而发生的相应支出，包括销售材料、提供劳务、出租资产等而发生的相关成本、费用。通过营业成本分析可以了解企业成本水平、变动趋势及成本控制能力。需要指出的是，由于企业不对外公布成本的计算方法、明细构成，所以外部分析人员较难作出准确的成本分析。

企业在对营业成本进行分析时，需注意以下五个问题：

（1）营业成本确认的具体标准。

企业在确认营业收入的同时结转营业成本，因此应注意在确认收入的同一会计期间，相关成本是否同时结转。如果某项交易的收入尚未确认，根据权责发生制原则，即使商品发出，其相关成本也不应结转。

营业成本的确认过程中，可能出现以下情况：将营业成本作为资产入账或延期确认，以低估当期成本费用，虚增利润；将资产作为当期费用入账或应在后期确认的成本提前确认，以增加当期成本费用，虚减利润；随意变更成本核算方法，使成本数据被人为操纵，达到调节利润表项目数据的目的。

（2）成本的计量方法。

存货的计价方法有先进先出法、加权平均法、移动平均法和个别认定法。在企业营业成本分析中，应关注企业存货发出的计价方法及其变动。

（3）营业收入与营业成本的配比关系。

企业营业收入与营业成本的差额是企业的毛利，毛利率高才能形成高的营业利润，追求一定规模的毛利及较高的毛利率是企业和投资者的共同期望。不同行业毛利率水平不同，在分析时应结合行业水平分析企业毛利率是否合理。

（4）主营业务成本与其他业务成本（支出）分析。

营业成本包括主营业务成本和其他业务成本（支出）。主营业务成本和其他业务成本（支出）的构成分析，反映企业主营业务所占比重、生产经营状况是否正常。企业其他业务成本（支出）占营业成本的比重过高，则说明企业主营业务发展前景欠佳。

（5）营业成本的增长幅度分析。

营业成本的增长与下降，伴随着企业生产经营的变化。通常营业成本的逐年增长，反映着企业的稳步发展。

三、税金及附加分析

税金及附加是企业从事生产经营活动、按税法规定应缴纳的各种税金及附加，包括应负担的消费税、城市维护建设税、资源税、土地增值税和教育费附加等。

税金及附加的分析，应将该项目与企业营业收入配比，注意按照企业当期取得的营业收入所应交纳的各种税金的计算是否正确。税金及附加金额较小，对企业利润的影响程度相对也较小，故不是分析的重点。

四、销售费用分析

销售费用是指企业在销售商品、提供劳务和让渡资产使用权过程中发生的各项费用以及专设销售机构的各项经费，包括由企业负担的包装费、运输费、装卸费、展览费、广告费、租赁费（不包括融资租赁费），以及为销售本企业产品而专设的销售机构的费用，包括职工工资、福利费、差旅费、办公费、折旧费、修理费、物料消耗和其他经费。

销售费用属于企业的期间费用之一，在发生的当期就计入当期的损益。企业期间费用是指不受企业生产、销售变动影响，不能直接或间接归属于某个特定对象的各种费用，一般在发生的当期从损益中扣除，包括销售费用、管理费用和财务费用。销售费用与企业当期营业收入有较强的相关性，在分析时应注意以下三个问题：

（1）销售费用与企业发展相对应，反映了企业的业务活动规模、销售人员劳动报酬、开拓市场力度等方面的状况，因此销售费用的分析不能片面地追求降低费用，这样可能对企业的长期发展不利。

（2）销售费用分析可以与企业当期营业收入配比，通过该比率与行业平均水平、先进水平的比较，反映该指标的合理性及企业在该行业所处的地位。

（3）在企业销售规模和营销策略变化不大的情况下，销售费用变化幅度也不会很大，当企业在新产品或开辟新市场方面加大力度时，就会投入较多的销售费用，以利于企业在今后的若干会计期间获得更多的收益。

五、管理费用分析

管理费用是指企业为组织和管理企业生产经营所发生的费用，包括企业在筹建期间内发生的开办费、董事会和行政管理部门在企业的经营管理中发生的或者应由企业统一负担的公司经费（包括行政管理部门职工工资及福利费、物料消耗、低值易耗品摊销、办公费和差旅费等）、工会经费、董事会费（包括董事会成员津贴、会议费和差旅费等）、聘请中介机构费、咨询费（含顾问费）、诉讼费、业务招待费、房产税、车船税、土地使用税、印花税、技术转让费、矿产资源补偿费、研究费用等。

管理费用项目繁多，内容复杂，分析难度较大。在分析时应注意以下四个问题：

（1）企业管理费用支出水平应与企业规模相适应，单纯片面地控制和降低管理费用可能会影响到企业正常的运营，不利于企业的发展。

（2）管理费用中多数项目属于固定性费用，与企业当期营业收入的相关性不大，因此在分析管理费用的支出效率时，不能完全依据其与营业收入的比例关系。

（3）管理费用的分析不能停留在总金额的增减变化之上，而应进一步研究管理费用的明细费用项目，根据企业实际情况提出具体的成本控制措施。管理费用的高低代表了企业的经营管理水平，提高管理费用支出效率的最有效途径就是增加收入。

（4）在财政部2019年发布的新报表格式中，管理费用中的“研发费用”会单独列示，反映企业在研究与开发过程中发生的费用化支出。

六、财务费用分析

财务费用是指企业为筹集生产经营所需资金而发生的费用，包括利息支出（减利息收入）、汇兑损失（减汇兑收益）、金融机构手续费以及筹集生产经营所需资金发生的其他费用等。

企业的生产经营离不开资金，企业筹集资金的性质分为股权资本和负债资金，其中适当地筹集负债资金，会给企业带来财务杠杆效益，同时也增加了企业的财务费用。因此企业财务费用的数额与企业的举债规模、贷款利率与期限等因素直接相关。企业在分析财务费用时，需注意以下四个问题：

（1）财务费用分析应结合企业的资本结构，分析中应注意财务费用是由企业短期借款还是长期借款形成的，其中资本化的财务费用是否合理计入资产。

（2）在财务费用分析中，应注意购销业务中存在的现金折扣和外币业务中汇率对财务费用的影响。

（3）通过对企业财务费用的分析，可以进一步把握企业财务风险程度。

（4）根据财政部《关于修订印发2019年度一般企业财务报表格式的通知》，财务费用中的“利息费用”和“利息收入”应分开单独列示，其中“利息费用”行项目，反映企业为筹集生产经营所需资金等而发生的应予费用化的利息支出；“利息收入”行项目，反映企业确认的利息收入。

七、资产减值损失分析

资产减值损失是指企业计提各种资产减值准备所形成的损失。该项目分析应关注报表附注中资产减值明细表中各项目的构成，检查各项资产减值准备计提方法或比例，是否存在过度计提或计提不足的情况，企业是否通过调节资产减值来操纵利润。

八、公允价值变动收益（损失）分析

公允价值变动收益（损失）是指交易性金融资产等项目的公允价值变动所形成的计入当期损益的利得（或损失）。公允价值变动收益（损失）是企业资产在存续期内没有实现的价值变动，当这些资产在日后出售时，应将其前期出现的公允价值变动损益转入投资收益，即将未实现的价值变动转为已实现的损益。

公允价值变动收益（损失）分析，应注意企业获得的公允价值是否合理，是否将不适合使用公允价值计量的资产或负债划入此类，企业在出售相关资产或偿付负债后，前期发生的公允价值变动收益（损失）是否计入了投资收益。

九、投资收益分析

投资收益是指企业投资收益减投资损失的净额，当投资收益大于投资损失时为投资净收益，当投资收益小于投资损失时为净损失。

投资净收益分析应注意该项目一般不属于企业主营业务，因此即使有较高的投资净收益也不宜对其过高评价，企业也不应动用正常生产经营资金进行投资（投资公司除外）。投资净收益包含公允价值变动损益转入的内容，分析时应与公允价值变动损益相结合。

十、营业外收支分析

营业外收支是企业发生的与日常活动没有直接关系的各项收支。虽然它们与企业的生产经营活动没有多大的关系，但从企业主体考虑，同样带来收入或形成支出，也是增加或减少利润不可忽视的因素。

营业外收入是指与企业生产经营活动无直接关系的各项利得，包括处置固定资产或无形资产的净收益、债务重组利得、政府补助、盘盈利得、接受捐赠利得等。

营业外支出是指与企业生产经营活动无直接关系的各项支出，包括固定资产盘亏、处置固定资产或无形资产的净损失、债权重组损失、罚款支出、对外捐赠支出和非常损失等。

营业外收支的分析，应根据内容具体分析，关注收支发生的原因。营业外收支之间不具有配比性，分析中两者相互间通常无关联性。无论是营业外收入还是营业外支出，发生金额都不应过大，企业对该项目的管理应是将其控制在最低程度。

十一、所得税费用分析

所得税费用是指企业在一定的会计期间内取得的利润总额，经过调整后，按照国家税法规定的比率，计算缴纳所得税税款所形成的费用。

企业所得税费用的高低除了取决于企业所得税相关法律、法规的规定外，也与企业自身纳税筹划水平的高低有关。分析企业所得税费用时，应结合资产负债表中的递延所得税资产、递延所得税负债和应交税费项目。

任务实施

根据M企业2021年、2022年利润表及其附注的相关信息，对利润表中构成利润的各个项目内容、质量进行逐一分析，具体分析步骤如下：

第一步：营业收入分析。

M企业利润表及报表附注中有关企业主营业务收入的信息，见表3-4-1和表3-4-2。

表3-4-1　M企业主营业务收入按产品品种构成分析表　金额单位：万元

产品品种	金额		比重	
	2021年	2022年	2021年	2022年
轻型车	602 012	732 587	94.11%	92.91%
SUV与皮卡	0	0	0	0
客车及底盘	0	0	0	0
其他	37 676	55 925	5.89%	7.09%
合计	639 688	788 512	100%	100%

表3-4-2　M企业营业收入构成分析表　金额单位：万元

类别	金额		比重	
	2021年	2022年	2021年	2022年
主营业务收入	639 688	788 512	93.18%	92.95%
其他业务收入	46 812	59 837	6.82%	7.05%
合计	686 500	848 349	100%	100%

从表3-4-1和表3-4-2可以看出，M企业营业收入2022年为848 349万元，2021年为686 500万元，2022年比2021年增长23.58%，属于正常增长范围。2021年主营业务收入639 688万元，占营业收入的93.18%，2022年主营业务收入788 512万元，占营业收入的92.95%，企业两年的主营业务收入占营业收入的比重都在93%左右，可见M企业的主营业务非常突出。

M企业销售的产品以轻型车为主，该产品的销售额2021年为602 012万元，占主营业务收入的94.11%，2022年为732 587万元，占主营业务收入的92.91%，两年轻型车销售额均占企业主营业务的90%以上，表明公司的主营产品销售突出，确定了企业的真正行业归属。

第二步：营业成本分析。

M公司利润表及报表附注中有关企业营业成本的信息，见表3-4-3和表3-4-4。

表3-4-3　M企业营业成本按产品品种构成分析表　金额单位：万元

产品品种	金额		比重	
	2021年	2022年	2021年	2022年
轻型车	554 458	684 637	93.67%	92.36%
SUV与皮卡	0	0	0	0
客车及底盘	0	0	0	0
其他	37 444	56 657	6.33%	7.64%
合计	591 902	741 294	100%	100%

表3-4-4　M企业营业成本构成分析表　金额单位：万元

类别	金额		比重	
	2021年	2022年	2021年	2022年
主营业务成本	591 902	741 294	93.32%	92.55%
其他业务成本	42 382	59 635	6.68%	7.45%
合计	634 284	800 929	100%	100%

从表3-4-3和表3-4-4可以看出，M企业营业成本2022年为800 929万元，2021年为634 284万元，2022年比2021年增长26.27%，其增长幅度高于营业收入的增长幅度23.58%，说明成本控制工作欠佳，需了解企业营业成本明细构成，进一步查明营业成本增幅过高的原因，提出有针对性的整改措施。2021年主营业务成本591 902万元，占营业成本的93.32%，2022年主营业务成本741 294万元，占营业成本的92.55%，企业两年的主营业务成本占营业成本的比重都在93%左右，与该公司主营业务收入占营业收入的比重相当，情况正常。M企业主打产品轻型车的销售成本2021年为554 458万元，占主营业务成本的93.67%，2022年销售成本为684 637万元，占主营业务成本的92.36%，与企业主营产品实际情况相符。

M企业2021年毛利率为7.61%，2022年毛利率为5.60%，2022年毛利率较2021年有所下降的主要原因是2022年营业成本增长较营业收入的增长幅度过大。

第三步：销售费用分析。

M企业利润表及报表附注中有关企业销售费用的信息，见表3-4-5。

表3-4-5 M企业销售费用明细表 金额单位：万元

项目	2022年	2021年	2022年增减额	2022年变动率
产品中转费	8 724	7 294	1 430	19.61%
广告费	6 188	5 135	1 053	20.51%
职工薪酬	2 745	3 154	-409	-12.97%
经销商佣金及奖励	716	5 464	-4 748	-86.90%
市场开拓费	1 171	490	681	138.98%
新车首-走保费	1 152	1 291	-139	-10.77%
净追索赔偿	1 145	1 190	-45	-3.78%
差旅费	663	811	-148	-18.25%
经销商服务站支持	661	243	418	172.02%
运输费	577	588	-11	-1.87%
业务招待费	366	437	-71	-16.25%
租赁费	340	411	-71	-17.27%
包装费	308	303	5	1.65%
会议费	235	270	-35	-12.96%
代理费	197	145	52	35.86%
邮电费	145	158	-13	-8.23%
市场调查费	141	119	22	18.49%
劳务费	119	172	-53	-30.81%
实验校验费	0	584	-584	-100.00%
其他	936	1 276	-340	-26.65%
合计	26 529	29 535	-3 006	-10.18%

从表3-4-5可以看出，M企业销售费用中的主要项目为产品中转费、广告费、经销商佣金及奖励等，其中，2022年产品中转费占销售费用总额的32.88%，广告费占销售费用总额的23.33%，职工薪酬占销售费用总额的10.35%。

M企业在2022年营业收入增长23.58%的情况下，销售费用总额为26 529万元，相对于2021年29 535万元反而下降10.18%，说明企业销售费用成本控制工作效果较好。其中产品中转费和广告费增长幅度均低于营业收入增长幅度，分别为19.61%和20.51%；职工薪酬和经销商佣金及奖励均有所下降，下降幅度分别为12.97%和86.90%。值得注意的是企业市场开拓费大幅增加，从2021年的490万元增加到2022年的1 171万元，增长幅度达到138.98%，显示M企业在开拓市场方面有新的举措。

第四步：管理费用分析。

M企业利润表及报表附注中有关企业管理费用的信息，见表3-4-6。

表3-4-6　M企业管理费用明细表　金额单位：万元

项目	2022年	2021年	2022年增减额	2022年变动率
研发支出	16 825	11 094	5 731	51.66%
职工薪酬	12 356	8 670	3 686	42.51%
宣传费	2 107	2 093	14	0.67%
税金	1 595	1 339	256	19.12%
租赁费	1 289	1 012	277	27.37%
固定资产折旧	1 116	849	267	31.45%
无形资产摊销	829	730	99	13.56%
业务招待费	729	421	308	73.16%
劳务费	691	500	191	38.20%
差旅费	646	413	233	56.42%
运输费	365	296	69	23.31%
仓储费	338	216	122	56.48%
试验校验费	265	359	-94	-26.18%
财产保险费	245	226	19	8.41%
其他	3 085	2 226	859	38.59%
合计	42 481	30 444	12 037	39.54%

从表3-4-6可以看出，M企业管理费用中的主要项目为研发支出、职工薪酬、宣传费和税金，其中，2022年研发支出为16 825万元，占管理费用总额的39.61%；职工薪酬为12 356万元，占管理费用总额的29.09%；宣传费为2 107万元，占管理费用总额的

4.96%；税金为1 595万元，占管理费用总额的3.75%。

M企业2022年管理费用总额为42 481万元，相对于2021年的30 444万元增长39.54%，主要原因是企业研发支出和行政管理部门职工薪酬增幅较大。其中，研发支出由2021年的11 094万元增长到2022年的16 825万元，增长幅度51.66%；职工薪酬由2021年的8 670万元增长到2022年的12 356万元，增长幅度42.51%。

第五步：财务费用分析。

M企业利润表及报表附注中有关企业财务费用的信息，见表3-4-7。

表3-4-7 M企业财务费用明细表 金额单位：万元

项目	2022年	2021年	2022年增减额	2022年变动率
利息支出	379	1 044	-665	-63.70%
减：利息收入	15 180	5 648	9 532	168.77%
汇兑损益	8 720	1 052	7 668	728.90%
其他	1 205	251	954	380.08%
合计	-4 876	-3 301	-1 575	47.71%

从表3-4-7可以看出，M企业2021年、2022年的财务费用均为负数的主要原因是利息收入大于利息支出。该企业2021年、2022年财务费用项目实质上引起企业营业利润的增加。

第六步：营业外收入分析。

M企业利润表及报表附注中有关企业营业外收入的信息，见表3-4-8。

表3-4-8 M企业营业外收入明细表 金额单位：万元

项目	2022年	2021年	2022年增减额	2022年变动率
非流动资产处置利得合计	61	32	29	90.63%
其中：处置固定资产利得	61	32	29	90.63%
处置无形资产利得				
非货币性资产交换利得				
债务重组利得	91		91	
接受捐赠				
政府补助	1 267	1 992	-725	-36.40%
违约金、罚款收入	9	15	-6	-40.00%
其他	321	37	284	767.57%
合计	1 749	2 076	-327	-15.75%

从表3-4-8可以看出，企业2022年营业外收入为1 749万元，相对于2021年2 076万元，下降了15.75%。M企业营业外收入的主要项目是政府补助利得，2022年为1 267万元，占营业外收入总额的72.44%，较2021年的1 992万元，下降了36.40%，这是M企业营业外收入总额下降的主要原因。

第七步：营业外支出分析。

M企业利润表及报表附注中有关企业营业外支出的信息，见表3-4-9。

表3-4-9　　M企业营业外支出明细表　　金额单位：万元

项目	2022年	2021年	2022年增减额	2022年变动率
非流动资产处置损失合计	83	161	-78	-48.45%
其中：处置固定资产损失	83	158	-75	-47.47%
处置无形资产损失		3	-3	-100.00%
债务重组损失	18		18	—
非货币性资产交换损失				
对外捐赠	856	81	775	956.79%
其中：公益性捐赠支出	856	81	775	956.79%
非常损失	3	5	-2	-40.00%
罚款滞纳金支出	2	5	-3	-60.00%
赔款支出	3	13	-10	-76.92%
其他	32	54	-22	-40.74%
合计	997	319	678	212.54%

从表3-4-9可以看出，企业2022年营业外支出为997万元，相对于2021年319万元，该项目大幅增长212.54%，对M企业利润总额的形成有一定程度的不利影响。M企业营业外支出的主要项目是对外捐赠，2022年为856万元，占营业外支出总额的85.86%。该项目相对于2021年的81万元增加了956.79%，这也是M企业营业外支出大幅增长的主要原因。

知识测试

一、单项择题

1.反映企业某一会计期间经营成果的财务报表是（　　）。

A.资产负债表　　B.利润表

C.现金流量表　　D.股东权益变动表

自主测3-1

2.企业专设销售机构发生的各项经费应记入（　　）。

A.管理费用　　B.销售费用　　C.财务费用　　D.销售成本

3.与营业收入相关的，已经确定了归属期和归属对象的成本是指（　　）。

A.营业成本　　B.其他业务成本　　C.财务费用　　D.销售成本

4.企业行政管理部门为组织和管理经营活动而发生的各项费用是指（　　）。

A.管理费用　　B.销售费用　　C.财务费用　　D.销售成本

5.企业在筹集资金过程中发生的各项费用是指（　　）。

A.管理费用　　B.销售费用　　C.财务费用　　D.销售成本

6.（　　）是企业利润表中所反映出的第一个层次的业绩，反映企业通过生产经营获得利润的能力。

A.利润总额　　B.净利润　　C.营业利润　　D.营业外收支净额

7.分析税金及附加时，应将该项目与（　　）进行对应的配比分析，如果两者不配比，就可能存在"漏税"。

A.资产　　B.利润总额　　C.投资收益　　D.营业收入

8.利润表的趋势分析主要通过编制（　　）来进行。

A.利润表趋势分析表　　B.资产负债表分析表

C.比较资产负债表　　D.期间费用分析表

9.某公司2022年利润表有关项目情况如下：主营业务收入3 500万元，主营业务利润1 700万元，其他业务利润120万元，存货跌价损失90万元，销售费用220万元，管理费用450万元，财务费用300万元，则营业利润率为（　　）。

A.21.71%　　B.23.45%　　C.17.86%　　D.18.62%

10.利润表结构分析表中通常选择（　　）项目的金额作为分母，其他项目金额作为分子，计算占该项目的比重。

A.营业利润　　B.营业收入　　C.主营业务收入　　D.利润总额

11.下列各选项中，不影响企业利润总额分析的项目是（　　）。

A.投资收益　　B.营业收入　　C.营业外收支　　D.所得税费用

二、多项选择题

自主测3-2

1.通过利润表，可以获取的企业信息有（　　）。

A.一定期间的收入状况　　B.一定期间的成本费用状况

C.企业获利能力　　D.企业的财务状况

E.企业利润来源

2.企业税金及附加主要包括（　　）。

A.增值税　　B.消费税　　C.资源税

D.城市维护建设税　　E.教育费附加

3.下列各项中，属于企业营业外收入的有（　　）。

A.固定资产出售净收益　　B.罚款收入

C.政府补助收入　　　D.提供劳务收入

E.让渡资产使用权收入

4.对利润表项目进行阅读与分析应主要对（　　）进行阅读与分析。

A.收入类项目　　　B.费用类项目　　　C.利润类项目

D.工时消耗　　　E.品种结构

5.从销售费用的基本构成及功能看，有些与企业的业务规模有关，它们是（　　）。

A.运输费　　　B.包装费　　　C.保险费

D.销售佣金　　　E.展览费

6.对利润项目的阅读与分析，主要包括（　　）。

A.营业收入　　　B.投资净收益　　　C.营业利润

D.利润总额　　　E.净利润

三、判断题

自主测3-3

1.利润表可以反映企业一定时期的经营成果，因此有时称之为静态报表。（　　）

2.利润表的格式有单步式与多步式，单步式利润表因其计算方法简单而被企业广泛采用。（　　）

3.利润表中营业利润项目金额的大小完全由企业主营业务利润和其他业务利润两个项目的金额决定。（　　）

4.决定息税前利润的因素主要有主营业务利润、其他业务利润、销售费用和管理费用。（　　）

5.影响主营业务收入变动的因素有产品销售数量和销售单价。（　　）

6.利润表的表首是利润表的主要部分，它能反映企业收入、费用和利润各项目的内容及相互关系。（　　）

7.职工教育经费计入企业当期的管理费用。（　　）

8.基本每股收益是净利润的抵减项目。（　　）

能力测试

资料：光达有限公司2022年利润表见表C-1。

表C-1　　利润表

编制单位：光达有限公司　　2022年度　　单位：元

项目	本期金额	上期金额
一、营业收入	1 980 000	1 250 000
减：营业成本	1 256 000	750 000
税金及附加	172 600	109 000
销售费用	29 800	20 000

续表

项目	本期金额	上期金额
管理费用	204 800	158 000
财务费用	47 500	41 500
资产减值损失		
加：公允价值变动收益		
投资收益	45 600	31 500
其中：对联营企业和合营企业的投资收益		
二、营业利润	314 900	203 000
加：营业外收入	55 200	30 300
减：营业外支出		
其中：非流动资产处置损失		
三、利润总额	370 100	233 300
减：所得税费用	122 133	76 989
四、净利润	247 967	156 311

要求：

（1）编制利润表结构分析表。

（2）运用结构分析法分析利润表的变动情况并作出评价。

（3）编制利润表趋势分析表。

（4）运用趋势分析法分析利润表的变动情况并作出评价。

项目四

现金流量表分析

现金流量表是以收付实现制为基础编制的，反映企业一定会计期间内现金及现金等价物流入和流出信息，说明企业在报告期内经营活动、投资活动和筹资活动的会计报表。通过分析企业的现金流量表，能够从动态上了解企业现金变动情况和变动原因，判断企业获取现金的能力，从而评价企业盈利的质量。

本项目应该在了解现金流量表基本内容、理解现金流量表分析目的和掌握现金流量表分析方法的基础上，完成对M企业现金流量表的分析。可以将此项目分解为结构分析和趋势分析两个任务，以便对M企业的财务状况有一个整体、深入的认识。

其中，结构分析是将现金流量表各项目的现金流入量、流出量和净流量与总的现金流入量、流出量和净流量进行比较，计算出各项目占总体的比重。通过结构分析可以明确企业的现金究竟来自何方，增加现金流入应在哪些方面采取措施。趋势分析是通过趋势分析法，将现金流量表的实际数与前期数进行比较，在此基础上对企业经营活动现金、投资活动现金和筹资活动现金的发展趋势进行评价。

知识目标

- 熟悉企业现金流量表的基本内容；
- 了解现金流量表分析的作用；
- 熟练掌握现金流量表的结构分析和趋势分析的方法。

能力目标

- 能够运用现金流量表的结构分析方法对现金流量表进行分析；
- 能够运用现金流量表的趋势分析方法对现金流量表进行分析。

素养目标

- 深入了解企业的现金流量状况，客观理解现金流量表中反映出来的企业经营活动中的现实问题，塑造财务从业者的使命感和社会责任感，树立正确的世界观、人生观和价值观。

案例导引

净利润增长率很重要，但光看这个指标还远远不够，对上市公司而言，赚到“真金白银”更是正经事。观察企业的净利润与经营活动现金净流量之间的关系，是检查企业的“体质”和竞争力的基础。企业的获利增加，经营活动现金流量也增加，则说明企业的营运比较正常；可如果企业的净利润与经营活动现金流量呈反向变动，则说明企业存在某些问题。

2016年上半年，中文在线（股票代码：SZ300364）净利润的增长率为9%，可是经营活动现金流量不仅减少了，而且下降幅度高达21.8%。由此说明，企业虽然账面上有钱，可实际上并没有那么多现金。这样一来，企业的经营风险、偿债风险等都要变大。造成这种现象的原因主要有两个：一是应收账款大量增加；二是存货大量增加。通过分析发现，中文在线2016年上半年应收账款和存货同时增加，表明企业在进行扩张。投资者喜欢拿到“真金白银”的公司，但是现金流状况不好的公司，情况就一定不好吗？通过本项目的学习可以找到答案。

资料来源：佚名. 三步解读现金流量表——利润可以造假，现金流量才是王道［EB/OL］.（2017-08-04）. http：//www.360doc.com/content/17/0804/08/42737230_676523264.shtml.有删减.

请分析：中文在线现金流相对净利润大减肯定是坏事吗？

分析提示：答案是否定的，一些公司由于处于扩张阶段，现金流情况看起来糟糕，恰恰是公司为了开拓市场而采取的措施，而如果运行得当，将获得不错的回报，当然还要看公司具体做得怎么样。

任务1　现金流量表的基本知识

相关知识

一、现金流量表的内容

（一）现金流量表的含义

现金流量表是以收付实现制为基础编制的，反映企业一定会计期间内现金及现金等价物流入和流出信息，说明企业在报告期内经营活动、投资活动和筹资活动的会计报表，是一张动态的报表。

现金流量表中的现金是一个广义的概念，它包括现金和现金等价物，具体包括以下内容：

（1）库存现金。

库存现金是企业持有的、可以随时用于支付的现金，也就是“库存现金”科目核算的现金。

（2）银行存款。

银行存款是指企业存入金融机构随时可以用于支付的存款，与“银行存款”科目的核算基本一致，区别在于：不能随时支取的定期存款等不应作为现金。

（3）其他货币资金。

其他货币资金是指企业存放在金融机构中有特定用途的资金，也就是“其他货币资金”科目核算的内容。

（4）现金等价物。

现金等价物是指企业持有的期限短、流动性强、易于转换为已知金额现金和价值变动风险小的投资。其中期限短一般是指从购买日起三个月内到期。

（二）现金流量表的构成内容

根据《企业会计准则第31号——现金流量表》的规定，我国现金流量表的结构包括基本报表和补充资料两部分。其中，基本报表的内容按照企业经营业务的性质将其一定时期内产生的现金流量分为以下三个方面：

（1）经营活动产生的现金流量。

经营活动是指企业投资活动和筹资活动以外的所有交易和事项，主要包括销售商品、提供劳务、经营性租赁、购买货物、接受劳务、支付工资和缴纳税款等。在现金流量表上，经营活动的现金流量应当按照其经营活动的现金流入和流出的性质分项列示。

①经营活动的现金流入量。

在现金流量表中，一般按照经营活动现金流入的来源设置不同的项目，来具体反映经营活动的现金流入量。

A.销售商品、提供劳务收到的现金。

该项目反映企业从事正常经营活动所获得的、与销售商品或提供劳务等业务收入相关的现金收入（含在业务发生时向客户收取的增值税税额等），具体包括在本期发生的业务并在本期收到的现金收入，在以前会计期间发生但在本期收到款项的业务收入，以及至今尚未发生但在本期已经预收了业务款项的现金收入等。

正常情况下，企业的资金所得，主要依赖于其日常经营业务，而销售商品、提供劳务收到的现金，就反映了企业日常经营活动中所能提供的、有一定可持续性的现金流入。

B.收到的税费返还。

这一部分主要披露企业当期收到的各种税费返还款，包括收到的增值税返还、消费税返还、所得税返还、教育费附加返还等，体现了企业在税收方面享受政策优惠所获得的已缴税金的回流金额。如果补贴收入金额较大，在评价企业业绩时应注意剔除补贴收入因素的影响，因为它只是国家税收优惠政策的体现，并不代表企业持续的获利能力。

C.收到其他与经营活动有关的现金。

该项目反映企业除了销售商品、提供劳务收到的现金，以及收到的税费返还之外，所收到的其他与经营活动有关的现金流入，如罚款收入、流动资产损失中由个人赔偿的收入等。这部分资金来源在企业经营活动现金流入量中所占比重很小，通常带有一定程度上的偶然性。

D.经营活动现金流入小计。

该项目反映企业当期经营活动所收取的全部现金金额，在数量上等于上述三项金额的合计。

②经营活动的现金流出量。

在现金流量表中，一般按照企业经营活动的现金流出的去向设置支出项目，来具体反映企业在经营活动的不同方面所实际支付的现金。

A.购买商品、接受劳务支付的现金。

这一项目反映企业在正常经营活动过程中所支付的、与购买物资及接受劳务等业务活动相关的现金流出（包括在业务发生时向客户一并支付的增值税税额等），具体包括本期发生的而且也是在本期支付的现金，在以前会计期间发生的该类事项但在本期才支付款项的业务金额以及至今尚未发生但在本期已经预付了业务款项的现金支出等。

该项目是维持企业正常运营、保证企业经常性生产对劳务与物资需求的资金流出，也是企业获得经营业务收入的物质基础与劳务保证。

B.支付给职工以及为职工支付的现金。

这是指企业当期实际支付给从事生产经营活动的在职职工的工资、奖金、津贴和补贴，以及为这些职工支付的诸如养老保险、失业保险、商业保险、住房公积金、困难补助等其他各有关方面的现金等。

职工是企业生产经营活动中不可或缺的具体实施者。支付给职工以及为职工支付的现金是保证劳动者自身生存及其再生产的必要开支，因此也属于企业持续性的现金支出项目。

C.支付的各项税费。

这是指企业按规定在当期以现金缴纳的所得税、增值税、房产税、土地增值税、车船税、印花税、教育费附加、城市维护建设税、矿产资源补偿费等各类相关税费，反映了企业除个别情况之外所实际承担的税费。

D.支付其他与经营活动有关的现金。

该项目反映企业除了上述购买商品、接受劳务所付出的现金，支付给职工以及为职工支付的现金和支付的各项税费之外，所发生的其他与经营活动有关的现金流出额，如支付给离退休人员的各项费用，以及企业支付的罚款支出、差旅费与业务招待费支出、保险费支出、办公费用及营销费用支出等。

E.经营活动现金流出小计。

该项目反映企业当期在经营活动中实际支付的现金总额，在数量上等于经营活动中各项现金支出之和，是经营活动现金流入的抵减项目。

（2）投资活动产生的现金流量。

投资活动是指企业长期资产的购建和不包括在现金等价物范围内的投资及其处置活动，主要包括取得和收回投资，购建和处置固定资产、无形资产和其他长期资产等。在现金流量表上，投资活动的现金流量应当按照其投资活动的现金流入和流出的性质分项列示。

①投资活动的现金流入量。

A.收回投资收到的现金。

该项目是指企业在当期收回其所持有的对外股权或债权投资所收到的现金，包括出售、转让长期股权投资和不属于现金等价物的短期股权投资所收到的现金，以及出售、转让各类债权投资所收到的现金和持有至到期投资到期收回的本金等。

B.取得投资收益收到的现金。

这一项目是指企业基于各种对外投资而在当期获得的现金股利、利息，以及由于被投资方分配利润而收到的现金等。

C.处置固定资产、无形资产和其他长期资产收回的现金净额。

该项目主要是指企业在当期由于处置固定资产、无形资产和其他长期资产时，收到的现金扣除由于处置行为而产生的现金支付之后的净现金流入量，以及由于自然灾害造成企业该类长期资产损失而获得的保险赔偿所收到的现金等。

该项目的现金流入量与企业的日常运营没有直接的必然联系，通常也不具有持续性。因此，在分析企业未来获取现金的能力时，对该项指标不应过多考虑。然而，该项现金流入量的金额过大，可能意味着企业借助于大量处置现有的固定资产、无形资产等来压缩生产经营规模，或者为转变经营方向进行相应调整。此时虽然对当期的经营活动没有明显的影响，但完全有可能对企业未来的经营活动以及相应的经营性现金流量产生影响。

D.处置子公司及其他营业单位收到的现金净额。

该项目反映企业处置子公司及其他营业单位所收取的现金，减去在处置过程中所发生的各项费用支出后的净额。

E.收到其他与投资活动有关的现金。

该项目是反映企业除前面几项内容之外所收到的其他与投资活动有关的现金流入，如企业在进行购买股票、债券等证券投资时，所支付的价款中包含了已宣告但尚未发放的股息或者已到付息期但尚未领取的利息，则在投资之后收到这些股息或利息时，不是记入“取得投资收益收到的现金”之中，而是在本项目中进行反映的。这一项目金额通常不大或很少出现，对企业资金流量的总体影响也相对较小。

F.投资活动现金流入小计。

该项目反映企业当期投资活动所收到的全部现金，在数量上等于前五项之和。

②投资活动的现金流出量。

A.购建固定资产、无形资产和其他长期资产支付的现金。

在这一项目中，包含了企业在当期由于购置或自行建造固定资产、获取无形资产和其他长期资产而发生的直接的现金支付金额，如购置该类固定资产所支付的买价、税金、运杂费、安装调试费等，以及建造该类资产所产生的人员开支等。

该项目本身与企业当期的日常运营没有太多直接的必然联系。然而，该现金流出量的发生，有可能预示着企业未来某些方面生产经营规模的调整与扩大，从而对企业未来经营活动所需资金流出以及相应的经营成果的资金流入量都产生较大的、不可忽视的影响。

B.投资支付的现金。

此项目反映企业当期在各项对外投资购买股票、债券等直接发生的交易或投资价格的现金支出，不但包括企业购买股票、债券等直接发生的交易或投资价格的现金支出，也包括因此而支付的佣金、手续费等相关附加费用上的现金流出。投资所支付的现金，作为企业当期的一笔现金流出，也意味着企业未来获得股息、利息、利润以及转让或出售投资所得的现金流入的潜在可能。

C.取得子公司及其他营业单位支付的现金净额。

该项目反映企业在购买子公司或其他营业单位时用现金支付的部分减去子公司或其他营业单位持有的现金及现金等价物后的净额。

D.支付其他与投资活动有关的现金。

该项目主要是指企业发生的不属于"购建固定资产、无形资产和其他长期资产支付的现金"，也不属于"投资支付的现金"项目的其他与投资活动有关的现金流出，如企业购买股票、债券所暂时垫付的被投资方已宣告发放但尚未发放的股息及已到付息期但尚未领取的利息等。这类金额一般也很小或者几乎没有，更谈不上经常性，所以对企业的现金影响也非常微弱。

E.投资活动现金流出小计。

该项目反映企业当期投资活动所支付的全部现金，在数量上等于前几项之和。

（3）筹资活动产生的现金流量。

筹资活动是指导致企业资本及债务规模和构成发生变化的活动，主要包括吸收投资、发行股票、分配利润和借入款项等。在现金流量表上，筹资活动的现金流量应当按照其筹资活动的现金流入和流出的性质分项列示。

①筹资活动的现金流入量。

A.吸收投资收到的现金。

这是指企业以发行股票、债券等方式所获得的投资者投入的现金总量，扣除佣金和发行费用后的净现金所得。

企业以发行股票方式筹集资金，在带来可供其长期使用而无须偿还的股权资金的同时，由于在一定程度上降低了资产负债比率，从而提高了企业对债权人利益的保障程度，也为企业日后的债务筹资提供了可能。

而企业若以发行债券方式筹集资金，则在带来目前可供使用的债务资金的同时，也造成了企业日后按期还本付息的资金压力。因此，如果该项现金来源金额过大，报表使用者就应充分考虑和分析该企业未来获取现金、偿付本息的能力，以及偿还时大量的资金流出给企业正常经营所可能带来的负面影响。

B.取得借款收到的现金。

这是指企业在当期向银行或非银行金融机构借入各种长期或短期借款所收到的现金。如同以发行债券的方式筹集资金一样，企业在向银行或非银行金融机构借款、获得目前可供使用的资金的同时，同样会造成日后按期还本付息的资金压力，即现时的现金流入会导致未来相应的现金流出。

C.收到其他与筹资活动有关的现金。

这是指企业除吸收投资以及借款所收到的现金之外，在其他归并于筹资活动的有关项目上所收到的现金，如企业接受的现金捐赠等。

这类现金流入通常在企业筹资活动的现金流入量中所占比重很小，有时甚至不会出现。

D.筹资活动现金流入小计。

该项目反映企业当期通过各种筹资活动实际收到的现金总额，该项目等于前三项之和。

②筹资活动的现金流出量。

A.偿还债务支付的现金。

企业在以往筹资活动中，以发行债券的方式或向银行及非银行金融机构借款的方式筹措所需资金，无论期限多长，都需要在未来一定期限内还本付息。“偿还债务支付的现金”便是反映企业在当期偿还已经到期的各项债务本金所产生的现金支出金额。

B.分配股利、利润或偿付利息支付的现金。

使用别人的资金是需要付出代价的，企业以吸收投资或借款的方式获得对投资者或债权人资金的占有和使用权，自然也需要付出相应的使用代价，这种使用代价的现金表现便是以现金形式支付给股东的股利、利润，以及支付给债权人的借款利息或债券利息等。

C.支付其他与筹资活动有关的现金。

该项目反映了除偿还债务支付的现金以及分配股利、利润或偿付利息支付的现金之外，因其他与筹资活动有关的情况而发生的现金流出金额。例如，企业为发行股票而支付的审计费、咨询费，及企业对外捐出现金，企业为购建固定资产、无形资产等而发生的可以资本化的借款利息支出，以及以融资租赁形式租入固定资产而发生的租赁费开支等。

D.筹资活动现金流出小计。

该项目反映企业当期筹资活动所支付的全部现金流出量，在数量上等于前三项之和。

二、现金流量表的结构

现金流量表一般由表首、正表和补充资料三部分组成。

（1）表首。

表首说明报表的名称、编制单位、编制日期、报表编号、货币名称和计量单位等。

（2）正表。

正表是现金流量表的主体，采用报告式的上下结构，按直接法编制，有经营活动产生的现金流量、投资活动产生的现金流量、筹资活动产生的现金流量、汇率变动对现金及现金等价物的影响、现金及现金等价物净增加额和期末现金及现金等价物余额六项内容。

（3）补充资料。

补充资料将净利润调节为经营活动的现金流量、不涉及现金收支的投资和筹资活动、现金和现金等价物净增加额。

现金流量表的结构，见表4-1-1。

表4-1-1　M企业2020年、2021年、2022年现金流量表比较表

编制单位：M企业　　单位：元

项目	2022年	2021年	2020年
一、经营活动产生的现金流量			
销售商品、提供劳务收到的现金	8 815 291 192.18	6 479 416 011.27	5 429 969 662.75
收到的税费返还	13 104 004.76	29 379 165.75	29 784 440.92
收到其他与经营活动有关的现金	111 792 096.84	36 087 402.77	33 909 188.13
经营活动现金流入小计	8 940 187 293.78	6 544 882 579.79	5 493 663 291.80
购买商品、接受劳务支付的现金	7 475 608 695.31	4 886 716 830.38	5 548 215 173.55
支付给职工以及为职工支付的现金	439 206 227.88	327 096 718.60	283 917 870.80
支付的各项税费	135 109 674.32	80 943 069.85	186 923 128.03
支付其他与经营活动有关的现金	368 280 438.68	214 499 925.03	316 528 941.01
经营活动现金流出小计	8 418 205 036.19	5 509 256 543.86	6 335 585 113.39
经营活动产生的现金流量净额	521 982 257.59	1 035 626 035.93	-841 921 821.59
二、投资活动产生的现金流量			
收回投资收到的现金	4 811 855.83	201 543 705.00	866 111 520.33
取得投资收益收到的现金	265 272 988.48	375 894 654.18	574 840 332.72
处置固定资产、无形资产和其他长期资产收回的现金净额	2 739 341.08	2 087 339.20	625 582.55
处置子公司及其他营业单位收到的现金净额			

续表

项目	2022年	2021年	2020年
收到其他与投资活动有关的现金	37 164 893.75	31 058 084.53	46 119 486.30
投资活动现金流入小计	309 989 079.14	610 583 782.91	1 487 696 921.90
购建固定资产、无形资产和其他长期资产支付的现金	175 266 290.01	75 288 788.34	203 487 382.99
投资支付的现金	327 821 335.00	600 046 795.00	1 058 283 960.00
取得子公司及其他营业单位支付的现金净额			
支付其他与投资活动有关的现金			301 367.27
投资活动现金流出小计	503 087 625.01	675 335 583.34	1 262 072 710.26
投资活动产生的现金流量净额	-193 098 545.87	-64 751 800.43	225 624 211.64
三、筹资活动产生的现金流量			
吸收投资收到的现金			
取得借款收到的现金	17 969 784.84		
收到其他与筹资活动有关的现金	338 517 796.20		35 560 000.00
筹资活动现金流入小计	356 487 581.04		35 560 000.00
偿还债务支付的现金	669 080.00		
分配股利、利润或偿付利息支付的现金	115 988 752.94	173 082 802.40	288 459 461.81
支付其他与筹资活动有关的现金	337 502 410.00	288 655 079.18	1 441 853.58
筹资活动现金流出小计	454 160 242.94	461 737 881.58	289 901 315.39
筹资活动产生的现金流量净额	-97 672 661.90	-461 737 881.58	-254 341 315.39
四、汇率变动对现金及现金等价物的影响			
五、现金及现金等价物净增加额	231 211 049.82	509 136 353.92	-870 638 925.34
加：期初现金及现金等价物余额	2 076 297 633.43	1 567 161 279.51	2 437 800 204.85
六、期末现金及现金等价物余额	2 307 508 683.25	2 076 297 633.43	1 567 161 279.51

资料来源　根据上海证券交易所网站相关资料整理。

三、现金流量表分析的目的

现金流量表主要提供有关企业现金流量方面的信息，编制现金流量表的目的主要是向企业外部投资者提供企业一定会计期间内现金和现金等价物流入和流出的信息，以便于报表使用者了解和评价企业获取现金和现金等价物的能力，并据以评估和预测企业未来现金流量。因此，分析现金流量表在评价企业经营业绩、衡量企业经济资源和财务风险以及预测企业未来前景等方面有十分重要的作用。具体如下：

（1）有助于投资者、债权人分析企业未来的现金流量。

投资者、债权人从事投资与信贷的主要目的是取得收益并增加未来的现金流量。投资者在作出是否投资的决策时需考虑原始投资的保障、股利的获得以及股票市价变动等有利或不利因素的影响。债权人在作出是否贷款的决策时，关心的是能否按时获得利息和到期足额收回本金，而所有这些都取决于企业本身的现金流量的金额、时间及不确定性。只有企业能产生必要的现金流量，才有能力按期还本付息和支付稳定的股利。因此现金流量表提供的信息能帮助投资者、债权人评估企业未来的现金流量，进而帮助他们作出是否投资和贷款的决策。

（2）有助于投资者、债权人分析企业偿还债务、支付股利和对外筹资的能力。

投资者和债权人想要评估企业偿还债务、支付股利的能力，最直接有效的方法是分析企业的现金流量，即企业产生现金的能力。企业产生现金的能力，从根本上讲取决于经营活动的净现金流入。因此，经营活动产生的净现金流入占现金来源总额的比重越高，企业偿还债务、支付股利以及对外筹资的能力越强；现金流量表披露的经营活动产生的净现金流入信息有助于投资者和债权人进行这方面的分析与评价。

（3）有助于财务报表使用者分析本期净利润与经营活动现金流量之间差异的原因。

利润表中列示的净利润指标，是按权责发生制编制的，不能反映企业经营活动产生了多少现金，并且没有反映投资和筹资活动对企业财务状况的影响。通过现金流量表，可以掌握企业经营活动、投资活动和筹资活动产生的现金流量，将经营活动产生的现金流量与净利润相比较，可以从现金流量的角度了解企业净利润的质量，并进一步判断哪些因素影响现金流入，从而为分析和判断企业的财务前景提供信息。

（4）有助于报表使用者分析报告期内与现金有关和无关的投资及筹资活动。

现金流量表除披露经营活动的现金流量、投资及筹资活动的现金流量外，还披露那些虽与现金流量无关，但又是企业重要的筹资及投资活动，这些信息对报表使用者作出正确的投资与信贷决策，评估企业未来的现金流量，同样具有重要的意义。

四、现金流量表分析的内容

现金流量表分析的主要内容包括以下两个方面：

（1）现金流量表结构分析。

现金流量表结构分析，又称为现金流量表的垂直分析，它是通过编制现金流量表的结构分析表来进行纵向比较分析，将现金流量表各项目与总现金流入或流出和现金净流量进行比较，分析说明现金流入、现金流出的构成及现金余额是如何形成的，说明影响企业现金增减变动的因素，并据以了解企业现金充裕或紧张的原因，进一步预测企业在未来期间的现金流量的变动趋势。

（2）现金流量表趋势分析。

现金流量表趋势分析，又称为现金流量表的水平分析，它是通过对企业连续两期或多期现金流量表中的数据进行比较，计算其增减变动的数额和增减变动的百分比，从而了解企业经营活动、投资活动和筹资活动变动的方向、数额和幅度，据以判断企业现金状况的变化趋势。

任务2　现金流量表结构分析

任务描述

根据M企业2021年、2022年现金流量表的相关信息，运用现金流量表结构分析方法，对M企业财务状况进行初步分析，使企业利益相关者对企业的现金流入、现金流出和现金净流量的结构状况及其变动有所了解。

相关知识

现金流量结构是指各种现金流入量、现金流出量及现金净流量在企业总的现金流入量、总的现金流出量及总的现金净流量中的比例关系。通过对现金流量的结构分析，有利于进一步明确现金流入、现金流出的构成及现金余额是如何形成的，有利于说明影响企业现金增减变动的因素，并据以了解企业现金充裕或紧张的原因，进一步预测企业在未来期间的现金流量的变动趋势。现金流量的结构分析分为现金流入结构分析、现金流出结构分析和现金净流量结构分析。

一、现金流入结构分析

现金流入结构分为总流入结构和内部流入结构。总流入结构是反映企业经营活动的现金流入、投资活动的现金流入和筹资活动的现金流入分别占现金总流入的比重。内部流入结构反映的是经营活动、投资活动和筹资活动等各项业务活动现金流入中具体项目的构成情况。现金流入结构分析可以明确企业的现金究竟来自何方，增加现金流入应在哪些方面采取措施等。

总的来说，企业的现金流入量中，经营活动的现金流入量应当占大部分的比例，特别是销售商品、提供劳务收到的现金应明显高于其他业务活动流入的现金。但是对于不同性质的企业，这个比例也可能有较大的差异。

计算公式：

$$企业现金流入结构=\frac{某项目现金流入金额}{现金流入总额}\times100\%$$

二、现金流出结构分析

现金流出结构分为总流出结构和内部流出结构。总流出结构是反映企业经营活动的现金流出、投资活动的现金流出和筹资活动的现金流出分别占现金总流出的比重。内部流出结构反映的是经营活动、投资活动和筹资活动等各项业务活动现金流出中具体项目的构成情况。现金流出结构分析可以明确企业的现金究竟流向何方，要节约开支应从哪些方面入手等。

一般来说，购买商品、接受劳务支付的现金往往要占到比较大的比重，投资活动和筹资活动的现金流出比重则因企业的投资政策和筹资政策状况不同而存在很大的差异。

计算公式：

$$企业现金流出结构=\frac{某项目现金流出金额}{现金流出总额}\times100\%$$

三、现金净流量结构分析

现金净流量结构分析是指经营活动、投资活动和筹资活动分别占全部现金余额的百分比，主要反映现金余额是如何形成的。

计算公式：

$$企业现金净流量结构=\frac{某项目现金净流量金额}{现金及现金等价物净增加额}\times100\%$$

任务实施

根据M企业2021年、2022年现金流量表的相关信息，运用现金流量表结构分析方法，对M企业财务状况进行初步分析，具体分析步骤如下：

第一步：编制企业现金流入结构分析表并进行分析。

根据M企业2021年、2022年现金流量表（参见附录1），编制该企业现金流入结构分析表，见表4-2-1。

从表4-2-1可以看出，在企业2022年流入的现金中，经营活动产生的现金流入占总现金流入的93.06%，投资活动产生的现金流入占3.23%，筹资活动产生的现金流入占3.71%。2021年流入的现金中，经营活动产生的现金流入占总现金流入的91.47%，投资活动产生的现金流入占8.53%，筹资活动产生的现金流入为0。通过分析还可以

表 4-2-1　　M企业现金流入结构分析表　　金额单位：万元

项目	2022.12.31	2021.12.31	2022年比重	2021年比重	比重变动情况
经营活动产生的现金流入	894 019	654 488	93.06%	91.47%	1.59%
销售商品、提供劳务收到的现金	881 529	647 942	91.76%	90.55%	1.21%
收到的税费返还	1 310	2 938	0.14%	0.41%	-0.27%
收到其他与经营活动有关的现金	11 179	3 609	1.16%	0.50%	0.66%
投资活动产生的现金流入	30 999	61 058	3.23%	8.53%	-5.30%
收回投资收到的现金	481	20 154	0.05%	2.82%	-2.77%
取得投资收益收到的现金	26 527	37 589	2.76%	5.25%	-2.49%
处置固定资产、无形资产和其他长期资产收回的现金净额	274	209	0.03%	0.03%	0
收到其他与投资活动有关的现金	3 716	3 106	0.39%	0.43%	-0.04%
筹资活动产生的现金流入	35 649	0	3.71%	0	3.71%
取得借款收到的现金	1 797	0	0.19%	0	0.19%
收到其他与筹资活动有关的现金	33 852	0	3.52%	0	3.52%
现金流入合计	960 667	715 547	100%	100%	0

看出，M企业当年的现金流入主要靠经营活动产生，小部分来自投资活动和筹资活动。从这个例子中还可以发现，经营活动产生的现金流入绝大部分是由于销售商品、提供劳务所引起的，所以企业整个现金流入几乎是由销售业务产生的。这一点可以说明企业如今的现金流入主要依赖企业的经营活动，外部筹资的依赖性较小。另外，从这两年的变动情况可知，2022年企业经营活动产生的现金流入比2021年增长了1.59%，投资活动产生的现金流入比2021年减少了5.3%，筹资活动产生的现金流入比2021年增加了3.71%。

第二步：编制企业现金流出结构分析表并进行分析。

根据M企业2021年、2022年现金流量表（参见附录1），编制该企业现金流出结构分析表，见表4-2-2。

表4-2-2 M企业现金流出结构分析表 金额单位：万元

项目	2022.12.31	2021.12.31	2022年比重	2021年比重	比重变动情况
经营活动产生的现金流出	841 821	550 926	89.79%	82.89%	6.90%
购买商品、接受劳务支付的现金	747 561	488 672	79.74%	73.53%	6.21%
支付给职工以及为职工支付的现金	43 921	32 710	4.68%	4.92%	-0.24%
支付的各项税费	13 511	8 094	1.44%	1.22%	0.22%
支付其他与经营活动有关的现金	36 828	21 450	3.93%	3.23%	0.70%
投资活动产生的现金流出	50 309	67 534	5.37%	10.16%	-4.79%
购建固定资产、无形资产和其他长期资产支付的现金	17 527	7 529	1.87%	1.13%	0.74%
投资支付的现金	32 782	60 005	3.50%	9.03%	-5.53%
筹资活动产生的现金流出	45 416	46 174	4.84%	6.95%	-2.11%
偿还债务支付的现金	67		0.007%		
分配股利、利润或偿付利息支付的现金	11 599	17 308	1.24%	2.60%	-1.36%
支付其他与筹资活动有关的现金	33 750	28 866	3.60%	4.34%	-0.74%
现金流出合计	937 545	664 633	100%	100%	0

从表4-2-2中可以看出，2022年经营活动产生的现金流出占企业当年全部现金流出的89.79%，投资活动产生的现金流出占企业当年全部现金流出的5.37%，筹资活动产生的现金流出占企业当年全部现金流出的4.84%。2021年经营活动产生的现金流出占企业当年全部现金流出的82.89%，投资活动产生的现金流出占企业当年全部现金流出的10.16%，筹资活动产生的现金流出占企业当年全部现金流出的6.95%。可见该公司的主要现金流出是经营活动产生的现金流出；可以发现经营活动产生的现金流出大部分是由购买商品、接受劳务以及支付给职工的各种款项所引起的。投资活动产生的现金流出主要是对外进行投资支付的现金，筹资活动产生的现金流出主要是支付其他与筹资活动有关的现金。2022年与2021年相比，经营活动的现金流出量增加了6.90%，投资活动的现金流出量减少了4.79%，筹资活动的现金流出量减少了2.11%。

第三步：编制企业现金净流量结构分析表并进行分析。

根据M企业2021年、2022年现金流量表（参见附录1），编制该企业净现金流量的结构分析表，见表4-2-3。

表4-2-3　　M企业净现金流量的结构分析表　　金额单位：万元

项目	202212.31	2021.12.31	2022年比重	2021年比重	比重变动情况
经营活动产生的现金流量净额	52 198	103 563	225.76%	203.41%	22.35%
投资活动产生的现金流量净额	-19 310	-6 475	-83.52%	-12.72%	-70.80%
筹资活动产生的现金流量净额	-9 767	-46 174	-42.24%	-90.69%	48.45%
现金及现金等价物净增加额	23 121	50 914	100%	100%	0

从表4-2-3可以看出，M企业2022年和2021年的现金流入大于现金流出，企业这两年的现金及现金等价物都增加了，三项活动中，只有经营活动产生的现金净流量为正，而投资活动与筹资活动都产生了较多的现金流出，使得投资活动与筹资活动的现金净流量为负数。企业的经营活动产生的现金流入与现金流出抵减后还有较大的剩余，说明企业的经营很正常，同时可以弥补由于投资活动和筹资活动产生的现金净流量的减少。投资活动现金净流量为负数主要是由于投资支付的现金较多引起的，这说明企业对外进行了较大的投资，在企业现金较为充裕的情况下进行对外投资是可行的。筹资活动现金净流量为负数主要是由于支付其他与筹资活动有关的现金较多引起的，企业在其现金较为充裕的情况下，可以考虑减少进行对外筹资，从而减少筹资活动产生的现金流出。但是2022年和2021年相比可知，2022年经营活动产生的现金流量净额比2021年增加了22.35%，投资活动产生的现金流量净额减少了70.8%，筹资活动产生的现金流量净额增加了48.45%。

任务3　现金流量表趋势分析

任务描述

根据M企业2020年、2021年、2022年现金流量表的相关信息，运用现金流量表趋势分析方法，对M企业财务状况进行初步分析，让企业利益相关者对企业经营活动、投资活动和筹资活动的变动情况及其发展趋势有所了解。

相关知识

利用趋势分析法分析现金流量表，可以了解报表项目的变化，判断企业财务状况和经营成果变动的原因，从而能够有效预测企业未来的现金流量状况，并从中掌握其变动趋势，从大局上把握企业的发展方向，进而采取正确的财务决策。

现金流量表趋势分析所选择比较的标准（基期）可以是上年的实际数，也可以是预算数或计划数。

如果企业的生产经营活动处于持续健康发展的状态，那么，其现金流量表上主要项目的数据会呈现出持续稳定的发展趋势。如果企业的主要项目的数据出现异常波动，或突然大幅度上下波动，则意味着企业的现金流量的某些方面发生了重大变化。具体分析步骤如下：

一、编制企业现金流量趋势分析表

计算公式如下：

某项目的变动额=报告期（本年）金额-标准（上年）金额

$$某项目的变动率=\frac{某项目的变动额}{标准(上年)金额}\times100\%$$

二、分析企业经营活动的现金流量变动趋势

经营活动的现金流量是整个企业全部现金流量中最主要的组成部分，经营活动产生的现金流量一方面应体现企业发展的战略要求，另一方面应与企业经营活动产生的利润存在一定的对应关系，能为企业的扩张提供现金流量的支持。

经营活动的现金流量变动趋势分析可以分为三个部分：经营活动现金流入量变动、经营活动现金流出量变动和经营活动现金净流量变动。

三、分析企业投资活动的现金流量变动趋势

企业投资活动的现金流量变动趋势分析可分为三部分：投资活动现金流入量变动、投资活动现金流出量变动和投资活动现金净流量变动。分析时首先要注意研究变动率较大的项目，特别是发生异常变动的项目；其次找出变动额较大的项目作为分析重点。

四、分析企业筹资活动的现金流量变动趋势

企业筹资活动的现金流量趋势分析也可分为三部分：筹资活动现金流入量变动、筹资活动现金流出量变动和筹资活动现金净流量变动。

任务实施

根据M企业2020年、2021年、2022年现金流量表的相关信息，运用现金流量趋势分析方法，对M企业财务状况进行初步分析，具体分析步骤如下：

第一步：编制企业现金流量趋势分析表。

根据M企业2020年、2021年、2022年现金流量表（参见附录1），编制该企业现金流量趋势分析表，见表4-3-1。

表4-3-1　**M企业现金流量趋势分析表**　金额单位：万元

项目	2022年	2021年	2020年	2022年变动额	2021年变动额	2022年变动率	2021年变动率
一、经营活动产生的现金流量							
销售商品、提供劳务收到的现金	881 529	647 942	542 997	233 587	104 945	36.05%	19.33%
收到的税费返还	1 310	2 938	2 978	-1 628	-40	-55.14%	-1.34%
收到其他与经营活动有关的现金	11 179	3 609	3 391	7 570	218	209.75%	6.43%
经营活动现金流入小计	894 019	654 488	549 366	239 531	105 122	36.60%	19.14%
购买商品、接受劳务支付的现金	747 561	488 672	554 822	258 889	-66 150	52.98%	-11.92%
支付给职工以及为职工支付的现金	43 921	32 710	28 392	11 211	4 318	34.27%	15.21%
支付的各项税费	13 511	8 094	18 692	5 417	-10 598	66.93%	-56.70%
支付的其他与经营活动有关的现金	36 828	21 450	31 653	15 378	-10 203	71.69%	-32.23%
经营活动现金流出小计	841 821	550 926	633 559	290 895	-82 633	52.80%	-13.04%
经营活动产生的现金流量净额	52 198	103 563	-84 192	-51 365	187 755	-49.60%	-223.01%
二、投资活动产生的现金流量							
收回投资收到的现金	481	20 154	86 611	-19 673	-66 457	97.61%	-76.73%
取得投资收益收到的现金	26 527	37 589	57 484	-11 062	-19 895	29.43%	-34.61%
处置固定资产、无形资产和其他长期资产收回的现金净额	274	209	63	65	146	31.10%	231.75%
处置子公司及其他营业单位收到的现金净额							
收到其他与投资活动有关的现金	3 716	3 106	4 612	610	-1 506	19.64%	-32.65%
投资活动现金流入小计	30 999	61 058	148 770	-30 059	-87 712	-49.23%	-58.96%
购建固定资产、无形资产和其他长期资产支付的现金	17 527	7 529	20 349	9 998	-12 820	132.79%	-63.00%
投资支付的现金	32 782	60 005	105 828	-27 223	-45 823	-45.37%	-43.30%
取得子公司及其他营业单位支付的现金净额							
支付其他与投资活动有关的现金			30		-30		-100%

续表

项目	2022年	2021年	2020年	2022年变动额	2021年变动额	2022年变动率	2021年变动率
投资活动现金流出小计	50 309	67 534	126 207	-17 225	-58 673	-25.51%	-46.49%
投资活动产生的现金流量净额	-19 310	-6 475	22 562	-12 835	-29 037	198.22%	-128.7%
三、筹资活动产生的现金流量							
吸收投资收到的现金							
取得借款收到的现金	1 797			1 797			
收到其他与筹资活动有关的现金	33 852		3 556	33 852	-3 556		-100%
筹资活动现金流入小计	35 649		3 556	35 649	-3 556		-100%
偿还债务支付的现金	67			67			
分配股利、利润或偿付利息支付的现金	11 599	17 308	28 846	-5 709	-11 538	32.98%	-40%
支付其他与筹资活动有关的现金	33 750	28 866	144	4 884	28 722	16.92%	19 945.83%
筹资活动现金流出小计	45 416	46 174	28 990	-758	17 184	-1.64%	59.28%
筹资活动产生的现金流量净额	-9 767	-46 174	-25 434	36 407	-20 740	-78.85%	81.54%
四、汇率变动对现金及现金等价物的影响							
五、现金及现金等价物净增加额	23 121	50 914	-87 064	-27 793	137 978	-54.59%	-158.48%
加：期初现金及现金等价物余额	207 630	156 716	243 780	50 914	-87 064	32.49%	-35.71%
六、期末现金及现金等价物余额	230 751	207 630	156 716	23 121	50 914	11.14%	32.49%

第二步：分析企业经营活动现金流量趋势。

通过表4-3-1可以对M企业经营活动现金流量变动趋势作出如下分析：

（1）分析经营活动现金流入量趋势。

M企业的经营活动现金流入量2020年是549 366万元，2021年增至654 488万元，其变动额为105 122万元，变动率为19.14%；2022年该企业的经营活动现金流入量是894 019万元，比2021年增长了239 531万元，增长率达到了36.60%。其增长是销售商品、提供劳务收到的现金产生的，表明该企业通过营业收入产生现金的能力增强。

（2）分析经营活动现金流出量趋势。

M企业的经营现金流出量2020年是633 559万元，2021年减少至550 926万元，减少了82 633万元，降低率为13.04%，其经营活动现金流出量2021年比2020年减少的主要原因是支付各项税费和支付其他与经营活动有关现金的减少。2022年M企业的经营活动现金流出量增至841 821万元，比2021年增长了290 895万元，增长率达到52.80%，这主要是由于支付各项税费和支付其他与经营活动有关的现金的增加而产生的。

（3）分析经营活动现金净流量趋势。

M企业2020年的经营活动现金净流量是-84 192万元，2021年是103 563万元，增长额达到187 755万元，增长率是223.01%，其原因是经营活动现金流入量的增加。2022年该公司的经营活动的现金净流量是52 198万元，比2021年减少了51 365万元，降低率是49.60%，这主要是由于经营活动现金流出量的增加。

第三步：分析企业投资活动现金流量趋势。

（1）分析投资活动现金流入量趋势。

M企业2020年的投资活动现金流入量是148 770万元，2021年是61 058万元，降低率是58.96%；2022年该公司的投资活动现金流入量是30 999万元，比2021年减少了30 059万元，降低率是49.23%，这三年投资活动现金流入量呈下降趋势的主要原因是收回投资收到的现金逐年减少。

（2）分析投资活动现金流出量趋势。

M企业2020年投资活动的现金流出量是126 207万元，2021年是67 534万元，2022年是50 309万元。2021年的变动额是-58 673万元，变动率是-46.49%；2022年的变动额是-17 225万元，变动率是-25.51%，这三年投资活动现金流出量呈下降趋势，其主要原因是投资支付的现金减少。

（3）分析投资活动现金净流量趋势。

M企业投资活动产生的现金流量净额逐年减少。2020年是22 562万元，2021年是-6 475万元，2022年是-19 310万元。2021年的变动额是-29 037万元，变动率是-128.70%；2022年的变动额是-12 835万元，变动率是198.22%，这说明该公司连续三年投资活动产生的现金流量逐年递减。2021年和2022年这两年投资活动产生的现金流量净额出现负数的原因是这两年收回的投资逐年减少。

第四步：分析企业筹资活动现金流量趋势。

（1）析筹资活动现金流入量趋势。

M企业2020年筹资活动现金流入量是3 556万元，2021年的现金流入量是0，2022年的现金流入量是35 649万元，通过分析可知，2022年该公司取得借款获得现金，同时收到其他与筹资活动有关的现金。

（2）分析筹资活动现金流出量趋势。

M企业2020年筹资活动现金流出量是28 990万元，2021年是46 174万元，2022年是45 416万元，2021年的变动额是17 184万元，变动率是59.28%；2022年的变动额是-758万元，变动率是-1.64%。筹资活动现金流出量发生变化主要是由于支付股利、利息，以及支付其他与筹资活动有关的现金而造成的。

（3）分析筹资活动现金净流量趋势。

M企业2020年筹资活动产生的现金流量净额是-25 434万元，2021年筹资活动产生的现金流量净额是-46 174万元，2022年筹资活动产生的现金流量净额是-9 767万元。

2021年筹资活动现金净流量的变动额是-20 740万元，变动率是81.54%，2022年变动额是36 407万元，变动率是-78.85%。2021年筹资活动产生的现金流量净额的减少是由于2021年筹资活动产生的现金流入为0。

知识测试

一、单项选择题

自主测 4-1

1.下列现金流量比率中，最能够反映盈利质量的指标是（　　）。

A.现金毛利率　　B.现金充分性比率

C.流动比率　　D.盈余现金保障倍数

2.能使经营现金流量减少的项目是（　　）。

A.无形资产摊销　　B.出售长期资产利得

C.存货增加　　D.应收账款减少

3.当企业处于高速成长阶段时，投资活动现金流量往往是（　　）。

A.流入量大于流出量　　B.流出量大于流入量

C.流入量等于流出量　　D.不一定

4.根据《企业会计准则第31号——现金流量表》的规定，支付的现金股利归属于（　　）。

A.经营活动　　B.筹资活动　　C.投资活动　　D.销售活动

5.企业采用间接法确定经营活动现金流量时，应该在净利润的基础上（　　）。

A.加上投资收益　　B.减去预提费用的增加

C.减去固定资产折旧　　D.加上投资损失

6.下列财务活动中不属于企业筹资活动的是（　　）。

A.发行债券　　B.分配股利

C.吸收权益性投资　　D.购建固定资产

二、多项选择题

自主测 4-2

1.现金流量表中现金所包括的具体内容是（　　）。

A.库存现金　　B.银行存款

C.短期证券　　D.发行债券

E.发行股票

2.属于筹资活动现金流量的项目有（　　）。

A.短期借款增加　　B.资本净增加

C.增加长期投资　　D.偿还长期债券

E.取得债券利息收入收到的现金

3.从净利润调整为经营活动现金流量，应调增的项目有（　　）。

A.流动负债减少　　B.财务费用　　C.不减少现金费用

D.非流动资产增加　　E.投资损失

4.下列活动中，属于经营活动产生的现金流量有（　　）。
A.销售商品收到的现金　　B.分配股利支出的现金
C.提供劳务收到的现金　　D.出售设备收到的现金
E.交纳税款支出的银行存款

5.从经营活动现金流量调整为净利润，应调减的项目有（　　）。
A.流动负债减少　　B.投资损失
C.不减少现金费用　　D.非现金流动资产的减少
E.固定资产折旧

6.属于筹资活动现金流量的项目有（　　）。
A.短期借款的增加　　B.支付给职工的现金
C.或有收益　　D.分配股利所支付的现金
E.取得债券利息收入

7.下列项目中，属于现金流入项目的有（　　）。
A.经营成本节约额　　B.回收垫支的流动资金
C.建设投资　　D.固定资产残值变现收入
E.营业收入

三、判断题

自主测 4-3

1.固定资产折旧的变动不影响当期现金流量的变动。（　　）
2.经营活动产生的现金流量大于零说明企业盈利。（　　）
3.企业分配股利必然引起现金流出量的增加。（　　）
4.利息支出将对筹资活动现金流量和投资活动现金流量产生影响。（　　）
5.企业支付所得税将引起筹资活动现金流量的增加。（　　）
6.计提坏账准备将引起经营活动现金流量的增加。（　　）

能力测试

资料：北海公司2022年度现金流量表见表D-1。

表D-1　　现金流量表　　会企03表

编制单位：北海公司　　2022年度　　单位：万元

项　目	本期金额	上期金额
一、经营活动产生的现金流量		
销售商品、提供劳务收到的现金	1 240	1 039
收到的税费返还	33	20
收到其他与经营活动有关的现金	59	70
经营活动现金流入小计	1 332	1 129

续表

项目	本期金额	上期金额
购买商品、接受劳务支付的现金	985	854
支付给职工以及为职工支付的现金	60	63
支付的各项税费	143	159
支付的其他与经营活动有关的现金	109	202
经营活动现金流出小计	1 297	1 278
经营活动产生的现金流量净额	35	-149
二、投资活动产生的现金流量		
收回投资收到的现金	205	260
取得投资收益收到的现金	37	30
处置固定资产、无形资产和其他长期资产收回的现金净额		
处置子公司及其他营业单位收到的现金净额		
收到的其他与投资活动有关的现金		
投资活动现金流入小计	242	290
购建固定资产、无形资产和其他长期资产所支付的现金	155	175
投资所支付的现金	104	200
取得子公司及其他营业单位支付的现金净额		
支付其他与投资活动有关的现金		
投资活动现金流出小计	259	375
投资活动产生的现金流量净额	-17	-85
三、筹资活动产生的现金流量		
吸收投资所收到的现金	150	177
借款所收到的现金	165	263
收到其他与筹资活动有关的现金		
筹资活动现金流入小计	315	440
偿还债务所支付的现金	175	325
分配股利、利润或偿付利息所支付的现金	15	15

续表

项　目	本期金额	上期金额
支付其他与筹资活动有关的现金	12	10
筹资活动现金流出小计	202	350
筹资活动产生的现金流量净额	113	90
四、汇率变动对现金及现金等价物的影响额		
五、现金及现金等价物净增加额	131	-144
加：期初现金及现金等价物余额		
六、期末现金及现金等价物余额		

单位负责人：　　　　会计主管：　　　　复核：　　　　制表：

要求：

(1) 请对现金流入量、现金流出量和现金净流量进行结构分析。

(2) 请对经营活动产生的现金流量、投资活动产生的现金流量和筹资活动产生的现金流量进行趋势分析。

项目五

财务报表主要指标分析

财务报表指标是指总结和评价企业财务状况与经营成果的分析指标，包括偿债能力指标、营运能力指标、盈利能力指标和发展能力指标。

偿债能力是指企业对到期债务清偿的能力或现金保证程度。企业偿债能力是反映企业财务状况和经营能力的重要标志。

营运能力是指企业经营管理中利用资金运营的能力，一般通过企业资产管理比率来衡量。营运能力主要表现为资产管理及资产利用效率的分析。

盈利能力就是公司赚取利润的能力。一般来说，企业的盈利能力只涉及正常的营业状况。盈利能力主要通过毛利率、总资产收益率等指标分析。

发展能力是指企业扩大规模、壮大实力的潜在能力。一个发展能力强的企业应该是资产规模不断增加、股东财富持续增长的。企业发展能力主要通过营业收入增长率、资本积累率、总资产增长率等指标分析。

知识目标

■ 熟悉偿债能力、营运能力、盈利能力、发展能力等各指标的定义及内涵；

■ 掌握各指标的特点和计算方法。

能力目标

■ 能计算企业的盈利能力、营运能力、偿债能力和发展能力的相关指标；

■ 能对各指标的结果进行客观分析，并能根据分析结果提出改善企业经营管理的合理建议。

素养目标

■ 深入了解企业的偿债能力、营运能力、盈利能力和发展能力，客观理解各个指标反映出来的企业经营活动中的现实问题，培养财务从业者高尚的职业道德和正确的价值理念。

案例导引

苏宁债务忧虑：有息债务达 1 800 亿

作为传统家电零售巨头，苏宁易购集团股份有限公司（简称苏宁易购）近年来虽然着力向电商转型，但面对京东等平台的冲击以及 3C、家电行业的变局，曾战胜过国美的零售主业多年不振，苏宁易购已连续六年扣非净利为负。苏宁易购10月30日发布三季报，前三季营收1 808亿元，同比下降10%，扣非为-10亿元，经营现金净流出为24.29亿元。

苏宁易购卖货不赚钱，上市公司盈利的手段全靠资本戏法：先是靠出售门店、子公司等关联交易，最近三年则主要是依靠出售阿里股权、苏宁金融增资扩股的投资收益。2017—2019年，苏宁易购获得的投资收益分别为43亿元、139.91亿元和217.91亿元。

虽然时常被称为第四大电商平台，但苏宁易购的市盈率不到10倍，与阿里巴巴、京东、拼多多等典型的电商平台有云泥之别。

苏宁电器集团有限公司（简称苏宁电器）的一份债券跟踪评级报告显示，苏宁置业集团有限公司（简称苏宁置业）2017—2019年营收分别为108.32亿元、68.51亿元、45.95亿元，净利分别为39.34亿元、6.84亿元、7.01亿元。今年上半年，苏宁置业营收为12.46亿元，净利为1.01亿元。截至2020年6月末，苏宁置业净资产为201亿元。

大摩财经注意到，苏宁电器2017—2019年有息债务规模分别为1 366.53亿元、1 629.74亿元、1 770.27亿元，已连续多年攀升。这三年，苏宁电器的资产负债率分别为68.38%、69.81%、73.76%。

资料来源：麦可．苏宁债务忧虑：迎偿债高峰期 手头现金仅248亿［EB/OL］．（2020-11-13）［2020-12-18］．https：//baijiahao.baidu.com/s？id=1683208780228194969&wfr=spider&for=pc.有删减．

请分析：苏宁电器近三年的资产负债率会对企业引发什么债务问题？

分析提示：资产负债率代表了企业的举债能力。一个企业的资产负债率越低，举债越容易。如果资产负债率高到一定程度，没有人愿意提供贷款了，则表明企业的举债能力已经用尽。随着苏宁债务问题引发市场焦虑，苏宁电器和苏宁易购的融资恐怕将更加困难。

任务1　偿债能力分析

任务描述

根据M企业2020年、2021年、2022年各报表的相关信息，计算并分析其短期偿债能力和长期偿债能力。

相关知识

偿债能力是企业清偿到期债务的能力或现金保证程度。企业在生产经营过程中，为了弥补自身资金的不足就要对外举债。举债经营的前提必须是能够按时偿还本金和利息，否则就会使企业陷入困境甚至危及企业的生存。导致企业破产的最根本、最直接的原因是企业不能偿还到期债务。因此，通过偿债能力分析，使债权人和债务人双方都认识到风险的存在和风险的大小，债权人可以作出是否贷款的决策，债务人可以了解自己的财务状况和偿债能力的大小，进而为下一步的资金安排或资金筹措作出决策分析。

企业的负债按照偿还期限的长短，可以分为流动负债和非流动负债。与此相对应，企业的偿债能力分为短期偿债能力和长期偿债能力两部分。

一、短期偿债能力分析

（一）短期偿债能力的概念

短期偿债能力是指企业流动资产对流动负债及时足额偿还的保证程度，是衡量企业当前财务能力，特别是流动资产变现能力的重要标准。例如，一家银行在考虑是否给企业提供短期贷款时，它关心的是该企业的资产流动性比率；对长期债权人而言，他们着眼于企业的盈利能力和经营效率，对资产的流动性则较少关注。

流动负债和流动资产对比的指标，包括流动比率、速动比率、现金比率等。

（二）影响企业短期偿债能力的其他因素

有一些表外因素也会影响企业的短期偿债能力，甚至影响相当大。财务报表的使用人应该了解这些方面的信息，有利于其作出正确的判断。

（1）增强短期偿债能力的其他因素。

① 可动用的银行贷款指标。银行已经同意、企业未办理贷款手续的银行贷款限额，可以随时增加企业的现金，提高支付能力。

② 准备很快变现的非流动资产。例如：储备的土地、未开采的采矿权、目前出租的房产等，在企业发生资金周转困难时，将其出售并不会影响企业的持续经营。

③ 偿债能力的声誉。如果企业的信用很好，在短期偿债方面出现暂时困难时，比较容易筹集到短缺的资金。

（2）降低短期偿债能力的其他因素。

① 与担保有关的或有负债。如果它的数额较大并且可能成为现实，就应该在评价偿债能力时给予关注。

② 与承诺相关的或有负债。

（三）短期偿债能力指标分析

（1）流动比率。

流动比率是企业流动资产与流动负债的比值。其计算公式为：

流动比率=流动资产÷流动负债

流动比率可以反映短期偿债能力。该指标可以排除企业规模不同的影响，适合企业间以及同一企业不同历史时期的比较。这个比率越高，说明企业短期偿债能力越强，流动负债得到偿还的保障越大。一般认为，生产型企业合理的最低流动比率是2。之所以流动资产通常应该是流动负债的2倍，那是因为：

① 流动资产中有一定比例事实上是长期存在的，因而具有实质上的长期资产特性，即资金占用的长期性，因而应该由长期资金予以支撑。

② 流动资产如果全部由流动负债支撑，即流动比率为1，那么，一旦发生金融危机

或企业信用危机，企业生产经营周转将会面临十分严重的困难。

对流动比率的分析，应该结合不同的行业特点和企业流动资产结构等因素进行。有的行业流动比率较高，有的行业较低，不应该用统一的标准来评价各企业流动比率合理与否。只有和同行业平均流动比率、本企业历史的流动比率进行比较，才能知道这个比率是高还是低。

流动比率有某些局限性，在使用时应注意：流动比率假设全部流动资产都可以变为现金并用于偿债，全部流动负债都需要偿还。实际上，有些流动资产的账面价值与变现金额有较大差异，如产成品等；经营性流动资产是企业持续经营所必需的，不能全部用于偿债；经营性应付项目可以滚动存续，无须动用现金全部结清。因此，流动比率是对短期偿债能力的粗略估计。

（2）速动比率。

构成流动资产的各个项目的流动性有很大差别。其中的货币资金、交易性金融资产和各种应收、预付款项等，可在较短时间内变现，称为速动资产。除此之外的流动资产，包括存货、一年内到期的非流动资产及其他流动资产等，称为非速动资产。

非速动资产的变现时间和数量具有较大的不确定性：

① 存货的变现速度比应收账款要慢得多；部分存货可能已损失报废还没作处理，或者已抵押给某债权人，不能用于偿债；存货估价有多种方法，可能与变现金额相差悬殊。

② 一年内到期的非流动资产和其他流动资产的数额有偶然性，不代表正常的变现能力。

因此，将可偿债资产定义为速动资产，计算出来的短期债务存量比率更令人信服。

速动资产有两种计算方法：其一是将货币资金、交易性金融资产、应收票据及应收账款净额（应收票据及应收账款，扣除坏账准备）和预付款项相加；其二是用流动资产扣除存货、一年内到期的非流动资产和其他流动资产等项目。

速动比率是企业速动资产与流动负债的比率。其计算公式为：

速动比率=速动资产÷流动负债

=（货币资金+交易性金融资产+各种应收、预付款项）÷流动负债

速动比率假设速动资产是可以用于偿债的资产，表明每一元流动负债有多少速动资产作为偿还保障。

之所以要在流动比率之外，再以速动比率来说明企业的短期偿债能力，是因为流动资产中的存货可能存在流动性问题，即缺乏正常的变现能力。若是如此，流动比率即便看起来很正常（在2左右），但是速动比率偏低，那么，企业的实际短期偿债能力依然存在问题。速动比率的经验值为1，意味着存货占流动资产的适当比例应该为50%左右。存货比例过高且变现有困难时，就意味着可用于偿还流动负债的速动资产过少。

在分析速动比率时要注意，速动比率虽然剔除了变现能力较弱的存货资产，但速动资产中的应收票据及应收账款本身也可能存在一些潜在的问题，如可能隐藏着未冲销的

坏账、逾期待催收的账款所占比重过大等，这些都会影响速动比率的真实性。因此，还应当对应收票据及应收账款的“质量”作进一步分析。另外，还要注意，速动比率是假设企业面临财务危机或者办理清算时，在存货等资产全无市场价值的情况下，以速动资产支付流动负债的短期偿债能力，是衡量企业应对紧急情况下的应变能力，不要以为速动比率低，企业就失去了偿债能力。最后应当注意，进行速动比率分析时，还应该对速动资产的结构与速动资产的变动趋势进行必要的分析，注意与本企业历史年份的资料进行比较以及与同行业的平均水平进行比较。

（3）现金比率。

速动资产中，流动性最强、可以直接用于偿债的资产称为现金资产。它主要包括货币资金、交易性金融资产等。现金比率是企业现金资产与流动负债的比率，其计算公式为：

现金比率=（货币资金+交易性金融资产）÷流动负债

这是最保守的短期偿债能力比率。在通常情况下，分析者很少重视这一指标。因为，如果企业的流动性不得不依赖现金和有价证券，而不是依赖应收票据及应收账款和存货的变现，那么，就意味着企业已处于财务困境，所以，该比率只有在企业已处于财务困境时，才是一个适当的比率。在企业已将应收账款和存货作为抵押品的情况下，或者分析者怀疑企业的应收票据及应收账款和存货存在流动性问题时，以该指标评价企业短期偿债能力是比较适当的选择。就正常情况下的企业而言，该比率过高，可能意味着该企业没有充分利用现金资源，当然，也有可能是因为已经有了现金使用计划（如厂房扩建等）。通常现金比率保持在30%左右为宜。

二、长期偿债能力分析

衡量长期偿债能力的财务比率，也分为存量比率和流量比率两类。

（一）总债务存量比率

从长期来看，所有债务都需要偿还。因此，反映长期偿债能力的存量比率是总债务、总资产和股东权益之间的比例关系。常用比率包括：资产负债率、产权比率和权益乘数。

（1）资产负债率。

资产负债率是负债总额占资产总额的百分比。该指标表明企业全部资金中有多少来源于举借债务，是对企业负债状况的一个总体反映，也是衡量企业财务风险的主要指标。其计算公式如下：

资产负债率=负债总额÷资产总额×100%

资产负债率越高，企业每年偿付利息、到期偿付本金的压力越大；该比率越低，企业将来所负的债务越少，企业偿债越有保证，贷款越安全。债权人对较高的负债比率非常谨慎。如果需要融资的企业已经有大额债务，再增加债务会使其不堪重负。因而债权人为了保护自己，通常会对负债比率较高的企业要求较高的利润率。

资产负债率还代表企业的举债能力。一个企业的资产负债率越低，举债越容易。如果资产负债率高到一定程度，再没有人愿意提供贷款了，则表明企业的举债能力已经用尽。

资产负债率可以衡量企业在清算时保护债权人利益的程度。这一比率越低（50%以下），表明企业的偿债能力越强。通常，在破产拍卖时，资产的售价不到账面价值的50%，因此资产负债率高于50%，则债权人的利益缺乏保障。各类资产变现能力有显著区别，房地产变现的价值损失小，专用设备则难以变现。不同企业的资产负债率不同，与其持有的资产类别有关。

事实上，对这一比率的分析，还要注意不同使用人。从债权人的立场看，债务比率越低越好，企业偿债有保证，贷款不会有太大风险；从股东的立场看，在全部资本利润率高于借款利息率时，负债比率越大越好，因为股东此时所得到的利润就会加大。从财务管理的角度看，在进行借入资本决策时，企业应当审时度势，全面考虑，充分估计预期的利润和增加的风险，权衡利害得失，作出正确的分析和决策。

（2）产权比率。

产权比率也称资本负债率，是指企业负债总额与所有者权益总额的比率，是企业资本结构是否合理、稳定的重要标志，同时，其也表明企业所有者权益对债权人权益的保障程度。其计算公式如下：

产权比率=负债总额÷所有者权益总额

产权比率不仅反映了由债务人提供的资本与所有者提供的资本的相对关系，而且反映了企业以自有资金偿还全部债务的能力，因此它又是衡量企业负债经营是否安全有利的重要指标。通常，这一比率越低，表明企业长期偿债能力越强，债权人权益保障程度越高，承担的风险越小。一般认为，当产权比率在100%以下时，企业应该是有偿债能力的，但还应该结合企业的具体情况加以分析。当企业的资产收益率大于负债成本率时，负债经营有利于提高资金收益率，获得额外的利润，这时的产权比率可适当高些。产权比率高，是高风险、高报酬的财务结构；产权比率低，是低风险、低报酬的财务结构。

产权比率与资产负债率对评价偿债能力的作用基本一致，两者的主要区别是：资产负债率侧重于分析债务偿付安全性的物质保障程度，产权比率则侧重于揭示财务结构的稳健程度以及自由资金对偿债风险的承受能力。

（3）权益乘数。

权益乘数是指资产总额相当于股东权益的倍数，表明1元股东权益拥有的总资产。权益乘数越大表明所有者投入企业的资本占全部资产的比重越小，企业负债的程度越高；反之，该比率越小，表明所有者投入企业的资本占全部资产的比重越大，企业的负债程度越低，债权人权益受保护的程度越高。权益乘数的计算公式如下：

权益乘数=资产总额÷股东权益总额

=1÷（1-资产负债率）

权益乘数是常用的财务杠杆，可以反映特定情况下资产利润率和权益利润率之间的倍数关系。

（二）总债务流量比率

（1）利息保障倍数。

利息保障倍数是指息税前利润为利息费用的倍数，反映企业经营活动承担利息支出的能力。该系数越高，企业偿还长期借款的可能性就越大；反之，则越小。企业生产经营活动创造的净收益，是企业支付利息的资金保证。如果企业创造的净收益不能保证支付借款利息，借款人就应考虑收回借款。一般认为，当利息保障倍数在3或4以上时，企业付息能力就有保证；低于这个数，就应考虑企业有无偿还本金和支付利息的能力。其计算公式如下：

利息保障倍数=息税前利润÷利息费用

利息保障倍数是对资产负债率的有益补充，因为资产负债率仅测算债务对企业财务状况（资产负债表）的影响，并不涉及企业支付利息的能力。而长期负债除了要求到期偿还本金之外，每年还要支付利息。如果企业出现不能及时偿还利息的情况，就会影响企业的信誉，企业的举债能力就会受到打击。如果资产负债表显示企业有净现金借出，则企业实际没有净利息流出，该指标的计算没有意义。

（2）现金流量利息保障倍数。

现金流量利息保障倍数是指经营现金流量为利息费用的倍数。它表明1元的利息费用有多少倍的经营现金流量作保障。它比以收益为基础的利息保障倍数更可靠，因为实际用以支付利息的是现金，而不是收益。现金流量利息保障倍数计算公式如下：

现金流量利息保障倍数=经营现金流量÷利息费用

（3）经营现金流量与债务比。

经营现金流量与债务比，是指经营活动所产生的经营现金净流量与债务总额的比率。该比率表明企业用经营现金流量偿付全部债务的能力。该比率越高，企业承担债务的能力越强；反之，则越弱。其计算公式为：

经营现金流量与债务比=经营现金流量÷债务总额×100%

式中的“债务总额”，一般情况下使用期末和期初的加权平均数，为了简便，也可以使用期末数。

（三）影响长期偿债能力的其他因素

上述衡量长期偿债能力的财务比率是根据财务报表数据计算的，还有一些表外因素影响企业的长期偿债能力，必须引起足够的重视。

（1）长期租赁。

当企业急需某种设备或厂房而又缺乏足够的资金时，可以通过租赁的方式解决。财产租赁的形式包括融资租赁和经营租赁，融资租赁形成的负债大多会在资产负债表中反映，而经营租赁则没有在资产负债表中反映。当企业的经营租赁量比较大、期限比较长或具有经常性时，就形成了一种长期性筹资，这种长期性筹资到期时必须支付租金，会对企业的偿债能力产生影响。因此，如果企业经常发生经营租赁业务，应考虑租赁费用对偿债能力的影响。

（2）债务担保。

担保项目的时间长短不一，有的涉及企业的长期负债，有的涉及企业的流动负债。在分析企业长期偿债能力时，应根据有关资料判断担保责任带来的潜在长期负债问题。

（3）未决诉讼。

未决诉讼一旦败诉，便会影响企业的偿债能力，因此，在评价企业长期偿债能力时要考虑其潜在影响。

任务实施

根据M企业2020年、2021年、2022年各报表的相关信息进行分析，具体分析步骤如下：

第一步：短期偿债能力分析。

计算短期偿债能力分析指标，见表5-1-1。

表5-1-1　短期偿债能力分析指标

项目	2020年	2021年	2022年
流动比率	1.70	1.26	1.12
速动比率	1.23	1.03	0.96
现金比率	0.68	0.58	0.55

（1）流动比率=流动资产÷流动负债

2020年：流动比率=403 869 ÷238 072=1.70

2021年：流动比率=530 222 ÷419 562=1.26

2022年：流动比率=542 098 ÷481 909=1.12

M企业2020年至2022年的流动比率数据分别为1.70、1.26、1.12，呈现出逐年递减的情况，说明M企业短期偿债能力逐年减弱。以2021年数据为例，较2020年降低了0.44，表明每1元流动负债提供的流动资产保障减少了0.44元。流动比率的逐年递减是否在合理范围内，分析时还可以与行业平均值进行比较，如若出现重大偏离，就要对构成流动比率的流动资产和流动负债项目逐一进行分析，寻找形成差异的原因。

（2）速动比率=速动资产÷流动负债

2020年：速动比率=293 217 ÷238 072=1.23

2021年：速动比率=431 046 ÷419 562=1.03

2022年：速动比率=461 087 ÷481 909=0.96

M企业2020年至2022年的速动比率分别为1.23、1.03、0.96，呈现出逐年降低的趋势，说明M企业短期偿债能力逐年减弱。以2021年数据为例，较2020年降低了0.20，表明每1元流动负债提供的速动资产保障减少了0.20元。速动比率的逐年递减是否在合理范围内，可以与行业平均值进行比较，如若出现重大偏离，就要对构成速动比率的速动资产和流动负债项目逐一进行分析，寻找形成差异的原因。

（3）现金比率=（货币资金+短期有价证券）÷流动负债

2020年：现金比率=162 216 ÷238 072=0.68

2021年：现金比率=241 484÷419 562=0.58

2022年：现金比率=264 513 ÷481 909=0.55

M企业2020年至2022年的速动比率分别为0.68、0.58、0.55，呈现出逐年降低的趋势，说明M企业短期偿债能力逐年减弱。以2022年数据为例，较2021年降低了0.03，表明每1元流动负债提供的现金资产保障减少了0.03元。另外，2022年现金比率相较于2020年下降了0.13，具体分析来看，在流动负债增长近1倍的情况下，现金资产增长约为63.06%，可以看出，现金资产的增长幅度小于流动负债的增长幅度是造成现金比率下降的原因。

总的来说，流动比率、速动比率、现金比率3个指标逐年递减，发展趋势一致，表明M企业短期偿债能力减弱。

第二步：长期偿债能力分析。

计算长期偿债能力分析指标，见表5-1-2。

表5-1-2　长期偿债能力分析指标

项目	2020年	2021年	2022年
资产负债率	33.59%	46.61%	48.26%
权益乘数	1.51	1.87	1.93
产权比率	50.57%	87.31%	93.26%

（1）资产负债率=负债总额÷资产总额×100%

2020年：资产负债率=241 917 ÷720 285 ×100%=33.59%

2021年：资产负债率=423 328 ÷908 202 ×100%=46.61%

2022年：资产负债率=490 441 ÷1 016 322 ×100%=48.26%

M企业2020年至2022年的资产负债率分别为33.59%、46.61%、48.26%，呈现出逐年走高的趋势，说明M企业长期偿债能力逐年减弱。以2021年数据为例，较2020年上涨了13.02%，表明每1元的总资产中负债所占的比例增加了约0.13元。那么判断指标中负债比例的提高是否在合理范围内，尤其要注意与行业平均值进行比较，如若出现重大偏离，就要逐一寻找形成差异的原因，及时调整负债比例。

（2）权益乘数=资产总额÷所有者权益总额

2020年：权益乘数=720 285÷478 368=1.51

2021年：权益乘数=908 202÷484 874=1.87

2022年：权益乘数=1 016 322÷525 881=1.93

M企业2020年至2022年的产权比率分别为1.51、1.87、1.93，呈现出逐年走高的态势，表明股东投入的资本在资产中所占比重越来越小，负债比重越来越大，也说明M企业长期偿债能力逐年减弱。分析时，要关注这种比率的发展是否符合企业经营的需要，据以调整投资策略或经营策略。

（3）产权比率=负债总额÷所有者权益总额×100%

2020年：产权比率=241 917÷478 368×100%=50.57%

2021年：产权比率=423 328÷484 874×100%=87.31%

2022年：产权比率=490 441÷525 881×100%=93.26%

M企业2020年至2022年的产权比率分别为50.57%、87.31%、93.26%，呈现出逐年走高的态势，说明M企业长期偿债能力逐年减弱。以2021年数据为例，较2020年上涨了36.74%，表明每1元的所有者权益中负债所占的比例增加了约0.37元。那么，产权比率如此快速的提高是否合理，可以与行业平均值进行比较，如若出现重大偏离，就要逐一寻找形成差异的原因，及时调整产权结构。

任务2　营运能力分析

任务描述

根据M企业2020年、2021年、2022年各报表的相关信息，计算并分析M企业的营运能力。

相关知识

企业营运能力是指企业对资产的管理与运营效率。当企业的资产处在静止状态时，不可能产生收益，只有当企业运用这些资产进行生产经营活动时，才有可能产生收益。因此，企业的营运能力越强，资产的周转速度越快，企业获得收益的可能性就越大。其一般通过企业资产管理比率来衡量，主要表现为资产管理及资产利用的效率。

企业营运能力分析的作用主要有三个方面：第一，评价企业资产营运的效率；第二，发现企业在资产营运中存在的问题；第三，作为盈利能力分析和偿债能力分析的基础与补充。

一、流动资产周转率

流动资产周转率是一定时期内营业收入和流动资产平均余额的比率。流动资产周转率的计算一般可以采取以下两种方式：

流动资产周转率（次数）=营业收入÷流动资产平均余额

式中：流动资产平均余额=（流动资产期初余额+流动资产期末余额）÷2

流动资产周转天数=计算期天数（365）÷流动资产周转率（次数）

=计算期天数（365）×流动资产平均余额÷营业收入

流动资产周转次数表明流动资产1年中周转的次数，或者说是1元流动资产所支持的营业收入。流动资产周转天数表明流动资产周转1次所需要的时间，也就是流动资产转换成现金平均需要的时间。流动资产与营业收入之比，表明1元营业收入所需要的流动资产投资。流动资产的周转次数越多，周转天数越少，则周转速度越快，流动资产营运能力就越好；反之，则周转速度越慢，流动资产营运能力就越差。企业提高流动资产的周转速度可以提高资金利用效率，相当于投入了更多的流动资产于企业的运营当中，有助于企业提高收入。

通常，流动资产中应收账款和存货占绝大部分，因此，它们的周转状况对流动资产周转具有决定性的影响。

二、存货周转率

存货周转率是营业收入（或营业成本）与存货平均余额的比值。

存货周转率的计算一般可以采取以下两种方式：

存货周转率（次数）=营业收入（或营业成本）÷存货平均余额

式中：存货平均余额=（存货期初余额+存货期末余额）÷2

存货周转天数=计算期天数（365）÷存货周转次数

=计算期天数（365）×存货平均余额÷营业收入（或营业成本）

在计算和使用存货周转率时，应注意以下四个问题：

第一，计算存货周转率时，使用“营业收入”还是“营业成本”作为周转额，要看分析的目的。在短期偿债能力分析中，为了评估资产的变现能力，需要计量存货转换为现金的数量和时间，因此应采用“营业收入”。在分解总资产周转率时，为系统分析各项资产的周转情况并识别主要的影响因素，应统一使用“营业收入”计算存货周转率。如果是为了评估存货管理的业绩，则应当使用“营业成本”计算存货周转率，使其分子和分母的口径一致。实际上，两种周转率的差额是由毛利引起的，用哪一种方式计算都能达到分析的目的。

第二，存货周转天数不是越少越好。存货过多，会浪费资金；存货过少，则不能满足流转的需要。因此，在特定的生产经营条件下，存在一个最佳的存货水平，存货不是越少越好。

第三，注意应付款项、存货和应收账款（或销售）之间的关系。一般说来，销售增加会拉动应收账款、存货和应付账款的增加，不会引起周转率的明显变化。但是，当企业接受一个大的订单时，先要增加采购，然后依次推动存货和应收账款的增加，最后才会引起收入上升。因此，在该订单实现销售以前，先表现为存货周转天数等的增加，这种周转天数的增加没有什么不好。与此相反，当企业预见到销售会萎缩时，先要减少采购，然后依次引起存货周转天数等的下降。这种周转天数的下降不是什么好事，它并非是资产管理得到改善的结果。因此，任何财务分析都应以认识经营活动的本来面目为目的，不可根据数据的高低简单下结论。

第四，关注构成存货的产成品、自制半成品、原材料、在产品和低值易耗品之间的比例关系。各类存货的明细资料以及对存货发生重大变动的解释，在报表附注中均应有披露。在正常情况下，它们之间存在某种比例关系。如果产成品大量增加，其他项目减少，很可能是销售不畅，放慢了生产节奏。此时，总的存货金额可能并没有显著变动，甚至尚未引起存货周转率的显著变化。因此，分析时既要重点关注变化大的项目，也不能完全忽视变化不大的项目，因为其内部可能隐藏着重要的问题。

三、应收账款周转率

应收账款周转率是赊销收入净额与应收账款平均余额的比率。

应收账款周转率的计算一般可以采取以下两种方式：

应收账款周转率（次数）=赊销收入净额÷应收账款平均余额

式中：赊销收入净额=主营业务收入−现销收入−销售退回（折让/折扣）

应收账款平均余额=（应收账款期初余额+应收账款期末余额）÷2

应收账款周转天数=计算期天数（365）÷应收账款周转次数

=计算期天数（365）×应收账款平均余额÷赊销收入净额

应收账款周转次数表明应收账款1年中周转的次数，或者说明1元应收账款投资支持的销售收入。应收账款周转天数也称应收账款的收现期，表明从销售开始到回收现金平均需要的天数。

计算和使用应收账款周转率时应注意以下六个问题：

（1）主营业务收入的赊销比例问题。

从理论上说，应收账款是赊销引起的，其对应的流量是赊销额，而非全部主营业务收入。因此，计算时应使用赊销额取代主营业务收入。但是，由于外部分析人员无法取得赊销数据，因此只好直接使用主营业务收入计算。实际上，这相当于假设现金销售是收现时间等于零的应收账款。只要现金销售与赊销额的比例是稳定的，不妨碍与上期数据的可比性即可。问题是与其他企业比较时，不知道可比企业的赊销比例，也就无从知道应收账款是否可比。

（2）应收账款年末余额的可靠性问题。

应收账款是特定时点的存量，容易受季节性、偶然性和人为因素的影响。在应收账款周转率用于业绩评价时，最好使用多个节点的平均数，以减少这些因素的影响。

（3）应收账款减值准备问题。

统一财务报表上列示的应收账款是已经提取减值准备后的净额，而销售收入并没有相应减少。其结果是，提取的减值准备越多，应收账款周转天数越少。这种周转天数的减少不是好的业绩，反而说明应收账款的管理欠佳。如果减值准备数额较大，就应进行调整，使用未提取坏账准备的应收账款计算周转天数。报表附注中应披露应收账款减值的信息，并作为调整的依据。

（4）应收票据是否计入应收账款周转率。

大部分应收票据是销售形成的，是应收账款的另一种形式，应将其纳入应收账款周转天数的计算，称为“应收账款及应收票据周转天数”。

（5）应收账款周转天数是否越少越好。

应收账款是赊销引起的，如果赊销有可能比现金销售更有利，周转天数就不会越短越好。收现时间的长短与企业的信用政策有关。例如，A企业的应收账款周转天数是18天，信用期限是20天；B企业的应收账款周转天数是15天，信用期限是10天。前者应收账款的业绩优于后者，尽管其周转天数较多。改变信用政策，通常会引起应收账款周转天数的变化。信用政策的评价涉及多种因素，不能仅仅考虑周转天数的缩短。

（6）应收账款的分析应同销售额分析、现金分析联系起来。

应收账款的起点是销售，终点是现金。在正常情况下，销售增加会引起应收账款的增加，现金的存量和经营性现金流量也会随之增加。如果一个企业的应收账款日益增加，而销售额和现金日益减少，则可能是销售出了比较严重的问题，促使企业放宽信用政策，甚至随意发货，而现金收不回来。

总之，分析人员应当深入应收账款的内部，并且要注意应收账款与其他问题之间的联系，这样才能正确评价应收账款周转率。

四、总资产周转率

总资产周转率是营业收入与总资产平均余额之间的比率。

总资产周转率的计算一般可以采取以下两种方式：

总资产周转率（次数）=营业收入÷总资产平均余额

式中：总资产平均余额=（总资产期初余额+总资产期末余额）÷2

总资产周转天数=计算期天数（365）÷总资产周转率（次数）

=计算期天数（365）×总资产平均余额÷营业收入

总资产周转次数表示总资产在1年中周转的次数。在销售利润率不变的情况下，周转次数越多，形成的利润越多，所以它可以反映盈利能力，也可以被理解为每1元资产投资所产生的销售额。产生的销售额越多，说明资产的使用和管理效率越高。所以这个指标可以粗略地计量企业资产创造收入的能力，反映企业管理层管理企业资产的能力。当然，企业资产的组成很复杂，所以这个指标只是一种粗略的描述，还要具体考虑企业资产的情况才能作出合理、细致的评价。

总资产周转天数是以时间长度表示的总资产周转率，它表示总资产周转1次所需要的时间。时间越短，总资产的使用效率越高，盈利性越好。

任务实施

M企业的营运能力分析见表5-2-1。

表 5-2-1　　　　M企业的营运能力分析表

项目	2020年	2021年	2022年
流动资产周转率（次）	1.40	1.47	1.58
流动资产周转天数（天）	261	248	231
存货周转率（次）	9.08	8.01	10.23
存货周转天数（天）	40	46	36
应收账款周转率（次）	9.86	11.56	17.59
应收账款周转天数（天）	37	32	21
总资产周转率（次）	0.83	0.84	0.88
总资产周转天数（天）	440	435	415

M企业2019年12月31日流动资产为415 464万元，应收账款为62 483万元，存货为43 461，总资产为661 882万元；2020年主营业务收入为532 729万元。

具体分析步骤如下：

第一步：流动资产周转率分析。

（1）流动资产周转次数=营业收入÷流动资产平均余额

2020年：流动资产周转次数=572 827÷［（403 869+415 464）÷2］=1.40（次）

2021年：流动资产周转次数=686 500÷［（530 222+403 869）÷2］=1.47（次）

2022年：流动资产周转次数=848 349÷［（542 098+530 222）÷2］=1.58（次）

（2）流动资产周转天数=计算期天数（365）÷流动资产周转次数

2020年：流动资产周转天数=365÷1.40=261（天）

2021年：流动资产周转天数=365÷1.47=248（天）

2022年：流动资产周转天数=365÷1.58=231（天）

从对M企业的流动资产周转率的分析来看，2020—2022年，M企业的流动资产周转次数基本稳定在1.5次左右，流动资产周转天数也相对稳定。仅就该比例而言，流动资产周转率较低，流动资产营运能力较差。数据使用者应进一步了解这种现状究竟是由企业的性质决定的，还是企业经营不善的结果。若为后者，则要具体分析造成这种结果的具体原因，如查看应收账款周转情况或存货的周转情况。

第二步：存货周转率分析。

（1）存货周转次数=营业收入÷存货平均余额

2020年：存货周转次数=572 827÷［（82 726+43 461）÷2］=9.08（次）

2021年：存货周转次数=686 500÷［（88 689+82 726）÷2］=8.01（次）

2022年：存货周转次数=848 349÷［（77 183+88 689）÷2］=10.23（次）

（2）存货周转天数=计算期天数（365）÷存货周转次数

2020年：存货周转天数=365÷9.08=40（天）

2021年：存货周转天数=365÷8.01=46（天）

2022年：存货周转天数=365÷10.23=36（天）

从对M企业的存货周转率的分析来看，2020—2022年，M企业的存货周转次数分别为9.08次、8.01次、10.23次，存货周转天数分别为40天、46天、36天，存货周转情况表现出一定的波动性，2021年相对于2020年存货周转次数减少，存货周转天数增加，表明存货周转速度减缓，而2022年相对于2021年存货周转次数增加，周转天数减少，表明存货周转速度加快。数据的使用者除了需要将M企业的数据与M企业自身的历史状况进行比较，还需要将M企业的数据与行业平均水平、行业先进水平进行比较，从而找出差距，弥补不足。

第三步：应收账款周转率分析。

（1）应收账款周转次数=主营业务收入÷应收账款平均余额

2020年：应收账款周转次数=532 729÷［（45 529+62 483）÷2］=9.86（次）

2021年：应收账款周转次数=639 688÷［（62 483+48 202）÷2］=11.56（次）

2022年：应收账款周转次数=788 512÷［（48 202+41 457）÷2］=17.59（次）

（2）应收账款周转天数=计算期天数（365）÷应收账款周转次数

2020年：应收账款周转天数=365÷9.86=37（天）

2021年：应收账款周转天数=365÷11.56=32（天）

2022年：应收账款周转天数=365÷17.59=21（天）

从对M企业的应收账款周转率的分析来看，2020—2022年，M企业的应收账款周转次数分别为9.86次、11.56次、17.59次，应收账款周转天数分别为37天、32天、21天。应收账款周转情况在2022年得到了明显的改善。一般而言，应收账款周转率的提高或应收账款周转天数的缩短，表明应收账款支持销售额的能力在增强。换句话讲，应收账款变现的能力在增强。当然，这只是一般意义上的分析，数据的使用者还应当深入到应收账款的内部进行更具体的分析，并且要注意应收账款与其他问题之间的联系，这样才能正确评价应收账款周转率。

第四步：总资产周转率分析。

（1）总资产周转次数=营业收入÷总资产平均余额

2020年：总资产周转次数=572 827÷［（720 285+661 882）÷2］=0.83（次）

2021年：总资产周转次数=686 500÷［（908 202+720 285）÷2］=0.84（次）

2022年：总资产周转次数=848 349÷［（1 016 322+908 202）÷2］=0.88（次）

（2）总资产周转天数=计算期天数（365）÷总资产周转率

2020年：总资产周转天数=365÷0.83=440（天）

2021年：总资产周转天数=365÷0.84=435（天）

2022年：总资产周转天数=365÷0.88=415（天）

从对M企业的总资产周转率的分析来看，2020—2022年，M企业的总资产周转次数分别为0.83次、0.84次、0.88次，总资产周转天数分别为440天、435天、415天。单就数据而言，它表明该公司的总资产周转情况较差。总资产是由各项资产组成的，在营业收入既定的条件下，数据的使用者需要进一步分析究竟是哪些资产的运行效率低下造成总资产周转情况较差。

任务3　盈利能力分析

任务描述

根据M企业2020年、2021年、2022年各报表的相关信息，计算并分析M企业的盈利能力。

相关知识

盈利能力是指企业赚取利润的能力。一般来讲，企业的盈利能力只涉及正常的营业状况。非正常的营业状况也会给企业带来收益或者损失，但这只是特殊情况下的个别情况，不能说明企业的能力。

评价企业盈利能力的比率主要有以下两类：

（1）与投资有关的盈利能力。

这类分析需要综合资产负债表和利润表的资料，研究利润与企业总资产或所有者投入资本之间的比率关系。其主要指标包括：净资产收益率、总资产收益率等。

（2）与销售有关的盈利能力。

这类分析只利用利润表资料，研究利润与收入或成本之间的比率关系。其主要指标包括：营业毛利率、营业利润率、营业净利率、成本费用利润率等。

一、与投资有关的盈利能力分析

与投资有关的盈利能力分析主要是对总资产收益率和净资产收益率指标进行分析与评价。

（一）总资产收益率

总资产收益率（return on total assets，ROA）是指企业在一定时期内的息税前利润总额和总资产平均余额的比率。其计算公式为：

总资产收益率=息税前利润总额÷总资产平均余额×100%

式中：总资产平均余额=（总资产期初余额+总资产期末余额）÷2

总资产收益率主要用来反映在不考虑利息费用和纳税因素，只考虑经营情况时，管理层对能够运用的所有资产管理好坏的程度，以及利用企业现有资源创造价值的能力。这一比率越高，说明企业全部资产的盈利能力越强；反之，则说明企业全部资产的盈利能力越弱。该指标与息税前利润总额成正比，与总资产平均余额成反比。

这个比率是对企业经营盈利能力的衡量，没有考虑企业的财务结构和税收影响。虽然股东的报酬由总资产收益率和财务杠杆共同决定，但提高财务杠杆会同时增加企业风险，往往并不增加企业价值。此外，财务杠杆的提高有诸多限制，企业经常处于财务杠杆不可能再提高的临界状态。因此，驱动净资产收益率的基本动力是总资产收益率。

（二）净资产收益率

净资产收益率（return on equity，ROE），是指企业净利润与所有者权益平均余额（净资产平均余额）的比率。其计算公式为：

净资产收益率=净利润÷净资产平均余额×100%

式中：净资产平均余额=（净资产期初余额+净资产期末余额）÷2

净资产收益率反映了每1元股东资本赚取的净收益，可以衡量企业总体的盈利能力。因此，ROE越高越好。这个比率对普通股股东非常有意义，股东可以用这个数据和自己的期望收益率相比，决定是否继续投资该公司。除非特殊的原因，否则不要投资ROE很低的公司。同样，管理层也可以用这个数据和企业的贷款利率相比较，如果其比贷款利率高，那么说明企业很好地利用了财务杠杆为股东创造了更多价值。

二、与销售有关的盈利能力分析

与销售有关的盈利能力分析主要是对营业毛利率、营业净利率、营业利润率和成本费用利润率指标进行分析与评价。

（一）营业毛利率

营业毛利率是毛利占营业收入的百分比，其中毛利是营业收入与营业成本的差。其计算公式为：

营业毛利率=（营业收入-营业成本）÷营业收入×100%

营业毛利率表示每1元营业收入扣除营业成本后，有多少钱可以用于各项期间费用及形成盈利。营业毛利率是营业净利率的基础，没有足够大的毛利率便不能盈利。

不同行业的毛利率水平不同。我国酿酒业的平均毛利率可达60%左右，而乳品业企业的平均毛利率仅为30%左右。在同一行业内，经营模式不同，毛利率的差异也较大。例如，同样是医药行业，医药制造业的毛利率高于医药商业。但相同行业的企业，即使经营模式一样，其毛利率也会存在较大差异。如在酿酒业，对于同样生产白酒的贵州茅台和洋河股份，其毛利率也存在很大差异。贵州茅台由于其供需的特殊性，毛利率达到令人惊讶的90%，远远高于洋河股份的56.31%。

（二）营业净利率

营业净利率是指净利润与营业收入的比率，该指标反映每1元营业收入带来的净利润是多少，表示营业收入的收益水平。这个指标通常越高越好。其计算公式为：

营业净利率=净利润÷营业收入×100%

营业净利率的大小主要受营业收入和净利润的影响，从利润的源泉到最终的净利润，中间要经过营业成本、税金及附加、三项期间费用、资产减值损失、公允价值变动收益、投资收益及所得税等多个环节才能形成企业的净利润，因此，这些项目的增减变化都会影响到营业净利率的大小。

营业净利率与净利润成正比关系，与营业收入成反比关系。企业在增加营业收入的同时，必须相应地获得更多的净利润，才能使营业净利率保持不变或有所提高。要想提高营业净利率，一是要扩大营业收入，二是降低成本费用。而降低各项成本费用开支是企业财务管理的一项重要内容。通过对各项成本费用开支的列示，有利于企业进行成本费用的结构分析，加强成本控制，为寻求降低成本费用的途径提供依据。通过分析营业净利率的升降变动，可以促使企业在扩大销售的同时，注意改进经营管理，提高盈利水平。

营业净利率是企业销售的最终盈利能力指标。该比率越高，说明企业的盈利能力越强，但是它受行业特点影响较大。通常，资本越密集的企业，其营业净利率就越高；反之，资本密集程度较低的企业，其营业净利率也较低。

另外，2006年颁布实施的新会计准则也给该指标带来了一些直接的影响。按新会计准则的规定，利润表中不再区分主营业务收入和其他业务收入，而是合并为营业收入，但原来的指标分母是主营业务收入，统计口径要比新准则下的营业收入小，因此，不考虑其他因素，该指标在数据计算时会偏小。

（三）营业利润率

营业利润率是指企业一定期间的营业利润与营业收入的比率。其计算公式为：

营业利润率=营业利润÷营业收入×100%

该指标揭示了在企业的利润构成中营业利润所占的比率，表明企业每1元的营业收入能带来多少营业利润，反映了企业主营业务的盈利能力。通常说来，该比率值越高，企业的盈利越稳定。

营业利润率是从企业主营业务的盈利能力和获利水平方面对资本金收益率指标的进一步补充，体现了企业主营业务利润对利润总额的贡献，以及对企业全部收益的影响程度。同时，该指标也体现了企业经营活动最基本的盈利能力，没有足够大的营业利润率就无法形成企业的最终利润。因此，结合企业的营业收入、营业成本进行分析，便能够充分考察企业在成本控制、费用管理、产品营销、经营策略等方面的不足与成绩。

（四）成本费用利润率

成本费用利润率是企业一定期间的利润总额与成本费用总额的比率。其计算公式为：

成本费用利润率=利润总额÷成本费用总额×100%

式中的利润总额和成本费用总额来自企业的利润表。成本费用一般指营业成本、税金及附加和三项期间费用。

成本费用利润率指标表明每付出1元成本费用可获得多少利润，体现了经营耗费所带来的经营成果。该项指标越高，反映企业为取得利润而付出的代价越小，成本费用控制得越好，盈利能力越强。

任务实施

M企业的盈利能力分析见表5-3-1。

表5-3-1　M企业的盈利能力分析表

项目	2020年	2021年	2022年
总资产收益率	3.90%	3.22%	5.98%
净资产收益率	4.96%	5.09%	10.46%
营业毛利率	4.26%	7.61%	5.59%
营业利润率	3.74%	3.08%	6.12%
营业净利率	3.90%	3.57%	6.23%
成本费用利润率	3.75%	3.31%	6.08%

2019年12月31日M企业所有者权益总额为423 402万元。

具体分析步骤如下：

第一步：与投资有关的盈利能力分析。

（1）总资产收益率=息税前利润总额÷总资产平均余额×100%

2020年：总资产收益率=（22 127+4 848）÷［（720 285+661 882）÷2］×100%=3.90%

2021年：总资产收益率=（22 891+3 301）÷［（908 202+720 285）÷2］×100%=3.22%

2022年：总资产收益率=（52 670+4 876）÷［（1 016 322+908 202）÷2］×100%=5.98%

从对M企业的总资产收益率的分析来看，2020—2022年M企业的总资产收益率分别为3.90%、3.22%、5.98%，2022年M企业的总资产收益率较前两年有明显的提高，这说明企业利用总资产获取利润的能力得到了提高。

（2）净资产收益率=净利润÷净资产平均余额×100%

2020年：净资产收益率=22 359÷［（478 368+423 402）÷2］×100%=4.96%

2021年：净资产收益率=24 506÷［（484 874+478 368）÷2］×100%=5.09%

2022年：净资产收益率=52 847÷［（525 881+484 874）÷2］×100%=10.46%

从对M企业的净资产收益率的分析来看，2020—2022年，M企业的净资产收益率分别为4.96%、5.09%、10.46%。2020年、2021年两年的净资产收益率基本相当，2022年的净资产收益率则较前两年有明显提高，几乎为前两年的2倍。这说明企业自有投资的经济效益取得了跨越式的发展。在所有者权益无重大变化的前提下，数据使用者还可进一步分析造成净利润大幅度增长的原因，是主营业务收入的提高，还是三项期间费用的缩减，抑或是当年税率的大幅调整，从而了解净资产收益率的提高究竟是长期因素造成的还是偶发因素造成的，进而对企业有更为客观的评价。

第二步：与销售有关的盈利能力分析。

（1）营业毛利率=（营业收入-营业成本）÷营业收入×100%

2020年：营业毛利率=（572 827-548 439）÷572 827×100%=4.26%

2021年：营业毛利率=（686 500-634 284）÷686 500×100%=7.61%

2022年：营业毛利率=（848 349-800 929）÷848 349×100%=5.59%

从对M企业的营业毛利率的分析来看，2020—2022年，M企业的营业毛利率分别为4.26%、7.61%、5.59%，3年间变化不大。仅就数据而言，它表明M企业是一个毛利率非常低的企业，若行业中的其他企业毛利率也不高，则说明M企业所处的行业是一个微利行业，企业的营业收入扣除营业成本后，几乎没有多少资金可用于形成盈利。

（2）营业净利率=净利润÷营业收入×100%

2020年：营业净利率=22 359÷572 827×100%=3.90%

2021年：营业净利率=24 506÷686 500×100%=3.57%

2022年：营业净利率=52 847÷848 349×100%=6.23%

从对M企业的营业净利率的分析来看，2020—2022年，M企业的营业净利率分别为3.90%、3.57%、6.23%，2020年、2021年两年的营业净利率基本相当，2022年的营业净利率则较前两年有明显提高，几乎为前两年的2倍，这说明M企业营业收入的收益水平较前两年得到了明显改善。但仅就数据而言，它表明M企业是一个效益较差的企业，营业净利率水平不高。

（3）营业利润率=营业利润÷营业收入×100%

2020年：营业利润率=21 436÷572 827×100%=3.74%

2021年：营业利润率=21 134÷686 500×100%=3.08%

2022年：营业利润率=51 918÷848 349×100%=6.12%

从对M企业的营业利润率的分析来看，2020—2022年，M企业的营业利润率分别为3.74%、3.08%、6.12%，2020年、2021年两年的营业利润率基本相当，2022年的营业利润率则较前两年有明显提高，几乎为前两年的2倍，这说明M企业通过经营获取利润的能力在提高。但数据使用者还需要将其与行业水平进行比较，从而更为合理地评估企业获取利润的能力。

（4）成本费用利润率=利润总额÷成本费用总额×100%

2020年：成本费用利润率=22 127÷590 036×100%=3.75%

2021年：成本费用利润率=22 891÷691 141×100%=3.31%

2022年：成本费用利润率=52 670÷866 205×100%=6.08%

从对M企业的成本费用利润率的分析来看，2020—2022年，M企业的成本费用利润率分别为3.75%、3.31%、6.08%，2020年、2021年两年的成本费用利润率基本相当，2022年的成本费用利润率最高，约为前两年的2倍，这说明企业每1元的耗费所取得的收益水平在提高。

任务4 发展能力分析

任务描述

根据M企业2020年、2021年、2022年各报表的相关信息，计算并分析M企业的发展能力。

相关知识

企业的发展能力是指未来生产经营活动的发展趋势和增长潜力。我们之前的财务比率分析，都是从静态的角度出发来分析企业的财务状况，包括盈利能力、营运能力、偿债能力等。而发展能力分析从动态的角度着眼，分析和预测企业的增长潜力，是对静态分析的有力补充。

企业的价值不仅取决于现有的财务状况，更取决于企业未来的发展能力。因此，企业的发展能力特别受到股权投资者的关注。通过发展能力分析评价企业的持续发展情况，有利于投资者选择合适的投资目标，作出正确的投资决策。

考察企业发展能力的指标主要有：营业收入增长率、净利润增长率、资本积累率、总资产增长率、营业利润增长率、资本保值增值率、技术投入比率、三年销售平均增长率和三年平均资本增长率等指标。下面仅对前五种指标进行介绍。

一、营业收入增长率

营业收入增长率是企业本年营业收入增长额与上年营业收入总额的比率，它反映了企业营业收入的增减变动情况。营业收入增长率大于零，表明企业本年营业收入有所增长。该指标值越高，表明企业营业收入的增长速度越快，企业市场前景越好。其计算公式为：

营业收入增长率=本年营业收入增长额÷上年营业收入总额×100%

式中：本年营业收入增长额=本年营业收入总额-上年营业收入总额

二、净利润增长率

净利润增长率是企业本年净利润增长额与上年净利润总额的比率，它反映了企业净利润的增减变动情况。该指标越高，表明企业获取净利润的能力越强；反之，则表明企业获取净利润的能力越弱。其计算公式为：

净利润增长率=本年净利润增长额÷上年净利润总额×100%

式中：本年净利润增长额=本年净利润总额-上年净利润总额

三、资本积累率

资本积累率是企业本年所有者权益增长额与年初所有者权益总额的比率，它反映了企业当年资本的积累能力。资本积累率越高，表明企业的资本积累越多，企业应对风险、持续发展的能力越强。其计算公式为：

资本积累率=本年所有者权益增长额÷年初所有者权益总额×100%

式中：本年所有者权益增长额=年末所有者权益总额-年初所有者权益总额

四、总资产增长率

总资产增长率是企业本年总资产增长额与年初资产总额的比率，它反映了企业本期资产规模的增长情况。总资产增长率越高，表明企业一定时期内资产经营规模扩张的速度越快。但在分析时，数据使用者应关注资产规模扩张的质和量的关系，以及企业的后续发展能力，避免盲目扩张。其计算公式为：

总资产增长率=本年总资产增长额÷年初资产总额×100%

式中：本年总资产增长额=年末资产总额-年初资产总额

五、营业利润增长率

营业利润增长率是企业本年营业利润增长额与上年营业利润总额的比率，它反映了企业营业利润的增减变动情况。其计算公式为：

营业利润增长率=本年营业利润增长额÷上年营业利润总额×100%

式中：本年营业利润增长额=本年营业利润总额-上年营业利润总额

任务实施

M企业的发展能力分析见表5-4-1。

表5-4-1　M企业的发展能力分析表

项目	2020年	2021年	2022年
营业收入增长率	10.54%	19.84%	23.58%
总资产增长率	8.82%	26.09%	11.90%
资本积累率	12.98%	1.36%	8.46%
净利润增长率	1 583.68%	9.60%	115.65%
营业利润增长率	964.01%	-1.41%	145.66%

2019年营业收入为518 188万元，营业利润为-2 481万元，净利润为-1 507万元。

具体分析步骤如下：

第一步：营业收入增长率分析。

营业收入增长率=本年营业收入增长额÷上年营业收入总额×100%

2020年：营业收入增长率=（572 827-518 188）÷518 188×100%=10.54%

2021年：营业收入增长率=（686 500-572 827）÷572 827×100%=19.84%

2022年：营业收入增长率=（848 349-686 500）÷686 500×100%=23.58%

从对M企业的营业收入增长率的分析来看，2020—2022年，M企业的营业收入增长率分别为10.54%、19.84%、23.58%，呈逐年递增的趋势，但增长势头在2022年有所减慢。数据使用者要密切关注企业后续的增长态势及发展的持续性，并以此作为经营决策的依据。

第二步：总资产增长率分析。

总资产增长率=本年总资产增长额÷年初资产总额×100%

2020年：总资产增长率=（720 285-661 882）÷661 882×100%=8.82%

2021年：总资产增长率=（908 202-720 285）÷720 285×100%=26.09%

2022年：总资产增长率=（1 016 322-908 202）÷908 202×100%=11.90%

从对M企业的总资产增长率的分析来看，2020—2022年，M企业的总资产增长率分别为8.82%、26.09%、11.90%。从数据中明显可以看出，M企业的总资产在经历了2021年的相对高增长后，2022年的增长变得缓慢。数据使用者不仅要关注总资产的增长，同时还要知道总资产的这种增长究竟是负债引起的，还是所有者权益的增加引起的，以此衡量资产的质量，防范企业的经营风险。

第三步：资本积累率分析。

资本积累率=本年所有者权益增长额÷年初所有者权益总额×100%

2020年：资本积累率=（478 368-423 402）÷423 402×100%=12.98%

2021年：资本积累率=（484 874-478 368）÷478 368×100%=1.36%

2022年：资本积累率=（525 881-484 874）÷484 874×100%=8.46%

从对M企业的资本积累率的分析来看，2020—2022年，M企业的资本积累率分别为12.98%、1.36%、8.46%。数据使用者应结合营业收入增长率、总资产增长率对资本积累率进行考虑，要特别注意2021年资本积累率数据不协调的原因。毕竟在营业收入增长率达19.84%、总资产增长率达26.09%的背景下，资本积累率并没有同步增长。因此，数据使用者要进一步对构成资本积累率的各明细项逐一进行分析，以查找原因，为改善经营提供依据。

第四步：净利润增长率分析。

净利润增长率=本年净利润增长额÷上年净利润总额×100%

2020年：净利润增长率=（22 359+1 507）÷｜-1 507｜×100%=1 583.68%

2021年：净利润增长率=（24 506-22 359）÷22 359×100%=9.60%

2022年：净利润增长率=（52 847-24 506）÷24 506×100%=115.65%

从对M企业的净利润增长率的分析来看，2020—2022年，M企业的净利润增长率分别为1 583.68%（在计算2020年净利润增长率时，由于这一年扭亏为盈，因此我们将结果取绝对值，以体现这一年净利润的正增长）、9.60%、115.65%。可以看出，2020年是该企业的转折年，企业开始进入盈利期。2022年，企业在净利润方面延续了此前的高增长态势。但不应仅就净利润而谈净利润，数据使用者更应该看重净利润的来源及质量。若结合2022年营业收入增长率的数据来看，就可以发现，营业收入增长率同净利润增长率表现出明显的背离，换句话讲，企业在营业收入增长率为23.58%的情况下，净利润却增长了115.65%。究竟是2021年的净利润基数较低，还是2022年的净利润构成中有相当多的一次性收益，这是数据使用者需要进一步明确的。

第五步：营业利润增长率分析。

营业利润增长率=本年营业利润增长额÷上年营业利润总额×100%

2020年：营业利润增长率=（21 436+2 481）÷｜-2 481｜×100%=964.01%

2021年：营业利润增长率=（21 134-21 436）÷21 436×100%=-1.41%

2022年：营业利润增长率=（51 918-21 134）÷21 134×100%=145.66%

从对M企业的营业利润增长率的分析来看，2020—2022年，M企业的营业利润增长率分别为964.01%（在计算2020年营业利润增长率时，由于这一年扭亏为盈，因此我们将结果取绝对值，以体现这一年营业利润的正增长）、-1.41%、145.66%。可以看出，2021年的营业利润为负增长，而2022年的营业利润为正增长，且增长幅度的比例与净利润的增长配比，显示出一定的协调性。这里仍要注意的是，企业2021年的营业收入增长率为19.84%，这并没有带来营业利润的增长。数据使用者要注意查看构成营业利润的各项目哪些出现了异常情况，并以此调整经营。

知识测试

一、单项选择题

1.从股东的角度来说，在通货膨胀时期，企业通过（　　），可以将损失和风险转移给债权人。

自主测5-1

A.增加负债　　B.提高所有者权益

C.减少负债　　D.减少所有者权益

2.利息保障倍数是指（　　）为利息费用的倍数，它反映了企业经营活动承担利息支出的能力。

A.息税后利润　　B.息税前利润

C.营业利润　　D.净利润

3.营业利润率是指企业的营业利润与营业收入的比率。它是衡量企业经营效率的指标，反映了在不考虑（　　）的情况下，企业管理者通过经营获取利润的能力。

A.营业成本　　B.期间费用

C.销售税金　　D.非营业成本

4.现金资产包括企业所拥有的货币资金和持有的有价证券，它是速动资产扣除（　　）后的余额。

A.有价证券　　B.其他应收账款

C.应收账款　　D.存货

5.权益乘数又称股本乘数，是指（　　）相当于股东权益的倍数。

A.负债总额　　B.流动资产总额

C.资产总额　　D.流动负债总额

二、多项选择题

自主测5-2

1.短期偿债能力受多种因素的影响，包括（　　）。

A.行业特点　　B.资产结构

C.生产周期　　D.流动资产运用效率

E.经营环境

2.企业的速动资产包括（　　）。

A.货币资金　　B.存货

C.交易性金融资产　　D.固定资产

E.预付款项

3.影响长期偿债能力的因素有（　　）。

A.长期租赁　　B.未决诉讼

C.债务担保　　D.经营性现金流量

E.筹资性现金流量

4.财务报表指标分析是指总结和评价企业财务状况与经营成果的分析指标，包括（　　）。

A.偿债能力指标　　B.营运能力指标

C.盈利能力指标　　D.发展能力指标

E.预测指标

三、判断题

自主测5-3

1.资产负债率反映了总资产中有多大比例是通过负债取得的，它可以衡量企业在清算时保护债权人利益的程度。资产负债率越高，企业偿债越有保证，贷款越安全。（　　）

2.一般说来，产权比率高是高风险、高报酬的财务结构；产权比率低，是低风险、低报酬的财务结构。（　　）

3.现金流量利息保障倍数是指经营现金流量为利息费用的倍数。由于实际用以支付利息的是现金而不是收益，因此它比以收益为基础的利息保障倍数更可靠。（　　）

4.流动资产在一定时期的周转次数越少，即每周转一次所需要的天数越少，则周转速度就越快，流动资产的营运能力就越强；反之，则周转速度越慢，流动资产的营运能力就越差。（　　）

5.企业存货的周转天数越少越好。（　）

6.总资产收益率指标与净利润率成正比，与平均资产总额成反比。（　）

7.从营业净利率的指标关系来看，净利润与营业净利率成反比关系，而营业收入与营业净利率成正比关系。（　）

8.营业毛利率是公司营业净利率的基础，没有足够大的毛利率便不能盈利。（　）

9.成本费用利润率指标越高，表明企业耗费所取得的收益越低；反之，则越高。（　）

10.应收账款是由赊销引起的，如果赊销有可能比现金销售更有利，周转天数就不会越短越好。（　）

能力测试

资料：上海医药集团股份有限公司2022年度资产负债表、利润表见表E-1和表E-2。

表E-1　资产负债表

编制单位：上海医药集团股份有限公司　　2022年12月31日　　单位：元

资产	期末余额	年初余额	负债和所有者权益	期末余额	年初余额
流动资产：			流动负债：		
货币资金	14 850 053 673.66	6 511 434 447.73	短期借款	5 674 728 861.48	5 314 346 771.07
交易性金融资产	2 658 746.00	3 646 902.82	应付票据	2 095 911 882.63	1 879 757 341.38
应收票据	971 206 337.81	579 119 785.01	应付账款	10 563 558 378.10	7 005 820 467.78
应收账款	10 606 364 608.21	6 999 048 491.64	预收款项	371 259 855.64	329 514 984.72
预付款项	481 781 725.51	1 586 847 945.06	应付职工薪酬	331 375 573.00	358 427 442.14
应收利息	30 646 890.65	2 492 820.28	应交税费	393 121 382.16	335 907 938.33
应收股利	15 990 542.89	6 913 103.42	应付利息	18 004 355.70	9 690 795.33
其他应收款	595 158 005.45	1 040 304 499.96	应付股利	72 935 928.93	130 943 042.00
存货	8 297 482 726.00	5 233 321 673.56	其他应付款	1 334 284 030.03	1 573 449 767.59
一年内到期的非流动资产		2 735 429.96	一年内到期的非流动资产	730 000.00	27 730 000.00
其他流动资产	144 481 926.13	71 927 069.80	流动负债合计	20 855 910 247.67	16 965 588 550.34
流动资产合计	35 995 825 182.31	22 037 792 169.24	非流动负债：		
非流动资产：			长期借款	52 311 466.84	66 097 628.34
可供出售的金融资产	18 470 202.06	116 368 024.72	专项应付款	160 382 718.27	76 987 163.43

续表

资产	期末余额	年初余额	负债和所有者权益	期末余额	年初余额
长期应收款		50 000 000.00	预计负债	71 342 961.55	31 681 497.09
长期股权投资	2 618 839 435.97	1 703 071 414.21	递延所得税负债	266 287 608.24	43 553 673.66
投资性房地产	384 547 928.00	399 163 649.93	其他非流动负债	280 122 157.89	151 334 633.04
固定资产	3 724 982 688.75	3 917 875 164.01	非流动负债合计	830 446 912.79	369 654 595.56
在建工程	311 674 395.13	327 420 526.84	负债合计	21 686 357 160.46	17 335 243 145.90
工程物资	2 930 915.32	3 003 077.75	所有者权益：		
固定资产清理		9 294 310.33	股本	2 688 910 538.00	1 992 643 338.00
生产性生物资产	718 216.22	660 423.46	资本公积	14 490 121 084.23	3 846 390 026.66
无形资产	1 276 234 104.08	896 574 718.84	盈余公积	713 328 494.07	661 770 248.54
商誉	2 988 894 594.17	422 781 218.07	未分配利润	5 196 260 657.85	3 513 526 157.93
长期待摊费用	89 151 047.28	80 672 344.59	外币报表折算差额	-10 148 526.20	-4 610 957.09
递延所得税资产	178 629 271.19	153 579 066.84	归属于母公司所有者权益合计	23 078 472 247.95	10 009 718 814.04
其他非流动资产	76 924 942.82	45 215 471.33	少数股东权益	2 902 993 514.89	2 818 509 620.22
非流动资产合计	11 671 997 740.99	8 125 679 410.92	所有者权益合计	25 981 465 762.84	12 828 228 434.26
资产总计	47 667 822 923.30	30 163 471 580.16	负债和所有者权益总计	47 667 822 923.30	30 163 471 580.16

表 E-2　　　　利润表

编制单位：上海医药集团股份有限公司　　　　2022年度　　　　单位：元

项目	本期金额	上期金额
一、营业收入	54 899 872 504.11	38 721 655 199.70
减：营业成本	46 882 191 570.13	31 600 325 052.29
税金及附加	161 210 725.56	105 951 285.99
销售费用	3 288 686 883.74	3 071 521 304.81
管理费用	2 134 386 491.43	1 914 992 346.01
财务费用	472 927 482.07	237 200 935.79
资产减值损失	19 667 480.30	41 118 485.60
加：公允价值变动收益（损失以“-”号填列）	-988 138.82	380 095.27

续表

项目	本期金额	上期金额
投资收益（损失以"–"号填列）	933 914 629.23	430 753 288.82
其中：对联营企业和合营企业的投资收益	304 950 897.25	279 508 556.68
二、营业利润（亏损以"–"号填列）	2 873 728 361.29	2 181 679 173.30
加：营业外收入	221 361 604.63	225 070 996.42
减：营业外支出	59 987 910.86	123 497 947.67
其中：非流动资产处置损失	26 359 341.17	88 296 926.27
三、利润总额（亏损总额以"–"号填列）	3 035 102 055.06	2 283 252 222.05
减：所得税费用	589 072 373.53	415 887 042.40
四、净利润（净亏损以"–"号填列）	2 446 029 681.53	1 867 365 179.65
五、每股收益		
（一）基本每股收益	0.8437	0.7308
（二）稀释每股收益	0.8437	0.7308

要求：

（1）根据背景资料计算上海医药集团股份有限公司的偿债能力指标，并据以分析。

（2）计算上海医药集团股份有限公司的营运能力指标，并据以分析。

（3）计算上海医药集团股份有限公司的盈利能力指标，并据以分析。

（4）计算上海医药集团股份有限公司的发展能力指标，并据以分析。

项目六

财务报表综合分析

企业的财务状况是一个有机整体，运用任何一类财务指标对企业进行分析，都很难全面评价企业的财务状况和经营成果，只有利用各种财务指标进行系统分析才能对企业作出整体而全面的评价。因此，对企业财务报表进行综合分析是非常有必要的。

财务报表综合分析具有全局性，财务指标内容全面，相互匹配。杜邦财务分析体系以企业净资产收益率为核心，通过对净资产收益率的分解，找出企业经营各环节对其影响的程度，进而综合评价企业各环节及各方面的经营业绩；沃尔评分法运用综合评分法对企业的各项重要财务指标进行量化分析，以综合分数的高低来评价企业。

在对企业财务报表综合分析的基础上，通过撰写财务分析报告，对企业的收入、成本、费用、利润、资金等情况进行总结，分析企业的业绩与不足，从而为企业利益相关者提供更加详细、易用的财务信息。

知识目标

- 理解杜邦财务分析体系，熟练掌握杜邦财务分析指标及其计算；
- 掌握沃尔评分法的含义与计算分析步骤；
- 熟悉财务分析报告的撰写步骤、内容、格式及要求，了解财务分析报告的作用。

能力目标

- 能够对杜邦财务分析体系的有关指标及其计算结果进行分析；
- 能够运用沃尔评分法对企业进行分析；
- 能够熟练编写财务分析报告。

素养目标

- 客观理解财务综合分析反映出来的企业经营活动中的现实问题，培养财务从业者高尚的职业道德，以及诚实守信、爱岗敬业、团结协作、勇于创新的职业精神，综合提升管理沟通能力和自主学习能力。

案例导引

三季度净利润大涨近14倍 5 000亿市值的比亚迪还有多大上行空间？

背景资料：随着汽车市场“金九银十”销量增长的带动，车企第三季度表现亮眼，汽车股近期持续走强。

整车企业中，比亚迪股份有限公司（以下简称“比亚迪”）连创新高，年初至今，该股累计涨幅达198.85%，也成为A股市场上首家市值破5 000亿元的车企。对于比亚迪的三季度盈利大增，上海对外经贸大学杨慧辉表示，比亚迪归属于母公司的当季净利润同比增长率比公司二季度单季119.86%的净利润同比增长率翻了10余倍，显示出公司较为强劲的盈利能力。杨慧辉指出，比亚迪的盈利增速在业内领先，以公司19个月累计存量计算的平均净资产收益率5.86%进行杜邦分析并与上年同期相比，我们可以看到：

公司的净资产收益率与上年同期相比翻倍，这主要得益于公司销售盈利能力和资产使用效率的提高。

息税前利润更好地体现了公司的经营活动成果。1—9月，公司累计实现息税前利润87.36亿元，较上年同期翻倍，公司的经营利润率从上年同期的4.39%增长为8.32%。这是公司营业净利率较上年同期翻倍、达到4.67%的主要贡献点。

公司的总资产周转率从上年同期的0.48次略微上升至0.54次，这主要在于公司应收账款周转天数的缩减。应收账款周转天数的缩短，表明公司销售回款的速度加快，不仅有助于公司资金的再循环，而且也能为公司现金流的通畅保驾护航。

资料来源：李燕华，王雯. 三季度净利润大涨近14倍 5 000亿市值的比亚迪还有多大上行空间?[EB/OL].（2020-11-11）[2020-12-22]. https://www.yicai.com/news/100833752.html.引文有删减.

请分析：运用杜邦分析，可以从哪些指标分析比亚迪的上行空间。

分析提示：比亚迪可以运用总资产周转率达到0.54，营业净利率达到4.67%，可以通过财务指标的内在联系，系统、综合地分析企业的盈利水平。营业净利率的增长是比亚迪盈利的最主要原因之一，营业收入扩大、成本费用的降低、总资产周转率比之前提升说明全部资产的经营效率有所提高，这些都是比亚迪三季度净利润大涨的原因。

任务1　杜邦财务分析体系

任务描述

贵州茅台酒股份有限公司是国内白酒行业的标志性企业，主要生产和销售世界三大名酒之一的茅台酒，同时进行饮料、食品、包装材料的生产和销售，防伪技术开发，信息产业相关产品的研制开发。茅台酒历史悠久，源远流长，是酱香型白酒的典型代表，享有“国酒”的美称。目前，公司茅台酒年生产量已突破10 000吨，43°、38°、33°茅台酒拓展了茅台酒家族低度酒的发展空间，茅台王子酒、茅台迎宾酒满足了中低档消费者的需求，15年、30年、50年、80年陈年茅台酒填补了我国极品酒、年份酒、陈年老窖的空白，在国内独创年代梯级式的产品开发模式。公司产品形成了低度、高中低档、极品3大系列70多个规格品种，全方位跻身市场，从而占据了白酒市场制高点，称雄于中国极品酒市场。

根据贵州茅台酒股份有限公司2015年、2016年、2017年资产负债表和利润表的有关数据资料（见表6-1-1和表6-1-2），分别计算各年度的营业净利率、总资产周转率和权益乘数3项财务指标，并采用杜邦财务分析体系对该公司的财务状况和经营成果进行综合评价。

表6-1-1　贵州茅台酒股份有限公司2015年、2016年、2017年资产负债表数据　单位：万元

项目＼时间	2017-12-31	2016-12-31	2015-12-31	项目＼时间	2017-12-31	2016-12-31	2015-12-31
货币资金	2 771 071.77	2 518 500.93	2 206 199.99	短期借款	6 255.25		
应收票据	184 783.86	29 608.40	20 407.91	应付账款	70 753.46	28 474.83	34 528.17
应收账款	430.62	92.72	1 781.81	预收款项	147 623.31	304 511.36	509 138.63
预付款项	286 421.04	430 457.93	38 7287.04	应交税费	210 517.82	331 188.09	243 009.35
应收利息	8 060.29	18 859.91	26 461.28	应付利息	1 536.52	2 738.39	
应收股利				应付股利			
其他应收款	8 088.89	11 957.42	13 796.87	其他应付款	123 188.62	160 468.82	138 998.41
存货	1 498 236.44	1 183 681.02	966 572.76	一年内到期的非流动负债			
一年内到期的非流动资产				其他流动负债	494 509.46	303 347.35	
其他流动资产				流动负债合计	1 054 384.44	1 130 728.84	925 674.56
流动资产合计	4 757 092.91	4 193 158.33	3 622 507.66	长期借款			
可供出售金融资产	400	400		专项应付款	1 777	1 777	1 777
持有至到期投资	6 000	5 000	5 000	非流动负债合计	1 777	1 777	1 777
长期股权投资			400	负债合计	1 056 161.44	1 132 505.84	927 451.56
固定资产	1 037 575.78	852 325.70	680 733.32	股本	114 199.80	103 818	103 818
在建工程	342 177.44	45 632.83	39 267.23	资本公积	137 496.44	137 496.44	137 496.44

续表

时间 项目	2017-12-31	2016-12-31	2015-12-31	时间 项目	2017-12-31	2016-12-31	2015-12-31
工程物资	26.09	172.51	267.69	盈余公积	524 940.72	422 080.39	303 643.45
固定资产清理				未分配利润	4 556 605.73	3 597 497.19	2 870 007.52
无形资产	358 262.37	356 330.81	86 261.59	一般风险准备	9 797.55	1 329.63	26 965.68
长期待摊费用	540.83	804.87	1 017.70	归属于母公司股东权益合计	5 343 040.24	4 262 221.65	3 441 931.09
递延所得税资产	82 160.11	82 537.25	64 365.69	少数股东权益	188 114.84	141 634.81	130 438.23
非流动资产合计	1 827 142.62	1 343 203.97	877 313.22	股东权益合计	5 531 155.08	4 403 856.46	3 572 369.32
资产总计	6 584 235.53	5 536 362.30	4 499 820.88	负债和股东权益总计	6 587 316.52	5 536 362.30	4 499 820.88

表 6-1-2　贵州茅台酒股份有限公司2015年、2016年、2017年利润表数据　单位：万元

时间 项目	2017年度	2016年度	2015年度
营业总收入	3 221 721.37	3 107 059.62	2 645 533.52
营业总成本	1 011 733.58	928 206.13	762 769.86
营业利润	1 438 348.19	1 473 900.20	1 324 734.76
投资收益	309.53	301	310.32
资产减值损失	43.27	-200.40	297.93
管理费用	337 849.95	283 474.07	220 419.06
销售费用	167 473.35	185 813.27	122 455.34
财务费用	-12 316.88	-42 907.44	-42 097.59
营业外收入	656.26	3276.32	675.65
营业外支出	22 719.34	39 194.78	13 700.59
税金及附加	278 899.44	279 074.79	257 264.48
利润总额	1 416 285.11	1 437 981.74	1 311 709.82
所得税费用	457 176.57	710 492.07	327 927.46
净利润	959 108.54	727 489.67	983 782.36

相关知识

一、杜邦财务分析体系的含义

杜邦财务分析体系是在20世纪20年代首先由美国杜邦公司成功创造出来的，故命名为“杜邦财务分析体系”。杜邦财务分析法是一种利用主要财务比率之间的内在联系来建立财务比率分析的综合模型，并对企业的财务状况和经营业绩进行系统评价的方法。该分析方法从评价企业绩效最具综合性和代表性的指标——净资产收益率出发，以总资产收益率和权益乘数为核心，重点揭示了企业的盈利能力及权益乘数对净资产收益率的影响，以及各财务指标间的相互作用关系。

二、杜邦财务分析体系的基本原理

杜邦财务分析体系以净资产收益率为核心财务指标，将该指标层层细化，从财务的角度构建了一套比较完整的企业业绩考核、评价体系。

净资产收益率用公式表示为：

净资产收益率=净利润÷净资产×100%

对相关指标进行分解后，表示如下：

净资产收益率=总资产收益率×权益乘数

总资产收益率=营业净利率×总资产周转率

权益乘数=资产总额÷净资产=1 ÷（1-资产负债率）

式中：

总资产收益率=净利润÷资产总额×100%

营业净利率=净利润÷营业收入×100%

总资产周转率=营业收入÷资产总额

从以上公式可以得知，决定净资产收益率的因素有三个方面：营业净利率、总资产周转率和权益乘数。这三个因素分别代表了企业的盈利能力、营运能力和偿债能力。

（1）营业净利率反映了企业净利润与营业收入的关系，从这个意义上看，提高营业净利率是提高企业盈利能力的关键所在。要想提高营业净利率：一是要扩大营业收入；二是降低总成本费用。而降低各项成本费用开支是企业财务管理的一项重要内容。通过对各项成本费用开支的列示，有利于企业进行成本费用的结构分析，加强成本控制，以便为寻求降低成本费用的途径提供依据。

（2）总资产周转率是反映企业资产营运能力的指标，既关系到企业的盈利能力，又关系到企业的偿债能力。一般而言，流动资产直接体现企业的偿债能力和变现能力；非流动资产体现企业的经营规模和发展潜力。两者之间应有一个合理的结构比率，如果企业持有的现金超过业务需要，就可能影响企业的获利能力；如果企业占用过多的存货和应收账款，则既影响盈利能力，又影响偿债能力。为此，就要进一步分析各项资产的占用数额和周转速度。对流动资产应重点分析存货是否有积压现象、货币资金是否闲置、应收账款中客户的付款能力和有无坏账的可能；对非流动资产应重点分析企业固定资产是否得到充分利用。

（3）权益乘数主要受资产负债率影响。资产负债率越大，权益乘数也越大，说明企业有较高的负债程度，给企业带来较多的杠杆利益，同时也给企业带来了较多的风险。

三、杜邦财务分析指标体系图

在利用杜邦财务分析指标体系进行综合分析时，我们可以将各项财务指标之间的关系绘制成杜邦财务分析指标体系图，简称为“杜邦图”。杜邦财务分析指标体系图根据净资产收益率这一核心指标与各项分解指标之间的内在联系，以及所涉及的各项会计要素，按照一定的规律对各项财务指标进行有序排列，从而使得杜邦财务分析法更加直观、清晰，更加便于理解。杜邦财务分析指标体系图如图6-1-1所示。

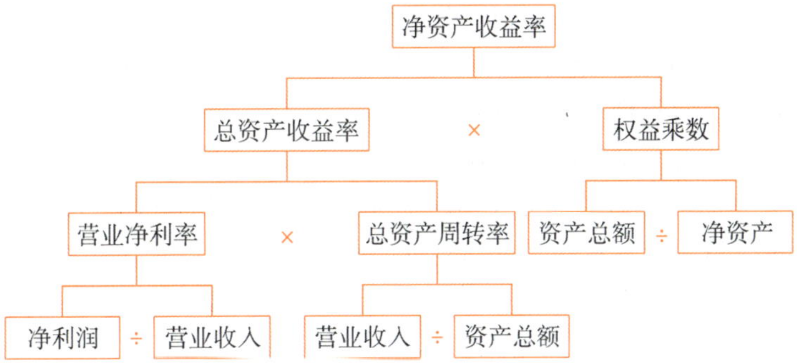

图6-1-1　杜邦财务分析指标体系图

根据图6-1-1可知：

净资产收益率=营业净利率×总资产周转率×权益乘数

杜邦财务分析指标体系图通过几种主要的财务比率之间的相互关系，全面、系统、直观地反映了企业的整体财务状况和经营成果，从而节省了财务分析人员分析报表的时间。从图6-1-1中可以看出有关主要财务指标关系的信息：①净资产收益率是一个综合性最强的财务比率，是杜邦财务分析体系的核心。它反映所有者投入资本的盈利能力，同时反映企业筹资、投资、资产运营等活动的效率。决定净资产收益率高低的因素有三个方面：权益乘数、营业净利率和总资产周转率，它们分别反映了企业的负债比率、盈利能力比率和资产管理比率。②总资产收益率也是一个重要的财务比率，综合性也较强。它是营业净利率和总资产周转率的乘积，因此，要进一步从销售成果和资产营运两方面来分析。

图6-1-1中企业的财务指标经过层层分解，在最下层还可以继续分解为报表的具体

项目。净利润可以分解为收入与成本费用。收入包括营业收入、公允价值变动收益、投资收益等；成本费用包括营业成本、税金及附加、销售费用、管理费用、财务费用、所得税费用、其他支出等。资产总额可以分为流动资产与非流动资产，流动资产包括货币资金、交易性金融资产、应收账款、预付款项、存货以及其他流动资产；非流动资产包括长期股权投资、固定资产、无形资产以及其他非流动资产等。这样就可以找出净资产收益率提高或降低的原因所在，从而查明原因，采取措施。

四、杜邦财务分析指标体系的分析思路

杜邦财务分析指标体系的作用是揭示指标变动的原因和变动趋势，为企业指明整改措施的具体方向。应用杜邦财务分析指标体系进行分析的基本思路如下：

第一，净资产收益率也称权益报酬率，通过研究其与其他指标之间的依存与制约关系，进而揭示企业的盈利能力及变动原因。

净资产收益率反映的是企业所有者权益的投资报酬率，即企业所有者投入资本的盈利能力。企业筹资、投资、资产营运等管理活动的效率，是投资者最关心的问题。决定净资产收益率高低的两个方面是总资产收益率和权益乘数，还可分解为营业净利率、总资产周转率和权益乘数三个指标。通过这样的分解，将净资产收益率变动的原因具体化，定量说明企业经营管理中存在的问题。

第二，总资产收益率是反映企业盈利能力的一项重要的财务指标，它揭示了企业生产经营活动的效率，综合性也极强。总资产收益率是营业净利率与总资产周转率的乘积，其增长或下降取决于营业净利率和总资产周转率的高低。

企业的营业收入、成本费用、资产结构、资产周转速度以及资金占用量等各种因素都直接影响了总资产收益率的高低。总资产周转率反映了总资产的周转速度，对影响总资产周转率的各项因素进行分析，可以判明影响企业总资产周转速度的主要问题在哪里。营业净利率反映了营业收入的水平。扩大主营业务收入、降低成本费用是提高企业营业净利率的根本途径，而扩大销售也是提高总资产周转率的必要条件和途径。

因此，我们可以从企业的主营业务活动与资产营运两个方面来分析总资产收益率。

企业资产的营运能力，主要应分析以下三个内容：第一，分析企业的资产结构是否合理，即流动资产与非流动资产的比例是否合理。一般来说，如果企业流动资产中货币资金所占比重过大，就应当分析企业现金持有量是否合理，有无现金闲置现象，如果流动资产中的存货与应收账款过多，就会占用大量的资金，从而影响企业资金的周转。第二，结合主营业务收入分析企业的资金周转情况。如果企业资产周转速度较慢，就会占用大量资金，增加资金成本，减少企业的利润。对企业周转情况的分析要从企业总资产周转率、企业存货周转率与应收账款周转率等方面进行，并将其周转情况与资金占用情况进行结合分析。第三，权益乘数表示企业的负债程度，它直观地反映了企业每拥有1

元自有资金所能扩展出来的资产规模，也反映了企业利用财务杠杆进行经营活动的程度。

权益乘数的分析要联系企业的营业收入指标，分析企业的资产使用是否合理；还要联系权益结构，分析企业的偿债能力。在资产总额不变的条件下，适度负债经营，相对减少所有者权益的占用额，可以提高净资产收益率。

五、杜邦财务分析指标体系的局限性

从企业绩效评价的角度来看，杜邦财务分析体系仅包括财务方面的信息，不能全面反映企业的实力，因此有很大的局限性，主要体现在以下六个方面：

（1）杜邦财务分析指标体系没有包含资产成本这一重要因素。倘若企业在经营过程中仅仅以净利润作为衡量股东财富的标准，而忽视资产成本的存在，就会导致企业为追求短期利润而盲目投资，给企业的长期发展带来不利影响。

（2）净资产收益率指标单一。单纯用净资产收益率这一指标来反映企业经营者的运营能力，往往会导致经营者为追求企业的高利润、社会的高评价，而作出错误的投资决策，使企业在净资产收益率增长的情况下其实际利益却受到损害。

（3）无法有效满足企业加强内部管理的需要。一方面，杜邦分析法主要是利用净资产收益率、总资产收益率、权益乘数等主要财务指标间的关系综合分析企业的财务状况。这些资料主要来源于企业过去的财务报表，实际上是利用过去的财务资料对企业过去的财务状况进行分析。另一方面，该方法所用的资料主要源于财务报表，未能充分利用成本分析数据、风险分析数据等管理会计的资料，不利于企业加强内部控制。

（4）未能反映企业的经营风险及财务风险。在当前市场竞争越来越激烈的情况下，风险分析更加需要引起重视。

（5）不能反映上市公司的经济技术指标，如股东权益、每股净资产、合并利润表中的“少数股东本期收益”项目等。在现有杜邦财务分析体系中，以净资产收益率为核心指标存在一些问题，它不完全符合上市公司股东财富最大化的要求。股东财富最大化是对企业未来价值的认可，考虑了时间价值和风险因素，而净资产收益率是权责发生制下的财务报表的反映，不能完全衡量股东价值。

（6）现有杜邦财务分析体系所采用的数据都来自资产负债表、利润表、所有者权益变动表，没有反映企业的现金流量。在实际中，现金流量对于一个企业的经营活动是否顺畅至关重要，现金流量信息是财务分析者对企业的财务状况作出准确判断的重要依据。

任务实施

贵州茅台酒股份有限公司的相关财务比率计算结果见表6-1-3。

表6-1-3　　贵州茅台酒股份有限公司相关财务比率计算结果

年份	净资产收益率（%）	营业净利率（%）	总资产周转率（次）	权益乘数
2017年	29.41	50.50	0.49	1.19
2016年	36.18	51.38	0.56	1.25
2015年	39.51	52.95	0.59	1.27

根据杜邦分析法，可知：

净资产收益率=营业净利率×总资产周转率×权益乘数

在营业净利率、总资产周转率和权益乘数的共同影响下，贵州茅台酒股份有限公司的净资产收益率2015年为39.51%，2016年降到36.18%，2017年继续降到29.41%。

具体分析步骤如下：

第一步：营业净利率分析。

贵州茅台酒股份有限公司的营业净利率会对净资产收益率产生影响。营业净利率的高低要考虑营业收入与净利润的影响。分析表6-1-2可知，该公司2016年的营业总收入比2015年增加了461 526.1万元，上升幅度为17.45%，净利润增加了195 644.92万元，增幅为13.97%。2017年的营业总收入比2016年增加了114 661.75万元，增幅降为3.69%，净利润增加了30 385.26万元，增幅降为1.90%。由于营业总收入和净利润的增速下降，营业净利率持续下降，由2015年的52.95%降为2016年的51.38%、2017年的50.50%。值得注意的是，受宏观经济环境和国家“三公消费”等因素的影响，贵州茅台2017年的营业总收入和净利润的同比增幅与前两年相比明显放缓，不过该公司的营业净利率基本保持在50%以上，高于主营业务收入增长率，说明公司产品销售虽然受到宏观大环境的影响和冲击，但是公司盈利能力依然较强。

第二步：总资产周转率分析。

贵州茅台酒股份有限公司的总资产周转率也对净资产收益率产生影响。2016年，该公司的总资产周转率为0.56次，与2015年的0.59次相比，下降了0.03次。2017年该公司的总资产周转率为0.49次，比2016年低了0.07次，这反映了该公司利用总资产产生营业收入的能力有所减弱，资产运营效率有所下降。不过该公司此指标依然高于白酒行业0.40的平均值，表明公司的营运能力还是非常不错的。

第三步：权益乘数分析。

贵州茅台酒股份有限公司2015—2017年的权益乘数分别为1.27、1.25、1.19，持续下降。对企业而言，权益乘数有放大净资产收益率的作用，反之亦然。同样的营业净利率，权益乘数越大（即负债越多），则净资产收益率越高。同时，这也可能给公司带来较大的风险，公司负债经营，不论利润多少，债务利息是不变的。于是当利润增大时，每1元利润所负担的利息就会相对减少，从而使投资者的收益有更大幅度的提高；但当利润减少且债务比率较高时，投资者将负担较多的债务成本，并经受较多的由负债引起的收益变动的冲击，从而加大财务风险。

第四步：净资产收益率变动原因分析。

为了进一步查明净资产收益率变动的根本原因，为决策指明方向，我们还可采用因素分析法分别衡量营业净利率、总资产周转率和权益乘数对该指标的影响方向和影响程度。

贵州茅台酒股份有限公司2016年的净资产收益率比2015年的净资产收益率减少了3.33%。

权益乘数变动影响=（1.25−1.27）×0.59×52.95%=−0.62%

总资产周转率变动影响=1.25×（0.56−0.59）×52.95%=−1.99%

营业净利率变动影响=1.25×0.56×（51.38%−52.95%）=−1.10%

该公司2017年的净资产收益率比2015年的净资产收益率减少了10.1%。

权益乘数变动影响=（1.19−1.27）×0.59×52.95%=−2.50%

总资产周转率变动影响=1.19×（0.49−0.59）×52.95%=−6.30%

营业净利率变动影响=1.19×0.49×（50.50%−52.95%）=−1.43%

从以上因素分析可以看出，贵州茅台酒股份有限公司2016年的净资产收益率比2015年的净资产收益率降低了3.33%。其中，权益乘数减少0.02，它使净资产收益率降低了0.62%；总资产周转率减少了0.03次，它使净资产收益率降低了1.99%；营业净利率降低1.57%，它使净资产收益率降低了1.10%。该公司2017年的净资产收益率继续下降，比2015年的净资产收益率仍降低了10.1%。其中，权益乘数减少0.08，它使净资产收益率降低了2.50%；总资产周转率减少了0.1次，它使净资产收益率降低了6.30%；营业净利率降低了2.45%，它使净资产收益率降低了1.43%。以上连续两年的分析表明：总资产周转率的大幅下降是导致2017年的净资产收益率比2015年的净资产收益率降低10.1%的“罪魁祸首”，而受宏观经济环境和国家“三公消费”等因素的影响，权益乘数的降低和营业净利率的持续下降更是起到了推波助澜的作用。不过该公司的营业净利率基本保持在50%以上，表明公司盈利能力依然较强。同时该公司2017年的其他指标虽然比以前年度有所下降，但是在所处的行业中处于领先的水平。因此，公司在内部挖潜、外部增收的情况下，同时伴随着2018年宏观经济的调整到位，公司业绩能力将会转好。

任务2　沃尔评分法

任务描述

根据M企业2022年资产负债表和利润表的有关数据资料，分别计算选定的财务指标，并采用沃尔评分法对M企业的财务状况和经营成果进行综合评价。

相关知识

一、沃尔评分法的含义

在进行财务分析时，普遍存在将财务比率计算出来后，无法判断其水平高低的问题。横向比较（与企业历史数据对比）只能了解企业自身的变化，而难以判断企业的市场地位。沃尔评分法是将若干选定的财务比率用线性关系结合起来，并按其重要程度分别给定各自的分数比重，即重要性系数，然后通过与标准比率进行比较，确定各项指标的得分及总体指标的累计分数，从而对企业的财务状况作出评价的方法。

二、沃尔评分法的基本原理

亚历山大·沃尔在20世纪初出版的《信用晴雨表研究》和《财务报表比率分析》中提出了信用能力指数的概念，他选择了7个财务比率，即流动比率、产权比率、固定资产比率、存货周转率、应收账款周转率、固定资产周转率和自有资金周转率，分别给定各指标的比重，然后确定标准比率（以行业平均数为基础），将实际比率与标准比率相比，得出相对比率，最后将此相对比率与各指标比重相乘，得出总评分，从而对企业的信用水平作出评价。

沃尔评分法综合评价企业财务状况的原理是：将分散的财务指标通过一个加权体系综合起来，使得一个多维度的评价体系变成一个综合得分，用以对企业进行综合评价。

三、沃尔评分法的分析步骤

（1）选择评价指标。

在选择财务比率时，要考虑以下三个方面：一是指标要具有全面性，能够反映企业财务能力的各项财务比率都应包括在内。二是指标要具有代表性，要选择能够说明问题的财务比率。三是指标要具有变化分析的一致性。当财务比率提高时，表示财务状况改善；反之，当财务比率降低时，表示财务状况恶化。

（2）根据各项财务比率的重要程度，确定其标准评分值。

各项财务比率的标准评分值（简称“评分值”），即各项财务比率的重要性系数或比重。各项财务比率的标准评分值之和为100分。标准评分值的确定是沃尔评分法的重点问题，直接影响到企业财务状况的评分多少。在标准评分值的确定上，应根据企业的经营业务、生产经营规模、市场形象和分析者的目的等因素对各项财务比率的重要性作出判断。

（3）规定各项财务比率评分值的上限和下限。

规定各项财务比率评分值的上限（最高评分值）和下限（最低评分值），主要是为了避免个别财务比率发生异常而给总分造成不合理的影响。

（4）确定各项比率指标的标准值。

各项比率指标的标准值即各项比率指标在企业现时条件下的最优值，标准值通常参照行业平均水平，也可以结合企业实际情况进行适当的调整。

（5）计算企业在一定时期内各项财务比率指标的实际值。

(6) 计算各项财务比率的实际得分，形成评价结果。

计算各项财务比率的实际值与标准值的比率，即计算关系比率。各项财务比率的评分与关系比率的乘积即为各项财务比率的实际得分，各项财务比率的实际得分均不得超过上限和下限。各项财务比率实际得分的合计就是企业财务状况的综合得分，该综合得分的高低反映了企业综合财务状况是否良好。

沃尔评分法的计算公式：

实际分数=关系比率×评分值=实际值÷标准值×评分值

四、沃尔评分法的改进

沃尔评分法解决了在分析公司各项财务指标时如何评价其指标的优、良、差，以及公司整体财务状况在同行业中的优劣情况等问题。但原始意义上的沃尔评分法有两个缺陷：一是选择这7个比率及给定的比重，在理论上难以证明，缺乏说服力；二是从技术上讲，由于评分是相对比率与比重相“乘”计算出来的，当某一个指标严重异常（过高或过低，甚至是负数）时，会对总评分带来不合逻辑的重大影响。因而，在采用此方法进行财务状况综合分析和评价时，应注意以下三个方面的问题：①同行业的标准值必须准确无误；②标准值的规定应根据指标的重要程度合理确定；③分析指标应尽可能全面，采用的指标越多，分析的结果越接近现实。尽管沃尔评分法在理论上还有待证明，在技术上也需要完善，但它在实践中还是具有较为广泛的应用价值的。

现代社会与沃尔的时代相比，已有很大的变化。一般认为企业财务评价的内容首先是盈利能力，其次是偿债能力和营运能力，最后是发展能力，它们之间大致可按5∶3∶2的比重来分配。现在使用的沃尔评分法共计选用了8个财务指标，分为4类，即盈利能力指标中的总资产收益率、净资产收益率；偿债能力指标中的资产负债率、流动比率；营运能力指标当中的流动资产周转率、总资产周转率；发展能力指标中的营业收入增长率、资本积累率。假定仍以100分为总评分。

任务实施

根据M企业2022年资产负债表和利润表的有关数据资料，采用沃尔评分法对其财务状况和经营成果进行综合评价，具体分析步骤如下：

第一步：选择评价指标。

M企业属于汽车制造业，根据企业的实际情况，选定的财务比率指标如下：

企业偿债能力指标：流动比率、资产负债率。

企业营运能力指标：流动资产周转率、总资产周转率。

企业盈利能力指标：总资产收益率、净资产收益率。

企业发展能力指标：营业收入增长率、资本积累率。

第二步：根据各项财务比率的重要程度，确定其标准评分值。

上述4类8个财务比率指标的评分值（重要性系数或比重）分别为：流动比率8分、资产负债率12分、流动资产周转率9分、总资产周转率9分、总资产收益率13分、净资产收益率25分、营业收入增长率12分、资本积累率12分，评分值综合为100分。

第三步：规定各项财务比率评分值的上限和下限。

表6-2-1列出了汽车制造业企业2022年绩效评价标准值（部分）。

表6-2-1　汽车制造业企业2022年绩效评价标准值（部分）

财务比率	优秀值	良好值	平均值	较低值	较差值
流动比率	1.77	1.43	0.93	0.67	0.52
资产负债率（%）	41.4	49.0	60.0	71.8	79.6
流动资产周转率（次）	3.4	2.8	2.1	1.6	1.0
总资产周转率（次）	2.5	1.8	1.3	0.9	0.5
总资产收益率（%）	17.2	12.6	10.5	4.8	0.5
净资产收益率（%）	23.8	16.9	13.4	6.0	-1.5
营业收入增长率（%）	41.0	37.6	30.0	14.1	2.4
资本积累率（%）	20.9	16.1	11.0	-1.2	-9.7

第四步：确定各项比率指标的标准值。

标准值参照M企业所在行业汽车制造业的平均水平来确定，分别为：流动比率0.93、资产负债率60.0%、流动资产周转率2.1次、总资产周转率1.3次、总资产收益率10.5%、净资产收益率13.4%、营业收入增长率30.0%、资本积累率11.0%。

第五步：计算M企业在一定时期内各项财务比率指标的实际值。

（1）偿债能力指标计算。

流动比率=542 098÷481 909=1.12

资产负债率=490 441÷1 016 322×100%=48.26%

（2）营运能力指标计算。

流动资产周转率=848 349÷［（542 098+530 222）÷2］=1.58（次）

总资产周转率=848 349÷［（1 016 322+908 202）÷2］=0.88（次）

（3）获利能力指标计算。

总资产收益率=（52 670+4 876）÷［（1 016 322+908 202）÷2］×100%=5.98%

净资产收益率=52 847÷［（525 881+484 874）÷2］×100%=10.46%

（4）发展能力指标计算。

营业收入增长率=（848 349−686 500）÷686 500×100%=23.58%

资本积累率=（525 881−484 874）÷484 874×100%=8.46%

第六步：计算M企业各项财务比率的实际得分。

M企业2022年沃尔评分表见表6-2-2。

表6-2-2　M企业2022年沃尔评分表

财务比率	评分	标准值	实际值	关系比率	得分
	①	②	③	④	⑤
流动比率	8分	0.93	1.12	1.20	9.60分
资产负债率（%）	12分	60.0	48.26	0.80	9.60分
流动资产周转率（次）	9分	2.1	1.58	0.75	6.75分
总资产周转率（次）	9分	1.3	0.88	0.68	6.12分
总资产收益率（%）	13分	10.5	5.98	0.57	7.41分
净资产收益率（%）	25分	13.4	10.46	0.78	19.50分
营业收入增长率（%）	12分	30.0	23.58	0.79	9.48分
资本积累率（%）	12分	11.0	8.64	0.79	9.48分
合计	100分				77.94分

注：表中④=③÷②，⑤=①×④。

从表6-2-2可以看出，M企业的得分为77.94分，得分较低，表明企业的财务状况不是很理想。

M企业的流动比率的关系比率大于1，说明该企业的短期偿债能力较强；其余财务比率指标的关系比率均小于1，表明该企业的长期偿债能力、盈利能力、资产营运能力和发展能力均不及行业平均水平，小于1的财务比率是M企业应关注的重点。

需要说明的是，沃尔评分法对财务比率的选择、各个财务比率的评分值（重要性系数）和标准值的确定都比较主观，缺乏一定的推敲与验证。因此，分析者在运用沃尔评分法进行财务分析时，一定要结合企业的实际情况综合评价。

任务3　财务报表分析报告的撰写

任务描述

请根据资料撰写某房地产企业2021年、2022年的财务报表分析报告。

相关知识

一、财务报表分析报告的概念和作用

财务报表分析报告是在财务分析的基础上，概括、提炼出的反映企业财务状况和财

务成果意见的说明性和结论性的书面文件。

财务分析人员将财务分析评价结果向财务报表的使用者报告，便于企业经营者、投资者及其他有关单位或个人了解企业的财务状况和经营成果，进行投资、经营、交易等决策。财务报表分析报告作为对财务分析工作的总结，还可以作为历史信息，供财务分析者参考，以保持整个财务分析工作的连续性。

财务报表分析报告是财务分析人员的最终工作成果，其撰写质量的高低，直接反映分析人员的业务素质。写好财务报表分析报告的重要作用表现在以下四个方面：

（1）有利于利益相关者掌握企业的财务状况、经营成果和现金流量状况，从而为有关项目决策提出指导性意见。

（2）有利于企业制定出符合客观经济规律的财务预算。

（3）企业依据财务报表分析报告提出的改善经营管理工作的具体措施，有利于提高企业的财务管理水平。

（4）政府有关部门通过企业财务报表分析报告，可以了解企业在经营中遵守法规制度、经济政策的情况，从而为政府制定宏观经济政策提供可靠的信息。

二、财务报表分析报告的分类

（一）按分析的内容来划分，可分为全面分析报告、简要分析报告和专题分析报告三种

（1）全面分析报告。

全面分析报告又称综合分析报告，是企业依据财务报表所提供的丰富、重要的信息及其内在联系，运用一定的科学分析方法，对经济活动所进行的全面系统的分析报告。一般主要适用于季度、半年度和年度分析报告。其主要特点是内容丰富、涉及面广，对报表使用者作出各项决策有深远的影响。它具有以下两个方面的作用：

①为当前企业财务管理及宏观上的重大财务决策提供科学依据。

由于全面分析报告几乎涵盖了对企业财务各项指标的对比、分析和评价，通过分析，能够对企业经营成果和财务状况一目了然，及时发现存在的问题。因此，全面分析报告为企业的经营管理者作出当前和今后的财务决策提供了科学依据，也为政府部门、企业主管部门、投资者、债权人提供了多方面的财务信息。

②作为今后进行财务管理动态分析等的重要历史参考资料。

全面分析报告主要在进行半年度、年度分析时撰写，必须对分析的各项具体内容的轻重缓急作出合理安排，既要全面又要抓住重点，还要结合上级主管部门和财税部门的具体要求进行，切忌力量均等、事无巨细、面面俱到。

（2）简要分析报告。

简要分析报告是围绕几项主要财务指标或抓住一两个重点问题进行分析，用以揭示企业财务状况和经营成果变化趋势，提出改进建议的书面报告。其具有简明扼要、切中

要害的特点，主要适用于定期分析，可按月、按季进行编制。

（3）专题分析报告。

专题分析报告又称单项分析报告，是指针对某一时期企业财务活动中的某些关键问题、重大经济措施或工作中的薄弱环节等进行专门分析后形成的书面报告，其具有内容专一、分析透彻、针对性强、反应及时等特点。它是不定期的分析报告，可以随时使用。

（二）按分析报告的编写时间来划分，可分为定期分析报告和不定期分析报告两种

（1）定期分析报告。

定期分析报告一般是由上级主管部门或企业内部规定的每隔一段相等的时间应予以编制和上报的财务分析报告，如每半年、每年编制的综合财务分析报告就属于定期分析报告。

（2）不定期分析报告。

不定期分析报告是从企业财务管理和业务经营的实际需要出发，不作时间规定而编制的财务分析报告。

三、财务报表分析报告的主要内容

由于各分析主体的分析目的各有不同，所以撰写的分析报告内容也各有侧重。一般来讲，财务报表分析报告应包括以下主要内容：

（一）公司基本情况概要

概括介绍公司的基本情况，说明公司运营及财务现状，让报表使用者对公司有一个基本的了解和认识。首先，明确财务报表分析报告的分析期，简要介绍公司分析期的运营情况和财务现状；其次，概要介绍企业计划（预算）完成情况和各项经济指标完成情况。

（二）对公司的财务状况、经营成果、现金流量进行分析研究

对公司的财务状况和经营成果进行分析，主要是对公司的资产结构、资本结构、资产使用效率、偿债能力、收入与成本费用、盈利能力、发展能力、现金流量情况等内容进行分析研究。

这是分析报告的核心内容。这部分是对公司的经营情况和财务状况进行分析研究，一般在说明问题的同时还要分析问题，寻找问题的原因和症结，以达到解决问题的目的。

财务报表分析一定要善于抓住要点，有理有据，要细化分解各项指标，因为有些报表的数据是比较含糊和笼统的，要善于运用表格、图示等形式，生动、形象、直观地表达分析内容，使分析结果明了易懂。

（三）总结评价

在分析研究的基础上，从财务的角度对企业的经营情况、财务状况和经营业绩进行

客观、公正的评价和预测。财务评价不能运用似是而非、可进可退、左右摇摆等不负责任的语言；评价要从正面和负面两方面进行；评价既可以单独分段进行，也可以将评价内容穿插在情况介绍部分和具体分析部分。

（四）提出建议

通过财务报表分析，发现企业存在的主要问题，有针对性地提出改进的意见和建议。分析人员要在财务分析评价后，针对公司经营运作过程中存在的问题提出改进的建议。值得注意的是，财务报表分析报告中提出的建议不能太抽象，应明确、具体，最好有一套切实可行的实施方案。

四、财务报表分析报告的撰写步骤

财务报表分析报告的撰写可分为资料收集整理、财务报表分析报告选题、财务报表分析报告的撰写和审定三个阶段。

（一）资料收集整理阶段

资料收集整理阶段是一个调查的过程，深入全面的调查是科学分析的前提。财务分析人员要根据财务报表分析报告的类型、报送对象，确定需要收集的资料。需要收集的资料包括：各类财务资料、业务资料、报纸杂志公布的行业资料以及其他资料。

各类资料收集完以后，要加以整理、核实，以保证其合法性、正确性和真实性，同时要根据所制定的财务报表分析报告的内容要点进行分类。整理核实资料是财务分析工作的中间环节，起着承上启下的作用。

（二）财务报表分析报告选题阶段

标题是对财务报表分析报告最精练的概括，它不仅要确切地体现分析报告的主题思想，而且要用语简洁、醒目。由于财务报表分析报告的内容不同，其标题也就没有统一标准和固定模式，财务分析人员应根据具体的分析内容而定。例如，“××月份简要会计报表分析报告”“××××年度综合财务报表分析报告”“资产使用效率分析报告”等都是较合适的标题。一旦确定了标题，财务分析人员就应围绕它并利用所收集的资料进行分析并撰写财务报表分析报告。

（三）财务报表分析报告的撰写和审定阶段

在收集整理好资料、确定了分析报告的标题后，就可以根据报告使用者的需要撰写财务报表分析报告。这个阶段的首要工作就是起草报告，起草报告应围绕标题并根据报告的结构进行。对于专题分析报告的起草，财务分析人员要将问题分析透彻，真正地分析问题、解决问题。对于综合分析报告的起草，财务分析人员最好先确定报告的编写提纲，然后在提纲框架的基础上，依据所收集整理的资料，选择恰当的分析方法进行撰写。

财务报表分析报告的初稿可交主管领导审阅，并征求主管领导的意见和建议，反复推敲，不断进行修改，从而充实新的内容，使之更加完善，更能反映出所编制财务报表分析报告的特点，直至最后由主管领导审定。审定后的财务报表分析报告应填写编制单位和编制日期，并加盖单位公章。

任务实施

某房地产企业2021年、2022年的财务报表分析报告如下：

第一步：资产负债表分析。

（1）流动资产结构变动分析，见表6-3-1。

表6-3-1 流动资产结构变动分析表 金额单位：万元

项目	2022-12-31	2021-12-31	增减额	增减率	2022年结构比	2021年结构比
货币资金	271 027	352 033	-81 006	-23.01%	23.60%	28.07%
存货	775 744	800 589	-24 845	-3.10%	67.55%	63.84%
其他应收款净值	49 767	46 980	2 787	5.93%	4.33%	3.75%
预付账款	3 202	4 825	-1 623	-33.64%	0.28%	0.38%
应收账款净值	5 626	7 483	-1 857	-24.82%	0.49%	0.60%
其他流动资产	43 024	42 134	890	2.11%	3.75%	3.36%
流动资产总额	1 148 390	1 254 044	-105 654	-8.43%	100.00%	100.00%

截至2022年年末，企业流动资产总额为1 148 390万元，较年初减少了105 654万元，减幅达8.43%。变动的主要原因是：货币资金减少了81 006万元，存货因结转销售成本等原因减少24 845万元。2022年年末的流动资产各项目结构相比2021年年末的占比水平基本相同，并没有异常变化。

（2）非流动资产结构变动分析，见表6-3-2。

表6-3-2 非流动资产结构变动分析表 金额单位：万元

项目	2022-12-31	2021-12-31	增减额	增减率	2022年结构比	2021年结构比
长期股权投资	119 478	121 142	-1 664	-1.37%	40.88%	40.07%
投资性房地产	128 348	125 864	2 484	1.97%	43.91%	41.63%
固定资产净值	7 915	8 054	-139	-1.73%	2.71%	2.66%
在建工程净值	289	176	113	64.20%	0.10%	0.06%
无形资产净值	1 176	5 886	-4 710	-80.02%	0.40%	1.95%
商誉	20 194	20 194	0	0	6.91%	6.68%
递延所得税资产	14 888	21 015	-6 127	-29.16%	5.09%	6.95%
非流动资产总额	292 288	302 332	-10 044	-3.32%	100.00%	100.00%

截至2022年年末，企业非流动资产总额为292 288万元，较年初减少了10 044万元，减幅达3.32%。变动的主要原因是：固定资产等长期资产计提折旧、摊销共计减少2 252万元，长期股权投资因处置两项股权减少1 664万元，递延所得税资产因分公司结转利润减少6 127万元。2022年年末非流动资产各科目结构与2021年的占比水平基本相同，并没有异常变动。

(3) 负债和所有者权益变动分析，见表6-3-3。

表6-3-3　负债和所有者权益变动分析表　金额单位：万元

项目	2022-12-31	2021-12-31	增减额	增减率	2022年结构比	2021年结构比
流动负债	704 215	815 420	-111 205	-13.64%	59.73%	62.64%
非流动负债	474 766	486 425	-11 659	-2.40%	40.27%	37.36%
负债合计	1 178 981	1 301 845	-122 864	-9.44%	100.00%	100.00%
归属于母公司所有者权益	189 891	188 314	1 577	0.84%	72.56%	73.98%
少数股东权益	71 806	66 217	5 589	8.44%	27.44%	26.02%
所有者权益合计	261 697	254 531	7 166	2.82%	100.00%	100.00%

截至2022年年末，企业负债总额为1 178 981万元，较年初减少了122 864万元，减幅达9.44%。所有者权益为261 697万元，较年初增加了7 166万元，增幅达2.82%；归属于母公司所有者权益为189 891万元，较年初增加了1 577万元，增幅达0.84%。

①负债的变动。

负债变动的主要原因是：预收账款因结转销售收入减少数大于新增数，导致净减少61 086万元；融资借款因偿还数大于新融入数，导致净减少28 164万元；应交税费因缴纳2021年所得税及本年各项税款，导致净减少19 176万元；各类往来债务净减少10 153万元（主要是偿还××公司的借款及利息8 093万元），递延所得税负债减少4 287万元。

②所有者权益的变动。

所有者权益增加的主要原因是：2022年实现净利润增加18 699万元；2022年12月，其子公司收到股东××开发公司追加投资款3 000万元；收购E公司少数股东权益减少14 313万元，D公司、C公司分配其少数股东股利减少220万元。

归属于母公司所有者权益增加的原因是：2022年1—12月实现净利润7 074万元，收购E公司少数股东股权减少5 497万元，增减因素相抵后净增加1 577万元。

第二步：利润表分析。

(1) 利润增长及构成分析，见表6-3-4。

表6-3-4 利润增长及构成分析表 金额单位：万元

项目	2022年	2021年	增减额	增减率
营业收入	169 702	25 839	143 863	556.77%
营业成本	122 560	17 246	105 314	610.66%
税金及附加	18 090	2 974	15 116	508.27%
销售费用	1 063	1 095	-32	-2.92%
管理费用	3 554	3 035	519	17.10%
财务费用	3 465	5 820	-2 355	-40.46%
投资收益（借款利息收入）	2 539	17 551	-15 012	-85.53%
利润总额	23 505	13 225	10 280	77.73%
净利润	18 699	8 608	10 091	117.23%
归属于母公司净利润	7 074	6 381	693	10.86%

企业2022年实现营业收入169 702万元，同比增长556.77%；实现利润总额23 505万元，同比增长77.73%；实现归属于母公司净利润7 074万元，同比增长10.86%。

企业2022年实现的利润主要来源于A公司，1#、2#地继续销售并交房，两个地块均符合利润结转条件，对企业利润的贡献较大。企业其他房地产项目因2022年尚处在建阶段或未达到结转利润条件，所以导致不同程度的亏损。与2021年相比，营业收入同比增长556.77%，利润总额同比增长77.73%，归属于母公司净利润同比增长10.86%。各项指标增长不均衡的原因主要是：2022年的营业收入主要由A公司贡献，2021年同期主要由B公司贡献，但A公司2022年的毛利率为27%，低于B公司2021年同期的33%；同时B公司2022年确认的对××公司的借款利息收入同比下降85.53%，由此导致利润总额同比增长仅为77.73%。另外，由于集团对A公司的间接持股比例为40.8%，远低于对B公司持股比例80%，因此导致2022年归属于母公司的净利润同比增幅仅为10.86%。

（2）成本费用分析，见表6-3-4。

企业2022年发生的成本费用为148 732万元。其中，营业成本为122 560万元，占成本费用总额的82.40%；税金及附加为18 090万元，占成本总额的12.16%；销售费用为1 063万元，占成本费用总额的0.72%；管理费用为3 554万元，占成本费用总额的2.39%；财务费用为3 465万元，占成本费用总额的2.33%。

营业成本和税金及附加增幅基本与收入水平同步，营业成本高于营业收入是由于2022年结转项目毛利率低于2021年结转项目毛利率。

期间费用中的管理费用同比增长了17.10%，较去年同期新增G、I子公司，同时企业业务开拓较去年同期也有较大增长，这使得管理费用小幅增加；财务费用同比减少40.46%，主要是2022年融资借款的规模较去年同期减少了15亿元左右，在充分保证经营之需的基础上也实现了资金成本的节约；销售费用同比减少了2.92%。

第三步：现金流量表分析。

现金流量表分析，见表6-3-5。

表6-3-5　现金流量表分析表　单位：万元

项目	2022年	2021年	增减额
经营现金净流量	-17 200	-204 253	187 053
经营现金流入：	128 652	209 729	-81 077
1.销售商品及提供劳务收到的现金	113 161	187 790	-74 629
2.其他流入	15 491	21 939	-6 448
经营现金流出：	145 852	413 982	-268 130
1.购买商品及接受劳务支付的现金	87 234	368 856	-281 622
2.为职工支付的现金	4 948	3 898	1 050
3.支付的税费	41 385	23 267	18 118
4.其他流出	12 285	17 961	-5 676
投资现金净流量	-10 709	29 016	-39 725
投资现金流入：	2 110	69 106	-66 996
1.投资收回的现金	788	30 000	-29 212
2.收到投资收益	0	17 106	-17 106
3.其他流入（利息收入）	1 322	22 000	-20 678
投资现金流出：	12 819	40 090	-27 271
1.购建固定资产等长期资产支出	188	190	-2
2.投资支付现金	12 431	39 900	-27 469
3.其他支出	200	0	200
筹资现金净流量	-53 097	158 277	-211 374
筹资现金流入：	174 006	384 086	-210 080
1.吸收投资收到现金	3 000	6 000	-3 000
2.融资借款收到现金	171 006	355 587	-184 581
3.其他收入	0	22 499	-22 499
筹资现金流出：	227 103	225 809	1 294
1.偿还融资借款支付现金	199 120	167 820	31 300
2.支付利息支付现金	19 890	32 910	-13 020
3.其他支出	8 093	25 079	-16 986
现金净增加额	-81 006	-16 960	-64 046

（1）现金净流量分析。

2022年，企业现金累计净减少81 006万元，其中经营活动现金净减少17 200万元，投资活动现金净减少10 709万元，筹资活动现金净减少53 097万元。

①经营现金净流量分析。

2022年，企业经营活动的现金净流量虽然比2021年有较大幅度的增长，但经营现金净流量为负数的状态表明，企业销售回款与项目新增投资未能实现持续的平衡。一方面，集团积极开拓新项目占用资金较多；另一方面，各项目销售运作未形成持续有序的衔接状态。

②投资活动净流量分析。

2022年，企业的投资活动既有出售股权事宜，也有收购股权事宜。现金净流量为负数，主要体现在投资流出较大，但未来的股权收益能力也将有所提高。

③筹资活动净流量分析。

2022年，企业的筹资活动体现了集团能按期偿债，并有能力举借新债。现金净流量为负数，主要体现了筹资活动总体为偿债状态，从而降低了财务风险。

（2）现金流入及流出结构对比分析。

2021年、2022年现金流入与流出结构分别如图6-3-1、图6-3-2、图6-3-3和图6-3-4所示。

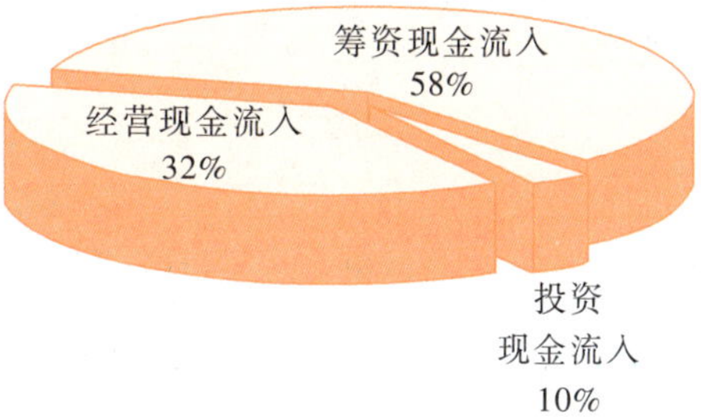

图6-3-1　2021年现金流入结构

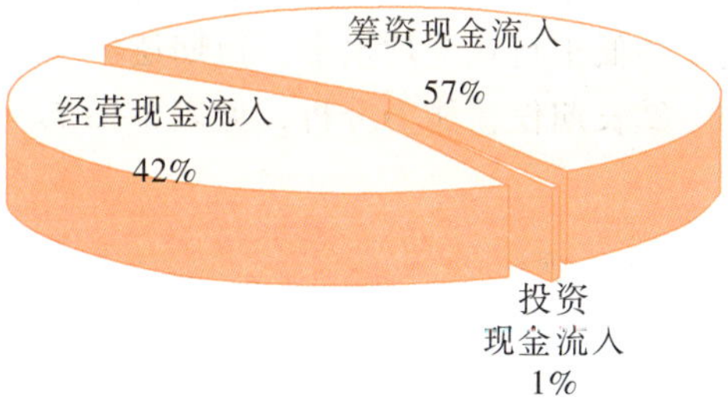

图6-3-2　2022年现金流入结构

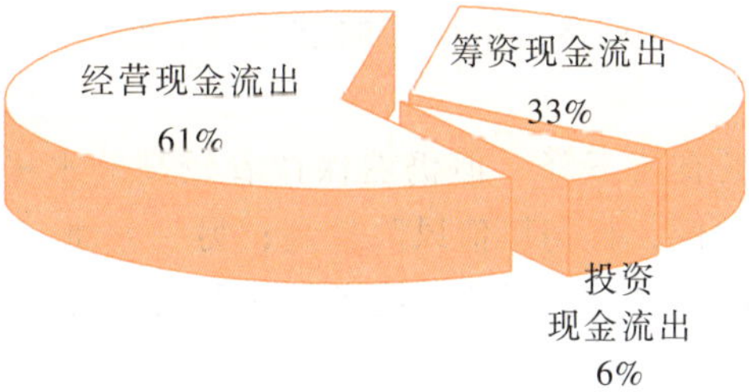

图6-3-3　2021年现金流出结构

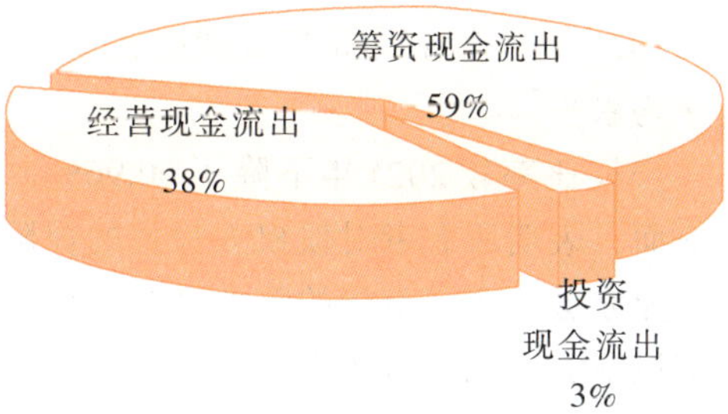

图6-3-4　2022年现金流出结构

2022年，企业现金总流入为304 768万元，其中经营活动产生的现金流入为128 652万元，占总现金流入的比例为42%；现金总流出为385 774万元，其中经营活动产生的现金流出为145 852万元，占总现金流出的比例为38%。

与2021年相比，现金流入方面经营、投资、筹资活动产生的流入结构比没有异常变化。但现金流出方面的结构变化较大。其中，经营现金流出占比从2021年的61%下降为2022年的38%，筹资现金流出占比从2021年的33%提高到2022年的59%。从流出的结构变化可以看出，2022年上半年现金流出的筹资支出大于经营支出，主要是因为第二季度的到期债务比较集中，集团偿还大额融资借款，筹资现金流出较大，但同时也相对减轻了财务风险。

第四步：2022年企业财务指标分析。

（1）偿债能力分析。

①短期偿债能力分析，见表6-3-6。

表6-3-6　短期偿债能力分析表

项目	2022年	2021年	增减额	行业平均值
流动比率	1.63	1.54	0.09	1.80
速动比率	0.53	0.56	-0.03	0.82

2022年，企业的流动比率较2021年提高了0.09，企业速动比率较2021年降低了0.03。这表明企业的短期偿债能力略有增强，但变现能力却处于不稳定状态。

以上指标综合表明，2022年企业在短期偿债方面没有明显改善，流动比率、速动比率均低于行业平均水平，短期偿债仍具有较高风险。

②长期偿债能力分析，见表6-3-7。

表6-3-7　长期偿债能力分析表

项目	2022年	2021年	增减额	行业平均值
资产负债率（%）	81.84	83.65	-1.81	74.90
产权比率（%）	450.51	511.47	-60.96	—

2022年，企业的资产负债率较2021年下降了1.81%，指标虽略有下降，但高于行业平均水平。

产权比率较2021年下降了60.96%，指标虽有所下降，但仍然保持着较高的水平。一方面，表明所有者对债权人权益的保障程度偏低，长期偿债风险较高；另一方面，表明企业充分发挥了负债的财务杠杆效应，属于高风险、高报酬的财务结构，自有资金在偿债风险方面承受着较大的压力。

现金流量债务比较2021年提高了17.96%，虽然提高幅度较大，但指标值仍然是负数，这表明企业经营产生现金的付息能力较弱，若要按时付息，就只能借新债来维持。

以上指标综合表明，2022年企业长期偿债能力没有明显改善，偿债仍具有较高风险。

（2）营运能力分析，见表6-3-8。

表6-3-8　营运能力分析表

项目	2022年	2021年	增减额	行业平均值
总资产周转率（次）	0.12	0.02	0.10	0.3
存货周转率（次）	0.16	0.02	0.14	—
流动资产周转率（次）	0.15	0.02	0.13	0.4

2022年，企业的总资产周转率比2021年提高了0.10次，存货周转率同比提高0.14次，流动资产周转率同比提高了0.13次，各周转率均有显著提高，特别是存货周转率提高最多，这表明企业资产经营效率有了很大提高。

（3）盈利能力分析，见表6-3-9。

表6-3-9　盈利能力分析表

项目	2022年	2021年	增减额	行业平均值
营业毛利率（%）	27.78	33.26	-5.48	40
成本费用利润率（%）	15.8	43.83	-28.03	9.7
总资产收益率（%）	1.30	0.55	0.75	3.8

2022年，企业的营业毛利率同比下降了5.48%，原因是2022年的毛利贡献主要是A项目公司结转利润产生，项目销售第二季度结转了2#地团购房267户，因团购房影响，项目综合毛利率降为27.78%，而2021年同期利润主要由B公司的领秀新硅谷项目结转产生，其毛利水平高于A项目。

成本费用利润率同比下降了28.03%，这表明企业在2022年为取得盈利所付出的代价增加，获利能力减弱。

总资产收益率同比提高了0.75%，这表明2022年企业资产总体的获利能力较2021年有较大提升。

以上指标与同行业平均水平相比，仅成本费用利润率优于行业平均水平，其他指标均低于行业平均水平，获利能力有待提高。

第五步：综合分析——杜邦财务分析体系。

杜邦财务分析体系，见表6-3-10。

表6-3-10　杜邦财务分析体系表

项目	2022年	2021年	增减额
净资产收益率（%）	7.15	3.38	3.77
分解指标：营业净利率（%）	11.01	3.31	-7.7
总资产周转率（次）	0.12	0.02	0.10
权益乘数	5.51	6.11	-0.60

净资产收益率同比提高了3.77%，企业权益资本获利能力略有提高。通过分解指标进行如下分析：

（1）营业净利率：同比提高了7.7%，表明企业获利能力提高。

（2）总资产周转率：同比提高了0.10次，表明在经营中，由于总资产运营效率提高，因此盈利能力提高。

（3）权益乘数：同比下降了0.60，表明企业获得的财务杠杆收益有所下降。但2021年的权益乘数已处于较高水平，进一步利用财务杠杆的空间极为有限。虽然2022年的杠杆收益下降，但有利于降低企业财务风险。

综上所述，企业在2022年的经营获利和负债的杠杆收益均有所下降，现金收益质量也没有明显改善，但因资产运营效率提高而使综合获利能力基本保持在2021年的水平并略有提高。

第六步：2022年企业总体经营状态评价。

（1）2022年的总体经营状态较2021年有一定提升，主要体现在资产的运营效率显著提高，但综合盈利能力和偿债能力提高幅度较小。

（2）企业各项目的经营状态仍不均衡。

其中，科技类地产项目多数仍在拓展培育阶段；住宅类地产各项目的运作未形成连续滚动的衔接状态，导致集团阶段性经营成果过于依赖于个别公司。个别项目的固有特质以及集团对其持股比例等多方面的影响，会使集团在不同阶段的经营成果与获利能力呈现不均衡状态。

（3）2022年的经营现金流量状况较2021年有所提升，但仍不稳定。

在这种经营状态下要保持企业的持续经营，只有促进后续销售回款和依靠融资能力，但目前整个房地产市场的成交量持续下滑，并出现融资瓶颈，这是企业所面临的挑战。

正常稳定的经营现金流入是企业生存与发展的命脉，要保持企业资金的良性运转，除了要充分运用融资手段外，优化经营现金质量也是长期发展的根本所在。从目前企业的经营情况来看，销售回款实现的难点主要是政策性调整因素使得企业在项目进展或市场拓展方面产生了较大的障碍，如A项目的土地“清非”事宜，E公司××二期规划调整问题，限购令对××项目和A项目的成交量的冲击等。企业应针对新政策的变化进一步创新工作思路，创新营销手段和模式，加大与政府的协调力度，加速解决重点问题。

（4）2022年的融资工作运行良好，到期偿债与举借新债形成了良好配合的态势，总体上偿还资金量大于借入资金量，这在降低了一定财务风险的同时，也使得企业在期末有较为充足的资金储备，从而对项目运作具有一定的保障力。

融资借款是一把“双刃剑”，较强的融资能力是使企业资金链持续运转的重要保障；同时，负债经营在一定程度上还可以带来财务杠杆效益。但融资借款成本日益飙升的现状使得项目整体成本加大，从而降低了营业利润，同时也使企业承担着到期偿债的财务风险。如何利用好融资工具、优化资本结构，是企业需要进一步思考的问题。

知识测试

一、单项选择题

自主测6-1

1. 沃尔评分法主要用于（　　）。

A. 偿债能力分析　　B. 营运能力分析

C. 盈利能力分析　　D. 财务状况综合分析

2. 杜邦财务分析体系的核心指标是（　　）。

A. 总资产收益率　　B. 营业利润率

C. 净资产收益率　　D. 可持续增长率

3. 属于财务综合分析法的是（　　）。

A. 比率分析法　　B. 比较分析法

C. 沃尔评分法　　D. 趋势分析法

4. 运用杜邦财务分析体系时，可以用（　　）反映各指标变动对净资产收益率的影响。

A. 因素分析法　　B. 比率分析法

C. 比较分析法　　D. 趋势分析法

5. 财务报表分析报告按（　　）的不同，分为定期分析报告与不定期分析报告两种。

A. 分析内容　　B. 分析时间

C. 分析范围　　D. 分析详细程度

6. 在杜邦财务分析体系中，假设其他情况相同，下列说法中错误的是（　　）。

A. 权益乘数大则财务风险大

B. 权益乘数大则财务风险小

C. 权益乘数等于资产权益率的倒数

D. 权益乘数大反映企业负债比例大

7. 把若干财务比率用线性关系结合起来，以此评价企业信用水平的方法是（　　）。

A. 杜邦财务分析法　　B. 沃尔评分法

C. 预警分析法　　D. 经营杠杆系数分析法

8. 依据杜邦财务分析法，当权益乘数一定时，影响总资产净利率的指标是（　　）。

A. 营业净利率　　B. 资产负债率

C. 资产周转率　　D. 产权比率

9. 在沃尔评分法中，各项财务比率的实际值与标准值的比率称为（　　）。

A. 关系比率　　B. 重要性比率

C. 比重　　D. 预算比率

10. 杜邦财务分析体系的缺陷表现在（　　）。

A. 对短期财务成果过于重视　　B. 对长期财务成果过于重视

C.忽视了企业的财务成果　　D.对资产结构过于重视

二、多项选择题

自主测6-2

1.由杜邦财务分析体系可知，提高净资产收益率的途径有（　）。

A.加强负债管理，提高资产负债率

B.加强资产流动性，提高流动比率

C.加强经营管理，提高营业利润率

D.加强资产管理，提高资产周转率

E.加快流动资产周转，提高流动资产周转率

2.（　）指标的提高会增加净资产收益率。

A.销售毛利率　　B.总资产周转率

C.营业净利率　　D.应收账款周转率

E.资产负债率

3.在运用沃尔评分法时，根据企业实际情况，通常选定的反映企业盈利能力的指标有（　）。

A.营业毛利率　　B.总资产收益率

C.营业净利润　　D.净资产收益率

E.成本费用利润率

4.财务报表分析报告按其内容、范围的不同，可分为（　）。

A.综合分析报告　　B.专题分析报告

C.简要分析报告　　D.项目分析报告

E.指标分析报告

三、判断题

自主测6-3

1.在杜邦财务分析体系中，计算权益乘数时，资产负债率是用期末负债总额与期末资产总额来计算的。（　）

2.在杜邦财务分析体系中，净资产收益率的变动原因可归结为权益乘数的变动和总资产收益率的变动。（　）

3.依据杜邦财务分析体系的原理，在其他因素不变的情况下，提高权益乘数，将提高净资产收益率。（　）

4.资产净利率是反映企业偿债能力的一个重要的财务比率，它揭示了企业生产经营活动的效率，综合性也极强。（　）

5.在沃尔评分法中，各项比率指标的标准值是行业历史最优值。（　）

6.财务报表分析报告撰写的第一步是报告选题。（　）

能力测试

1.某公司财务指标的有关资料见表F-1。

表 F-1　　某公司财务指标的有关资料　　单位：万元

项目	上年	本年
平均总资产	46 780	49 120
平均净资产	25 729	25 051
销售收入	37 424	40 278
净利润	3 473	3 557

要求：

(1) 根据相关资料计算杜邦财务分析体系需要的相关财务指标。(净资产收益率和营业净利率以百分比形式表示；除权益乘数保留4位小数外，其他结果保留2位小数)

(2) 根据背景资料及 (1) 的计算结果，使用因素分析法分析该公司净资产收益率变动的原因。(计算结果用百分数表示，并保留2位小数)

2. 某公司2022年资产负债表及利润表的有关项目资料见表 F-2。

表 F-2　　某公司2022年资产负债表及利润表的有关项目资料　　单位：万元

项目	期末余额	年初余额	项目	本期金额	上期金额
流动资产	2 321 208	1 534 803	营业收入	1 787 615	1 174 155
资产总额	3 047 727	2 037 983	财务费用	-31 548	-2 246
流动负债	1 803 202	1 352 433	利润总额	431 358	179 643
负债总额	2 101 415	1 598 427	税后利润	353 156	155 251
所有者权益总额	946 312	439 556			

该公司所处行业有关财务比率指标的平均值为：流动比率 1.1、资产负债率 69.5%、流动资产周转率 1.0、总资产周转率 0.6、总资产收益率 5%、净资产收益率 9%、营业收入增长率 12%、资本积累率 11%。

要求：

(1) 请计算该公司上述财务比率的实际值。

(2) 请采用沃尔评分法对该公司的财务状况与经营成果进行综合分析与评价。

主要参考文献

[1] 中华人民共和国财政部．企业会计准则（2018年版）[M]．北京：经济科学出版社，2017.

[2] 李昕，孙艳萍．财务报表分析 [M]．6版．大连：东北财经大学出版社，2023.

[3] 胡玉明．财务报表分析 [M]．4版．大连：东北财经大学出版社，2021.

[4] 翁玉良．财务报表分析 [M]．3版．北京：高等教育出版社，2022.

[5] 李晓静．财务报告与分析 [M]．北京：北京大学出版社，2013.

[6] 张新民，钱爱民．企业财务报表分析 [M]．2版．北京：清华大学出版社，2011.

[7] 王远湘．财务报表分析 [M]．2版．北京：清华大学出版社，北京交通大学出版社，2018.

[8] 刘成竹，陈复昌．企业会计报表分析 [M]．2版．北京：中国人民大学出版社，2015.

[9] 李凡，管伟．财务报表分析 [M]．北京：西苑出版社，2011.

[10] 庄小欧，甘娅丽．财务报表分析 [M]．北京：北京理工大学出版社，2010.

[11] 刘章胜，赵红英．新编财务报表分析 [M]．3版．大连：大连理工大学出版社，2010.

[12] 王宛秋，张艳秋．财务报表分析 [M]．北京：北京工业大学出版社，2010.

[13] 袁天荣．企业财务分析 [M]．北京：机械工业出版社，2010.

[14] 周凤．财务报表分析 [M]．2版．北京：机械工业出版社，2009.

[15] 王振华，钟怀振．财务报表分析与应用 [M]．北京：中国财政经济出版社，2009.

[16] 胡玄能．财务报表分析 [M]．北京：清华大学出版社，北京交通大学出版社，2009.

[17] 张莉．财务报表阅读与分析 [M]．北京：清华大学出版社，2009.

[18] 池国华．财务报表分析 [M]．北京：清华大学出版社，北京交通大学出版

社，2008.

[19] 张先治，陈友邦. 财务分析［M］. 9版. 大连：东北财经大学出版社，2022.

[20] 中华人民共和国财政部. 企业会计准则［M］. 北京：经济科学出版社，2006.

[21] 中华人民共和国财政部. 企业会计准则——应用指南［M］. 北京：中国财政经济出版社，2006.

[22] 财政部会计司编写组. 企业会计准则讲解［M］. 北京：人民出版社，2007.

附录1 案例资料：M企业及其财务报表

一、公司简介

M企业是由H公司于1998年独家发起，将其下属轻型车厂、柴油发动机厂、铸造三厂为主体的与轻型商用车和柴油发动机有关的资产和业务进行重组，采取社会募集方式设立的股份有限公司，1999年7月27日在上海证券交易所挂牌上市。

公司经营范围为：汽车（小轿车除外）、汽车发动机及零部件、铸件的开发、设计、生产、销售；机械加工、汽车修理及技术咨询服务。

公司轻型商用车的产销量处于行业第二，客车底盘销量位居国内行业第一。产品技术与欧美市场同步，是目前中国最大的中重型动力和高端皮卡生产基地。

二、主要财务报表

M企业2020—2022年资产负债表、利润表、现金流量表分别见表G-1、表G-2、表G-3。

表G-1 M企业2020—2022年资产负债表

编制单位：M企业 单位：元 币种：人民币

项目	2022-12-31	2021-12-31	2020-12-31
流动资产：			
货币资金	2 645 011 093.25	2 414 815 429.63	1 622 161 279.51
交易性金融资产	117 940.00	23 090.00	
应收票据	1 535 326 631.09	1 391 414 584.11	607 794 330.73
应收账款	414 573 106.71	482 021 906.02	624 830 720.54
预付款项	31 322 530.56	102 537 155.17	70 640 062.90
应收利息	6 956 764.48	2 330 314.98	4 628 050.00
应收股利			
其他应收款	15 843 842.11	22 185 220.47	77 386 848.27

续表

项目	2022-12-31	2021-12-31	2020-12-31
存货	771 825 529.24	886 891 342.15	827 255 691.06
一年内到期的非流动资产			
其他流动资产			203 988 863.00
流动资产合计	5 420 977 437.44	5 302 219 042.53	4 038 685 846.01
非流动资产：			
可供出售金融资产			
持有至到期投资	204 749 500.00	0	0
长期应收款			
长期股权投资	2 890 097 879.05	2 322 201 719.67	1 827 300 477.36
投资性房地产			
固定资产	1 153 862 354.15	1 200 149 946.44	1 126 597 850.40
在建工程	240 301 669.65	54 588 028.74	120 040 772.12
工程物资			
固定资产清理			
生产性生物资产			
油气资产			
无形资产	149 999 514.40	149 604 176.47	73 004 771.18
开发支出	68 082 315.61	19 882 675.96	
商誉			
长期待摊费用			
递延所得税资产	35 146 450.88	33 373 198.14	17 222 212.61
其他非流动资产			
非流动资产合计	4 742 239 683.74	3 779 799 745.42	3 164 166 083.67
资产总计	10 163 217 121.18	9 082 018 787.95	7 202 851 929.68
流动负债：			
短期借款	16 769 408.14		
交易性金融负债			
应付票据	2 782 334 855.08	2 376 261 719.46	1 725 364 942.80

续表

项目	2022-12-31	2021-12-31	2020-12-31
应付账款	1 727 177 066.02	1 612 463 399.92	734 952 891.94
预收款项	60 758 353.64	76 503 849.61	25 278 069.10
应付职工薪酬	98 615 954.71	47 148 427.26	13 490 433.74
应交税费	-15 138 762.26	-66 470 418.18	-196 690 756.73
应付利息			
应付股利			
其他应付款	148 574 388.66	149 711 424.49	78 328 752.64
一年内到期的非流动负债			
其他流动负债			
流动负债合计	4 819 091 263.99	4 195 618 402.56	2 380 724 333.49
非流动负债：			
长期借款			
应付债券			
长期应付款			
专项应付款			
预计负债			
递延所得税负债			
其他非流动负债	85 315 944.75	37 661 013.67	38 446 982.59
非流动负债合计	85 315 944.75	37 661 013.67	38 446 982.59
负债合计	4 904 407 208.74	4 233 279 416.23	2 419 171 316.08
所有者权益（或股东权益）：			
实收资本（或股本）	2 000 000 000.00	2 000 000 000.00	2 000 000 000.00
资本公积	631 761 573.64	630 163 035.03	630 163 035.03
减：库存股			
盈余公积	676 550 652.97	623 703 452.76	599 197 576.95
未分配利润	1 950 497 685.83	1 594 872 883.93	1 554 320 001.62
所有者权益合计	5 258 809 912.44	4 848 739 371.72	4 783 680 613.60
负债和所有者权益总计	10 163 217 121.18	9 082 018 787.95	7 202 851 929.68

表G-2 M企业2020—2022年度利润表

编制单位：M企业 单位：元 币种：人民币

项目	2022年度	2021年度	2020年度
一、营业收入	8 483 491 898.71	6 864 997 926.45	5 728 273 979.94
减：营业成本	8 009 288 341.11	6 342 841 229.36	5 484 391 906.83
税金及附加	11 423 294.44	1 769 550.61	15 770 956.82
销售费用	265 292 266.94	295 347 155.69	182 622 028.38
管理费用	424 806 023.04	304 457 201.24	266 063 399.40
财务费用	−48 760 793.39	−33 006 333.37	−48 477 673.52
资产减值损失	15 665 685.71	12 041 486.28	24 289 065.38
加：公允价值变动收益（损失以“−”号填列）			−10 683 560.00
投资收益（损失以“−”号填列）	713 405 480.08	269 792 941.04	421 427 596.23
其中：对联营企业和合营企业的投资收益			
二、营业利润（亏损以“−”号填列）	519 182 560.94	211 340 577.68	214 358 332.88
加：营业外收入	17 489 467.16	20 753 435.99	10 895 191.83
减：营业外支出	9 973 278.73	3 186 241.08	3 986 866.94
其中：非流动资产处置损失			776 196.02
三、利润总额（亏损总额以“−”号填列）	526 698 749.37	228 907 772.59	221 266 657.77
减：所得税费用	−1 773 252.74	−16 150 985.53	−2 325 468.15
四、净利润（净亏损以“−”号填列）	528 472 002.11	245 058 758.12	223 592 125.92
五、每股收益			
（一）基本每股收益	0.26	0.12	0.11
（二）稀释每股收益	0.26	0.12	0.11

表G-3　　M企业2020—2022年现金流量表

编制单位：M企业　　单位：元　币种：人民币

项目	2022年	2021年	2020年
一、经营活动产生的现金流量			
销售商品、提供劳务收到的现金	8 815 291 192.18	6 479 416 011.27	5 429 969 662.75
收到的税费返还	13 104 004.76	29 379 165.75	29 784 440.92
收到其他与经营活动有关的现金	111 792 096.84	36 087 402.77	33 909 188.13
经营活动现金流入小计	8 940 187 293.78	6 544 882 579.79	5 493 663 291.80
购买商品、接受劳务支付的现金	7 475 608 695.31	4 886 716 830.38	5 548 215 173.55
支付给职工以及为职工支付的现金	439 206 227.88	327 096 718.60	283 917 870.80
支付的各项税费	135 109 674.32	80 943 069.85	186 923 128.03
支付其他与经营活动有关的现金	368 280 438.68	214 499 925.03	316 528 941.01
经营活动现金流出小计	8 418 205 036.19	5 509 256 543.86	6 335 585 113.39
经营活动产生的现金流量净额	521 982 257.59	1 035 626 035.93	−841 921 821.59
二、投资活动产生的现金流量			
收回投资收到的现金	4 811 855.83	201 543 705.00	866 111 520.33
取得投资收益收到的现金	265 272 988.48	375 894 654.18	574 840 332.72
处置固定资产、无形资产和其他长期资产收回的现金净额	2 739 341.08	2 087 339.20	625 582.55
处置子公司及其他营业单位收到的现金净额			
收到其他与投资活动有关的现金	37 164 893.75	31 058 084.53	46 119 486.30
投资活动现金流入小计	309 989 079.14	610 583 782.91	1 487 696 921.90
购建固定资产、无形资产和其他长期资产支付的现金	175 266 290.01	75 288 788.34	203 487 382.99
投资支付的现金	327 821 335.00	600 046 795.00	1 058 283 960.00
取得子公司及其他营业单位支付的现金净额			
支付其他与投资活动有关的现金			301 367.27
投资活动现金流出小计	503 087 625.01	675 335 583.34	1 262 072 710.26
投资活动产生的现金流量净额	−193 098 545.87	−64 751 800.43	225 624 211.64

续表

项目	2022年	2021年	2020年
三、筹资活动产生的现金流量			
吸收投资收到的现金			
取得借款收到的现金	17 969 784.84		
收到其他与筹资活动有关的现金	338 517 796.20		35 560 000.00
筹资活动现金流入小计	356 487 581.04		35 560 000.00
偿还债务支付的现金	669 080.00		
分配股利、利润或偿付利息支付的现金	115 988 752.94	173 082 802.40	288 459 461.81
支付其他与筹资活动有关的现金	337 502 410.00	288 655 079.18	1 441 853.58
筹资活动现金流出小计	454 160 242.94	461 737 881.58	289 901 315.39
筹资活动产生的现金流量净额	−97 672 661.90	−461 737 881.58	−254 341 315.39
四、汇率变动对现金及现金等价物的影响			
五、现金及现金等价物净增加额	231 211 049.82	509 136 353.92	−870 638 925.34
加：期初现金及现金等价物余额	2 076 297 633.43	1 567 161 279.51	2 437 800 204.85
六、期末现金及现金等价物余额	2 307 508 683.25	2 076 297 633.43	1 567 161 279.51

附录2 任务评价参考

在学习过程中，教师可以将学生分为若干小组，每组选取不同的上市公司，运用所学知识对企业的财务报表进行较为详细的分析；在结束时，分小组展示分析结果，并给予合理评分和适当评价。任务评价参考标准见表H-1。

表H-1 任务评价参考标准表

考评内容	评分标准	分值	得分	合计
第一部分 企业财务报表分析报告 （60分）	案例选取恰当	10分		
	项目内容完整	15分		
	分析思路清晰	15分		
	文字表述准确	10分		
	数据计算无误	10分		
第二部分 PPT任务展示 （20分）	PPT内容丰富、形式新颖	5分		
	展示条理清晰	5分		
	语言表达流畅	5分		
	时间控制准确	5分		
第三部分 团队合作能力 （20分）	成员分工明确	5分		
	交流沟通及时	5分		
	任务完成情况	5分		
	小组成员自评	5分		
总分值		100分		

注：考评满分为100分，60～70分为及格；71～80分为中等；81～90分为良好；91分以上为优秀。